# हनुमानजी का कुशल प्रबंधन



डॉ० सुनील जोगी

डायमंड बुक्स

**ISBN : 978-81-288-2638-0**



प्रकाशक : डायमंड पॉकेट बुक्स (प्रा.) लि.
X-30, ओखला इंडस्ट्रियल एरिया, फेज-2
नई दिल्ली-110020
फ़ोन : 011-41611861, 40712100
फैक्स : 011-41611866
ई-मेल : sales@dpb.in
वेबसाइट : www.dpb.in
संस्करण : 2015
मुद्रक : आदर्श प्रिंटर्स, शाहदरा, दिल्ली - 32

---

**HANUMANJI KA PRABANDHAN KAUSHAL**
*by : Dr. Sunil Jogi*

# समर्पण

मानवीय गरिमा के<br>
साकार रूप, सहज, सरल,<br>
निश्छल समाजसेवी<br>
सुप्रीमकोर्ट के अधिवक्ता<br>
**श्रद्धेय मंजुल कुमार जी**<br>
और<br>
उनकी सहधर्मिणी विनम्रता की<br>
प्रतिमूति, मृदुभाषिणी, सौम्यता की<br>
प्रतिरूप तथा गरिमामय व्यक्तित्व की धनी<br>
आदरणीया **श्री मती मीरा कुमार जी**<br>
को<br>
सादर समर्पित

# भूमिका

विश्व के दस महाकवियों में अग्रगण्य गोस्वामी तुलसीदासजी द्वारा विरचित 'श्रीरामचरितमानस' एक अद्भुत और अद्वितीय महाकाव्य है। इसमें त्रेतायुगीन तत्कालीन परिस्थितियों के चित्रण के साथ-साथ मनुष्य के जीवन के प्रत्येक अंग-उपांगों पर विस्तृत प्रकाश डाला गया है। यह मनुष्य को अपने जीवन के समुचित और सुव्यवस्थित प्रबन्धन की शिक्षा देता है। इसके प्रत्येक चरित्र के जीवन से हम प्रेरणा ले सकते हैं, और तदनुसार अपने जीवन को सजा-संवार सकते हैं।

श्रीरामचन्द्रजी के अनन्य सेवक और दूत पवनपुत्र हनुमानजी का सम्पूर्ण जीवन अनुशासनबद्ध और सुव्यवस्थित है। वे 'मानस' के ऐसे पात्र हैं, जो अपनी सेवा-भावना और भक्ति से, वानर से महामानव और फिर देवता तक की यात्रा करते हैं। निरालस कर्मयोगी हनुमानजी में ज्ञान, भक्ति और वैराग्य की त्रिवेणी का पावन संगम है। उनमें श्रद्धा है, समर्पण है और अपनी शक्तियों पर प्रबल आत्मविश्वास है। वे मानी, अमानी और मानदा हैं। उनमें अतुलित बल होते हुए भी वे कभी अपनी शक्ति का अतिक्रमण नहीं करते हैं। वे अपने बल से सज्जनों की सर्वविध रक्षा करते हैं, और उसी से दुष्टों का संहार करते हैं, उन्हें दण्ड देते हैं। वे त्यागी हैं, तपस्वी हैं, और व्रती हैं, वे जगत में 'संकटमोचन' नाम से प्रसिद्ध हैं। वे संकटों का वीरता से सामना करते हैं और गीता के 'न दैन्यम्, न पलायनम्' जैसे सूक्त वाक्य में विश्वास करते हैं। दूरदर्शी और नीतिज्ञ हनुमानजी गुणग्राहक और परोपकारी तथा परदुःखकातर हैं। ये तो उनके कतिपय गुण हैं, परन्तु वास्तव में वे गुणों के आगार और गुणातीत हैं। जीवन के प्रत्येक क्षेत्र पर उनकी अद्भुत पकड़ और पहुँच है। वे जीवन-प्रबन्धन में अत्यन्त कुशल हैं; इसीलिए वे अतुलनीय और वन्दनीय हैं।

इस अपूर्व पुस्तक में मारुतनन्दन श्री हनुमानजी के श्रेष्ठतम गुणों की मीमांसा 'श्रीरामचरितमानस', 'श्री हनुमानचालीसा', 'संकटमोचन हनुमानाष्टक' और उनके प्रबंधन कौशल का विस्तृत वर्णन आदि के आधार पर की गई है। हमें विश्वास है कि पुस्तक पढ़कर आपको आनन्द आएगा और आप श्री हनुमान जी भक्ति की ओर अग्रसर होने के साथ, उनके गुणों को अपने जीवन में उतारेंगे और अपने जीवन का प्रबन्धन तदनुसार करेंगे।

हम गीता प्रेस, गोरखपुर के आभारी हैं, क्योंकि 'मानस' के उल्लखित स्थलों की व्याख्या हमने प्रेस से प्रकाशित 'मानस' की प्रति से ली है। परमसन्त ब्रह्मलीन परम पूज्य 'भाईजी' हनुमान प्रसाद पोद्दार ने प्रेरित कर हमसे यह कार्य कराया है। उनकी पावन स्मृति को अनेकशः प्रणाम।

इस कार्य में हमारे प्रेरक उज्जैन (म० प्र०) के आचार्य पं. विजय शंकर मेहता और पूर्व राष्ट्रपति डॉ० शंकरदयाल शर्मा के पूर्व निजी सचिव डॉ. विजय कुमार अग्रवाल (भोपाल) बने हैं। उनके प्रति मैं आभारी हूँ। साथ ही, सभी दृश्य-अदृश्य शक्तियों के चरणों में भी विनम्र प्रणाम करता हूँ।

वास्तव में, सच कहूँ तो यह कार्य मुझसे पवनपुत्र हनुमानजी ने ही कराया है। उन्होंने ही मुझे लिखने की प्रेरणा और शक्ति दी है। उनको पूर्ण श्रद्धा-समर्पण के साथ साष्टांग दण्डवत्!

पाठकों की प्रतिक्रियाओं का सदैव स्वागत।

आपका-

**डॉ. सुनील जोगी**

जोगीआर-101 ए,
गीता-अपार्टमेन्ट, खिड़की
एक्सटेंशन, मालवीयनगर
नयी दिल्ली- 110017
ई-मेल : Kauisunilijogi@gmail.com
वेबसाइट: www.hasyakausisammelan.com

# अनुक्रमणिका

# 1

# अविराम कार्यरत कर्मयोगी

साधारण मनुष्य की यह आदत होती है कि यदि उसे कोई कार्य सौंपा जाये, तो वह उसे करने न करने के सम्बन्ध में विचार करेगा, उसके परिणाम के विषय में मन में तर्क-वितर्क-कुतर्क करेगा और हो सका तो दूसरों से राय भी लेगा, उसके बाद कहीं जाकर वह क्रियान्वयन करने-न-करने की दिशा में अग्रसर होगा। यदि वह तैयार होगा, तो फिर उस कार्य में प्रयुक्त होने वाले उपकरणों और संसाधनों को जुटाएगा, तब कहीं जाकर वह शुरुआत करेगा। कार्य प्रारम्भ हो जाने के बाद बीच-बीच में अपनी थकान मिटाने के लिए विश्राम और मनोरंजन भी करेगा। ऐसा नहीं है कि इधर उसके वरिष्ठ का आदेश हुआ, उधर वह तुरन्त कार्य करने में जुट गया।

हनुमानजी में यह विशेषता है कि जैसे ही उनको कोई कार्य अपने स्वामी अथवा वयोवृद्ध या वरिष्ठ व्यक्ति द्वारा सौंपा जाता है, वे उसके क्रियान्वयन की दिशा में अविलम्ब प्रयास शुरू कर देते हैं। वह आदेश देने वाले से किसी वस्तुविशेष की माँग भी नहीं करते, सीधे-सीधे लक्ष्य की ओर बढ़ जाते हैं। 'किष्किन्धाकाण्ड' में जब सुग्रीव श्री राम-लक्ष्मण को ऋष्यमूक पर्वत की ओर आते हुए देखते हैं, तो वे उन्हें बालि के भेजे हुए लोग समझते हैं। श्री हनुमानजी उनके सचिव हैं, अतः वे उन्हें इन दोनों की वास्तविकता पता लगाने के लिए भेजते हैं। हनुमानजी अविलम्ब उनके आदेश का पालन करते हैं और ब्राह्मण-वेश धारणकर उनके विषय में जानकारी प्राप्त करते हैं। वे कार्य करने में क्षणमात्र की भी देरी नहीं करते हैं।

उनका परिचय प्राप्तकर वे श्रीराम-लक्ष्मण को अपनी पीठ पर चढ़ाकर सुग्रीव के पास ले आते हैं और सुग्रीव तथा श्रीराम दोनों के ही लाभ के लिए उनकी मैत्री करवाते हैं।

इस प्रकार उनका पदार्पण ही एक निरालस और ऊर्जावान महापुरुष के रूप में होता है।

इस प्रसंग के बाद उनके हर कार्य के प्रारम्भ में 'रामनाम' का उच्चारण प्रमुख होता है, जिससे उनका कार्य श्रीराम की कृपा से निर्विघ्न सम्पन्न हो सके। 'रामनाम' ही हर कार्य में उनकी वास्तविक शक्ति है। वे किसी अस्त्र-शस्त्र अथवा अन्य वस्तु अथवा उपकरण का प्रयोग किसी कार्य को सम्पन्न करने के लिए नहीं करते हैं। 'रामनाम' ही उनका सम्बल है, ब्रह्मास्त्र है और इसके सहारे ही वे कठिन-से-कठिन कार्य करने के लिए तैयार हो जाते हैं। इसीलिए उनके आराध्य और अन्य लोग उनको ही कार्य सौंपते हैं; क्योंकि वे भली-भाँति जानते हैं कि हनुमानजी को जो भी कार्य सौंपा जाएगा, वे उसमें कोई कोताही नहीं करेंगे, वरन् उसे अपना उत्तरदायित्व समझकर पूरा करेंगे। हमने 'रामचरितमानस' में किसी भी स्थल पर उन्हें किसी कार्य के लिए मना करते हुए नहीं देखा है।

होता यह है कि आपके बॉस ने आपको कोई काम सौंपा, तो आप बचने के लिए कह उठेंगे- "सर! मैं इसमें अनुभवहीन हूँ, किसी और से करा लीजिए।" वास्तव में आप जिम्मेदारियों से बचना चाहते हैं। अक्सर कर्मचारियों के बीच यह जुमला प्रसिद्ध है- "जो सुख चाहे अपना, बिल्लड़ बनकर रह" ऐसे लोग बस अपनी नौकरी करना चाहते हैं- 10 से 5 तक! एक दूसरा कर्मचारी भी है दफ्तर में, उधर बॉस ने कोई काम सौंपा और वह बोला- "सर! करने की कोशिश करता हूँ, आप बेफ़िक्र रहिए।" और वह जुट जाता है तथा कार्य पूरा करके ही दम लेता है। दफ्तर के अन्य लोग उसे 'गधा' कहकर उसकी खिल्ली उड़ाते हैं, लेकिन वह उसकी परवाह नहीं करता। उसे कोई ओवरटाइम' तो मिल नहीं रहा। लेकिन वह अनुभव प्राप्त कर रहा है और बॉस की नज़रों में एक विश्वसनीय और उनका प्रिय कर्मचारी बनकर उभरता है। लोग उससे ईर्ष्या करते हैं; लेकिन अपने अकर्मण्य व्यक्तित्व की ओर उनका ध्यान नहीं जाता।

## हनुमानजी ऐसे ही महामानव हैं

एक अन्य प्रसंग में शरद ऋतु आ जाने के बाद जब सुग्रीव 'रामकाज' की सुध भूल बैठते हैं; तो श्रीराम के आदेश पर लक्ष्मणजी उन्हें उस अक्षम्य अपराध का दंड देने के लिए उनके किले पर आते हैं। सुग्रीव के कहने पर हनुमानजी अविलम्ब लक्ष्मणजी के पास जाकर उन्हें भाँति-भाँति की चेष्टा करके प्रसन्न करते हैं। यदि हनुमानजी थोड़ी-सी भी देर कर देते, तो क्रोधी लक्ष्मणजी सुग्रीव के साथ कोई भी अनर्थ कर सकते थे।

वास्तव में बहुत-से कार्य इतने महत्त्वपूर्ण होते हैं कि यदि उनके विषय में अविलम्ब निर्णय न लिया जाये, तो अनर्थ हो सकता है। इसलिए अनेक कार्यों

में 'लाइट, साउण्ड, कैमरा...... एक्शन' वाली स्थिति होती है, और उसका कोई 'री-टेक' भी नहीं होता।

जब सीताजी की खोज के लिए सुग्रीव नील, अंगद, जाम्बवान् और हनुमानजी को दक्षिण दिशा की ओर जाने का निर्देश देते हैं, तो वे अविलम्ब तैयार हो जाते हैं। हनुमानजी के निरालस और कर्मठ व्यक्तित्व के कारण ही श्रीरामजी उन्हें अपने हाथ की अंगूठी सीताजी को भेंट करने के लिए देते हैं। लाखों वानरों से में वे इस कार्य के लिए उन्हें ही चुनते हैं, क्योंकि वे जानते हैं कि हनुमानजी की तुलना केवल हनुमानजी से ही हो सकती है, अन्य किसी से नहीं! एक तपस्विनी 'स्वयंप्रभा' के कहने पर, वे वानरों को फल खिलाकर जल पिलाते हैं और स्वयं भी जलपान करते हैं और अपने विषय में जाम्बवान् के विचार जानकर, तदनुसार प्रमाण प्रस्तुत करके अविलम्ब सौ योजन समुद्र पार करने निकल पड़ते हैं।

प्रारम्भ में ही उन्हें समुद्र के आदेश पर मैनाक पर्वत द्वारा उस पर विश्राम करने का प्रलोभन दिया जाता है, वे उसे प्रेमपूर्वक स्पर्श करते हैं और उसे प्रणाम कर मान देते हैं और बड़ी विनम्रतापूर्वक कहते हैं-

**हनुमान तेहि परसा कर पुनि कीन्ह प्रणाम।**
**रामकाजु कीन्हें बिनु मोहि कहाँ विश्राम।।**

**(सुन्दरकाण्ड)**

(हनुमानजी ने उसे हाथ से छू दिया, फिर प्रणाम करके कहा- भाई! श्रीरामचन्द्रजी का काम किए बिना मुझे विश्राम कहाँ?)

जब आपसे कोई जलपान करने या यात्रा में विश्राम करने के लिए कहे, तो स्वाभाविक रूप से आपके हाथ उसके कन्धे तक पहुँच जाएँगे अथवा आप उसका हाथ अपने हाथ में लेकर सहसा कह उठेंगे- "भैया! मुझे इतने बजे तक अमुक जगह पहुँचना है, यदि मैं यहाँ रुका, तो देर हो जाएगी। खैर, फिर कभी हम लोग बैठेंगे।" और........ यही हनुमानजी करते हैं।

हनुमानजी के सम्पूर्ण जीवन का निचोड़ उस दोहे की दूसरी पंक्ति है-

**'रामकाजु कीन्हें बिनु मोहि कहाँ विश्राम'**

अन्य कोई व्यक्ति होता, तो मैनाक की प्रार्थना पर थोड़ी देर विश्राम करके ही आगे बढ़ता, लेकिन हनुमानजी की दृष्टि अपने लक्ष्य 'सीताजी की खोज' पर है, इसलिए वे सीताजी की खोज करने तक रात-दिन, बिना पलक झपकाए अविराम कार्य करते हैं। यहाँ तक कि वे लेटकर अपनी कमर सीधी तक नहीं करते, और न ही कुछ आहार-स्वल्पाहार ग्रहण करते हैं।

सर्पों की माता सुरसा दैवीय आदेश पर उनका मार्ग अवरुद्ध करती है, उन्हें खाना चाहती है, लेकिन वे 'रामकाज' की खातिर उससे निवेदन करते हैं-

**रामकाजु करि फिरि मैं आँवौं। सीता कइ सुधि प्रभुहिसुनावौं।**

(श्रीरामजी का कार्य करके मैं लौट आऊँ और सीताजी की खबर प्रभु को सुना दूँ।)

**तब तव बदन पैठिहउँ आई। सत्य कहउँ मोहि जान दे माई।।**

(तब मैं आकर तुम्हारे मुँह में घुस जाऊँगा अर्थात् तब तुम मुझे खा लेना। हे माता! मैं सत्य कहता हूँ, अभी मुझे जाने दे।)

इस प्रकार उनकी दृष्टि में 'रामकाज' प्रमुख है और इसके लिए वे काल से भी टकरा सकते हैं। वे सुरसा को सबक सिखाकर, बिना रुके; वहाँ से आगे को चल देते हैं।

इसके बाद वे 'रामकाज' में अवरोध राहू की माता सिंहिका, जो आकाश में उड़ते हुए पक्षियों की परछाईं को पकड़ लेती थी; जिससे वे समुद्र में गिर पड़ते थे और वह उन्हें खा जाती थी; को स्वयं के साथ वही छल करने के कारण मार देते हैं।

लंका पहुँचने तक हनुमानजी ने विश्राम नहीं किया है। रात हो गई है और वे अति लघुरूप रखकर लंका में प्रवेश करते हैं; लेकिन लंका की रक्षिका लंकिनी नामक राक्षसी उनको पहचान लेती है और चुपके-से लंका में प्रवेश करने के कारण उन्हें 'चोर' कहती है। कहती है; तू चोर है इसलिए तू मेरा आहार है। वे उस पर मुष्टि प्रहार करते हैं, और वह खून की उल्टी करती हुई ज़मीन पर गिर पड़ती है।

रात में ही वे सीताजी की खोज करने के लिए रावण के एक महल-से-दूसरे महल को छानते हैं। ये नहीं कि लंका में तो आ ही गए हैं, थोड़ी आँख झपका ली जाये! वे रात-भर नहीं सोते और प्रातःकाल होने पर विभीषणजी से हठ करके भेंट करते हैं; तब उन्हें सीताजी के रहने की जगह पता लगती है।

अर्थात् जो अविराम काम करता है, वह बहुत ही सतर्क होता है, ताकि किसी भी स्तर पर उससे चूक न हो जाए। जैसे दिन हो जाने पर और विभीषणजी से सारी युक्तियाँ जानकर हनुमान जी मच्छर का रूप रखकर अशोक वाटिका में प्रवेश कर जाते हैं और अपनी आँखों से सीताजी के कष्टों से भरे जीवन को देखते हैं।

यहाँ यह बात उल्लेखनीय है कि सीताजी की शंका का निवारण कर अर्थात् अपना विशाल रूप दिखाने तक हनुमानजी ने तनिक भी विश्राम नहीं किया है और न कुछ खाया-पिया है। जब सारे कार्य सम्पन्न हो जाते हैं; तब हनुमानजी सीताजी से कहते हैं-

किसी गाँव में एक आलसी ब्राह्मण रहता था। वह बहुत भला आदमी था, लेकिन भाग्यवादी होने के कारण हर काम को टाल दिया करता था कि अगर होना होगा, तो अपने-आप हो जाएगा।

एक बार एक साधु उनके घर आए। ब्राह्मण और उसकी पत्नी ने उनकी बहुत सेवा की। साधु उनकी सेवा से बहुत प्रसन्न हुए और ब्राह्मण को एक पत्थर देते हुए बोले- "देखो! ये पारस पत्थर है। इसे अपने पास रख लो। एक हफ्ते बाद मैं वापस आकर इसे ले जाऊँगा। तब तक जितना सोना बना सकते हो, बना लो। तुम्हारी गरीबी देखकर मुझे तुम पर दया आ गई, इसलिए तुम्हें ये दे रहा हूँ।"

साधु के जाने पर ब्राह्मण ने घर में रखे हुए थोड़े-से लोहे से सोना बना लिया औरं उसे बेचकर बाज़ार से कुछ सामान खरीद लाया।

अगले दिन पत्नी के बहुत कहने पर वह बाज़ार गया, लेकिन लोहे के दाम सुनकर वापस आ गया। सोचा, जब भाव गिर जाएँगे, तब खरीद लेगा। दो-तीन दिन बाद फिर बाज़ार जाकर लोहे का भाव पूछा, तो वह पहले से अधिक मंहगा हो गया।

इस तरह ब्राह्मण भाव नीचे आने के फेर में लोहा नहीं खरीद पाया और इस तरह एक हफ्ता गुजर गया।

आठवें दिन साधु उसके घर आए और अपनी पारस पथरी माँगने लगे। ब्राह्मण बोला- "महाराज! सस्ता लोहा खरीदने के चक्कर में मेरा तो सारा समय निकल गया और मैं इच्छित सोना नहीं बना पाया। आप कृपा करके ये पथरी कुछ दिन और मेरे पास छोड़ दीजिये।"

लेकिन साधु नहीं माने। वे बोले- "तुम जैसा आलसी आदमी जीवन में कुछ नहीं कर सकता। जो व्यक्ति समय का सदुपयोग नहीं करता, वह हमेशा दुःखी रहता है।" ब्राह्मण पछताने लगा। साधु वापस जा चुके थे।

**सुनहु मातु मोहि अतिसय भूखा। लागि देखि सुंदर फलरूखा॥**

**(सुन्दरकाण्ड)**

(हे माता! सुनो, सुन्दर फल वाले वृक्षों को देखकर मुझे बड़ी ही भूख लग आई है।)

देखिए! हनुमानजी कहते हैं- 'अतिसय भूखा' (अत्यधिक भूख लगी है।) जब इतने दिन भूख-प्यास के हो गए, तो अतिशय भूख लगना स्वाभाविक है।

हनुमानजी स्वयं प्रभा के आदेश पर फल खाते हैं, तब से उन्होंने कुछ भी नहीं खाया-पिया है। दूसरी बात वृक्षों को देखकर और वो भी सुन्दर फल वाले! क्या उन्होंने लंका और दूसरी जगह पर इससे पहले फलदार वृक्ष नहीं देखे थे? अवश्य देखे थे, लेकिन सीताजी की खोज के अभियान के कारण उनकी भूख मर गई। भूख-प्यास सब गायब हो गई और जब कार्य सम्पन्न हो गया, तो भूख जाग पड़ी।

ऐसा हम सबके साथ होता है। अपनी छोटी बहिन की शादी में मेरे ऊपर ही सारा उत्तरदायित्व था। मैंने अविराम काम किया। कुछ ही घंटे सोता था। यकीन मानिए, मेरी भूख-प्यास सब गायब हो गई। अनिच्छा से थोड़ा-सा भोजन और दूध लेता था। पलक नहीं झपकती थी; रात-दिन मेहनत करने पर भी, लेकिन जब बहन विदा हुई, फिर ऐसा घोड़े बेचकर सोया कि तन-मन की सुध नहीं रही।

मेरी माँ एक महीने बीमार रही। उनकी सेवा करते-करते कब दिन व्यतीत हो जाता था और कब रात हो जाती थी, कुछ पता नहीं। रात-रातभर जागना पड़ता था, दिन में डॉक्टर बुलाना, दवाई देना, बिजली चले जाने पर पंखा झलना- बीस काम, कमर सीधी करने की फुर्सत नहीं। थोड़ा-सा लेटे कि माँ की करुण पुकार!

सेवा करने के बाद भी माँ बची नहीं। जैसी ईश्वर की इच्छा! उनके मरने के बाद के दिनों में, मुझे चलने पर चक्कर आते थे और घोड़े बेचकर सोता था। खैर, ऐसा सबके साथ होता है।

हनुमानजी को भूख तब लगी, जब 'रामकाज' सम्पन्न हो गया- 'रामकाजु कीन्हें बिनु मोहिं कहाँ विश्राम'।

अब देखिए! वे अशोकवाटिका के रसीले और स्वादिष्ट फल खाते हैं। तभी नया बवंडर खड़ा हो जाता है। रखवालों और अक्षय कुमार से युद्ध तथा मेघनाद द्वारा ब्रह्मास्त्र में बँधकर लंकाधीश रावण के दरबार में जाना, उससे वाक्युद्ध, तत्पश्चात् लंकादहन-सभी कार्य अविराम! एक भी स्थल ऐसा नहीं, जहाँ पर उन्होंने थोड़ा-सा भी विश्राम किया हो। लंकादहन भी तो 'रामकाज' ही था; क्योंकि हनुमानजी को दूत की शक्ति के ब्याज से श्रीरामचन्द्रजी की शक्ति का परिचय जो देना था और अविराम कार्य करने पर भी खूब उछल-कूद मचाना- एक महल-से-दूसरे-महल-पर चढ़ना और पूरे नगर को उलट-पलटकर जलाना!

जब लंकादहन का 'रामकाज' भी पूरा हो जाता है, तब हनुमानजी अपनी पूंछ की आग बुझाने के लिए समुद्र में कूद पड़ते हैं- **'कूदि पड़ा पुनि सिंधु मंझारी'**।

वे अब उग्रता से शान्ति की ओर बढ़ते हैं, जलन से शीतलता की ओर अग्रसर होते हैं। अब वे थोड़ा विश्राम करते हैं-

**पूँछ बुझाइ खोइ श्रम धरि लघु रूप बहोरि।**
**जनक सुता के आगे ठाढ़ भयउ कर जोरि॥**

(पूँछ बुझाकर, थकावट दूर करके और फिर छोटा-सा रूप धारणकर हनुमानजी श्री जानकी जी के सामने हाथ जोड़कर जा खड़े हुए।)

यहाँ उन्होंने थोड़ी देर ही थकावट दूर की है- समुद्र-स्नान करके। हम सभी जानते हैं, जब व्यक्ति ज्यादा थका हो, तो ठंडे पानी से स्नान करने पर उसकी थकान उतर जाती है। थकावट दूर की है, वो भी थोड़ी-सी! पूर्ण विश्राम नहीं किया, इसलिए नहीं किया; क्योंकि अभी 'रामकाज' अधूरा है। वापस जाकर प्रभु को सीताजी का समाचार भी देना है, जो बहुत आवश्यक है।

और वे सीताजी की निशानी 'चूड़ामणि' लेकर तुरन्त वापस लौट पड़ते हैं और प्रतीक्षारत वानरों के पास पहुँचते हैं; वहाँ से सुग्रीव के पास जाते हैं, फिर सभी लोग मिलकर भगवान श्रीराम के पास यह शुभ समाचार सुनाने जाते हैं। इसके बाद श्री राम-हनुमान-संवाद होता है, जिसमें वे इस 'रामकाज' के लिए प्रभु-कृपा मानते हैं।

इस प्रकार वे 'रामकाज' अविराम और त्वरित गति से करते हैं।

जब मेघनाद लक्ष्मणजी पर वीरघातिनी शक्ति का प्रयोग करता है। उनके प्राण संकट में पड़ जाते हैं। जाम्बवान् लंका में रहने वाले सुषेण वैद्य के विषय में जानकारी देते हुए कहते हैं- **'लंका रहइ को पठइ लेना।'** (उसे ले आने के लिए किसे भेजा जाये?) श्रीराम शोक मग्न हैं। वे हनुमानजी से सुषेण वैद्य को ले आने के लिए नहीं कहते हैं। जाम्बवान् भी प्रश्नमात्र करते हैं- 'आखिर कौन लाएगा सुषेण को।' इतना सुनते ही हनुमानजी 'रामकाज' समझकर और इसे अपना उत्तरदायित्व मानकर सुषेण वैद्य को लंका से ले आने के लिए 'तुरन्त' चल पड़ते हैं-

**धरि लघु रूप गयउ हनुमंता। आनेउ भवन समेत तुरंता॥**
**(लंकाकाण्ड)**

(हनुमानजी छोटा रूप धरकर गये और सुषेण को उसके घर समेत तुरन्त ही उठा लाए।)

पहली बात, वे तुरन्त चल पड़े। दूसरी बात, उनके पास सुषेण के साथ वार्तालाप करने का समय नहीं था- एक-एक पल भारी पड़ रहा था। वार्तालाप करने पर सुषेण किसी भी तरह आने के लिए तैयार नहीं होते, इसलिए वे उन्हें घर समेत उठा लाते हैं।

सुषेण औषध का नाम बताते हैं और हनुमानजी से उसे लाने के लिए कहते हैं। वे श्रीरामजी के चरण कमलों को हृदय में रखकर तुरन्त चल पड़ते हैं। कहते हैं- 'अभी लेकर आता हूँ।'

एक गिलहरी के अनवरत् कर्म करने के ज्ञान से उनकी कर्मठता और संकल्पशीलता को भली-भाँति समझा जा सकता है।

ये उन दिनों की बात है, जब भगवान बुद्ध को ज्ञान प्राप्त नहीं हुआ था। उन्होंने शरीर को कष्टों की अग्नि में तपाया, एकान्त में कठोर साधना की और एकान्त में बैठकर चिन्तन किया, लेकिन सारी प्रक्रियाएँ निष्फल हो गई थीं। वे इतने निराश हो गए थे कि साधना छोड़कर घर लौटने की बात सोचने लगे।

एक दिन चलते-चलते उन्हें मार्ग में एक झील मिली। झील के सौन्दर्य को निहारते-निहारते अचानक उनकी निगाह एक छोटी-सी गिलहरी पर पड़ी। वह झील के किनारे बैठी-बैठी बार-बार पानी में अपनी पूँछ भिगोती और उसे बाहर झाड़ देती थी।

भगवान बुद्ध वहीं ठहर गए और गिलहरी से पूछने लगे- "यह क्या कर रही हो?

गिलहरी बोली- "मैं इस झील को सुखाने का प्रयत्न कर रही हूँ।"

"क्यों?"

"क्योंकि इसने मेरे बच्चों को डुबो दिया है।"

"परन्तु तुम तो बहुत छोटी हो और झील में अथाह पानी है।"

गिलहरी बोली- "तो इससे क्या फ़र्क़ पड़ता है। झील सूखे-या-न-सूखे, मुझे तो अपना काम करना ही है।"

गिलहरी के दृढ़ संकल्प और कर्मठता को देखकर भगवान बुद्ध को एक नई दृष्टि और दिशा प्राप्त हुई। उनके मन में एक सर्वथा नवीन संकल्प जागा और वे अपनी साधना करने के लिए पुनः जंगलों की ओर लौट पड़े।

सुषेण वैद्य, हनुमानजी की शक्ति और क्षमताएँ जानते हैं। उन्होंने उनका यश पहले से ही सुन रखा है, इसलिए वे उन्हें आज्ञा देते हैं और वे अविलम्ब चल पड़ते हैं। शीघ्रता होने के कारण वे औषध को पहचान नहीं पाते, तो समूचा पर्वत ही उखाड़ लेते हैं।

अयोध्या के ऊपर से उड़ने का प्रसंग सर्वविदित है ही! वे भरतजी से वार्तालाप करके उनके प्रताप को हृदय में रखकर सूर्योदय से पूर्व ही श्रीराम के पास पहुँच जाते हैं। वे लक्ष्मण जी के औषध के खाते ही तुरन्त उठ बैठने के बाद सुषेण वैद्य को वापस लंका पहुँचाना नहीं भूलते-

**कपि पुनि बैद तहाँ पहुँचावा। जेहि बिधि तबहिं ताहि लइ आवा।।**

**( लंकाकाण्ड )**

(हनुमानजी ने वैद्यजी को उसी प्रकार वहाँ पहुँचा दिया, जिस प्रकार वे उस बार अर्थात पहले उन्हें ले आये थे।)

फिर चाहे वह विभीषण का राजतिलक करने का प्रसंग हो अथवा सीताजी को रावण-वध सुनाने वाला प्रसंग अथवा लंका से सीताजी को सादर श्रीराम तक पहुँचाने की बात, हनुमानजी श्रीरामचन्द्रजी के आदेश का अविलम्ब पालन करते हैं। इधर बात मुँह से निकलती नहीं, उधर आदेश के परिपालन की दिशा में प्रयास करना शुरू कर देते हैं। जैसे कविवर श्याम नारायण पाण्डेय की एक प्रसिद्ध कविता की पंक्ति महावीर महाराणा प्रताप के घोड़े 'चेतक' के विषय में लिखी गई है-

**राणा की पुतली फिरी नहीं,**
**तब तक चेतक मुड़ जाता है।**

मालिक का इशारा हुआ नहीं कि कार्य शुरू!

जब श्रीरामचन्द्रजी सीताजी को लंका से वापस लाने के लिए अंगद और विभीषण से कहते हैं कि तुम सब लोग हनुमान जी के साथ जाओ, तो वे बिना कोई देरी किए हुए चल पड़ते हैं-

**तुरतहि सकल गए जहँ सीता,**

(वे सब तुरन्त ही वहाँ गये, जहाँ सीताजी थीं।)

विभीषण को लंका का राज्य सौंपकर श्रीराम अपनी धर्मपत्नी सीताजी और अनुज लक्ष्मणजी सहित पुष्पक विमान में सवार होते हैं। उनके साथ उनकी विपत्ति के सभी साथी भी हैं। प्रयागराज आ गया है। प्रभु त्रिवेणी में स्नान करते हैं और ब्राह्मणों को अनेक प्रकार के दान देते हैं। वे वानरों को भी दान देने से नहीं चूकते। इसके बाद वे हनुमानजी को आज्ञा देते हैं कि भरत को जाकर हमारे अयोध्या आगमन का समाचार सुनाओ और उनका समाचार लेकर वापस चले आओ। आदेश सुनते ही-

**तुरत पवनसुत गवनत भयऊ।**

**(लंकाकाण्ड)**

(पवनपुत्र हनुमानजी तुरन्त ही चल दिए।)

विप्र रूप धर कर तत्पश्चात अपना असली परिचय देकर, भरतजी को समाचार सुनाकर और ढाँढ़स बँधाकर वे वापस लौट पड़ते हैं-

**भरत चरन सिरू नाइ तुरित गयउ कपि राम पहिं।**
**कही कुसल सब जाइ हरषि चलेउ प्रभु जान चढ़ि॥**

(फिर भरतजी के चरणों में सिर नवाकर हनुमानजी तुरन्त ही श्रीराम के पास लौट गये और जाकर उन्होंने सब कुशल कही। तब प्रभु हर्षित होकर विमान पर चढ़कर चले।)

वे किसी की मेहमानबाजी भी स्वीकार नहीं करते। काम पूरा हुआ नहीं कि तुरन्त लौट पड़ते हैं।

लेकिन 'रामचरितमानस' में एक स्थल पर वे **'रामकाजु कीन्हें बिनु मोहिं कहाँ विश्राम'** वाली उक्ति के ठीक उलट संकटकालीन समय होते हुए भी विश्राम करने के लिए रुक जाते हैं। हनुमानजी संजीवनी बूटी लाने के लिए हिमालय की यात्रा पर निकलते हैं। लक्ष्मणजी के प्राण संकट में हैं। उन्हें सूर्योदय से पूर्व बूटी लाकर सुषेण वैद्य को देनी है। रास्ते में उन्हें कालनेमि नामक राक्षस, मुनि के कपट वेश में मिलता है। उसने आश्रम बना रखा है, जिसके चारों ओर तालाब, मन्दिर और सुन्दर बाग है। हनुमानजी थकावट दूर करने और जल पीने के लिए वहाँ रुक जाते हैं-

**मारुत सुत देखा सुभ आश्रम। मुनिहि बूझि जल पियौं जाइ श्रम॥**

**(लंकाकाण्ड)**

(हनुमानजी ने सुन्दर आश्रम देखकर सोचा कि मुनि से पूछकर जल पी लूँ, जिससे थकावट दूर हो जाये।)

वैसे वे हमें 'रामकाज' को पूरा करने के लिए निकलने के बाद कहीं भी थकावट दूर करने के लिए नहीं रुकते, लेकिन यहाँ वे रुकते हैं। इसका कारण यह है कि विभीषण की तरह साधु पुरुषों से अपनी ओर से पहचान करना चाहते हैं।

**एहि सन हठि करिहउँ पहिचानी। साधु ते होइ न कारज हानी॥**

**(सुन्दरकाण्ड)**

उनके अनुसार साधुओं से भेंट करने पर कार्य-हानि नहीं, अपितु लाभ ही होता है। वैसे ही वे कपट मुनि से हठ करके पहचान करने रुक जाते हैं। विभीषण सीताजी के विषय में उन्हें पूरी जानकारी देते हैं। यहाँ हनुमानजी सोचते हैं कि हो सकता है, मुनिवर, संजीवनी बूटी के विषय में कोई विशेष जानकारी दे दें, इसलिए वे रुकते हैं। बहाना जल पीकर श्रम मिटाने का है। 'मुनि' से भेंट करने पर वह श्रीराम के गुणों की कथा कहने लगता है, और राम-रावण-युद्ध के विषय में बताकर उन्हें प्रभावित कर लेता है। वह उन्हें दीक्षा देने की बात कहता है। जब हनुमानजी स्नान करने तालाब पर जाते हैं, तो एक मगरी उन्हें इस कपट मुनि वेशधारी राक्षस के विषय में बताती है। तब वे उस कपट मुनि का लौटकर वध कर देते हैं।

इस प्रकार उनका वहाँ पर रुकना सार्थक सिद्ध होता है। वास्तव में यहाँ पर भी 'रामकाजु कीन्हें बिनु मोहि कहाँ विश्राम' वाली उक्ति चरितार्थ होती है; क्योंकि 'रामकाज' के अवरोधों को दूर करना भी रामकाज ही है।

## सच्चे कर्मयोगी हनुमान जी

हनुमानजी सच्चे कर्मयोगी हैं। वे अपने जीवन में नित्यप्रति अष्टांग योग का पालन करते हैं। अष्टांग योग से आशय योग के आठ अंगों से है। ये हैं- यम, नियम, आसन, प्राणायाम, प्रत्याहार, धारणा, ध्यान और समाधि। यम-नियमों का एक नियम है- अस्तेय अर्थात् चोरी न करना। यदि कोई पीठ-पीछे अथवा सामने किसी से बिना पूछे कोई वस्तु छूता है, अथवा उसे ले लेता है तो वह चोरी करता है। हनुमानजी किसी की वस्तु को उसके मालिक से बिना पूछे हाथ नहीं लगाते।

जब उन्हें भूख लगती है, तो वे उसे शान्त करने के लिए सीताजी की आज्ञा लेते हैं। यद्यपि सीताजी वहाँ की स्वामिनी नहीं हैं, लेकिन हनुमानजी वहाँ केवल उन्हें ही पहचानते हैं और लम्बे समय तक रहने के कारण, वे अशोक वाटिका पर अपना अधिकार-सा मानती हैं। दूसरे, त्रिजटा तो उनका ध्यान रखती ही थी, उसके कहने पर अन्य राक्षसियां भी उनके समर्थन में आकर उनकी सेवा करने लगती हैं, इसलिए सीताजी निर्द्वन्द्व हैं, इसीलिए वे आज्ञा दे देती हैं। देखिए हनुमानजी पूछते हैं-

**सुनहु मातु मोहि अतिसय भूखा। लागि देखि सुंदर फल रूखा॥**

फिर कहते हैं-

**जौ तुम्ह सुख मानहु मन माहीं॥**

(हे माता! यदि आप मन में सुख माने अर्थात् प्रसन्न होकर आज्ञा दें।)

सहर्ष आज्ञा मिलने पर ही वे वाटिका में प्रवेश करते हैं।

> नैतिकता का पालन करने वाले एक मुस्लिम बादशाह नौशे खाँ ने 'अस्तेय' का उदाहरण प्रस्तुत करते हुए दूसरों का मार्गदर्शन किया।
>
> बादशाह नौशे खाँ एक दिन शिकार खेलते हुए दूर निकल गया। दोपहर के समय एक गाँव के पास डेरा डालकर भोजन की व्यवस्था की गई। अकस्मात् मालूम हुआ, नमक नहीं है। इस पर सेवक पास के घर में जाकर थोड़ा-सा नमक ले आया। बादशाह ने उसे देखकर पूछा- "नमक के दाम दे आये?" उसने उत्तर दिया- "इतने-से नमक का दाम क्या दिया जाये!"
>
> नौशे खाँ ने फौरन कहा- "अब आगे ऐसा मत करना और इस नमक की कीमत इसी समय जाकर दे आओ। तुम नहीं समझते कि अगर बादशाह किसी के बाग से बिना दाम दिए एक फल ले ले, तो उसके कर्मचारी बाग को ही उजाड़कर खा जाएँगे।
>
> बिना दाम दिए और बिना पूछे किसी की कोई वस्तु लेना चोरी करने के बराबर पाप होता है।

इससे पूर्व की एक घटना है। वे तथा अन्य वानर सीताजी की खोज के लिए निकलते हैं। पहाड़ की चोटी पर देखने पर वहाँ हनुमानजी को एक उत्तम उपवन और तालाब दिखाई देता है- वहाँ सुन्दर मन्दिर है, जिसमें एक तपोमूर्ति स्त्री बैठी है। यद्यपि सभी को बहुत जोर से भूख-प्यास लगी है, लेकिन कोई भी बगीचे में नहीं घुसता और न तालाब का पानी पीता है। सब उसे सिर नवाकर सारा वृत्तांत सुनाते हैं और जब वह उन्हें आज्ञा देती है, तब वे जलपान करते हैं-

**तेहि तब कहा करहु जल पाना। खाहु सुरस सुंदर फल नाना।**

**(किष्किंधाकाण्ड)**

(तब उसने कहा- जलपान करो और भाँति-भाँति के सुन्दर रसीले फल खाओ।

**मज्जनु कीन्ह मधुर फल खाए।।**

(आज्ञा पाकर सबने स्नान किया और मीठे फल खाए।)

जब हनुमानजी, सीताजी का पता लगाकर वानरों के पास आ जाते हैं, तो वानर अपना 'नया जन्म' समझते हैं। बाद में हनुमानजी सहित सभी लोग मधुवन में आते हैं और मधुर फल खाते हैं। फल खाने से पहले सभी अंगद की आज्ञा लेते हैं, क्योंकि अंगद वानर-दल के नेता हैं। यद्यपि अंगद हनुमानजी से उम्र में छोटे हैं, लेकिन दल के नेता के होने के नाते वरिष्ठ और सम्मानीय हैं, अतः वे सम्मति लेते हैं।

**तब मधुबन भीतर सब आए। अंगद संमत मधुफल खाए।**

**(सुन्दरकाण्ड)**

(तब सब लोग मधुवन के भीतर आये और अंगद की सम्मति से सबने मधुर फल या मधु और फल खाये।)

इस प्रकार यहाँ भी अंगद की आज्ञा से हनुमानजी अपनी भूख मिटाते हैं।

वे संजीवनी बूटी लेने जा रहे हैं। मार्ग में तालाब, मन्दिर, सुन्दर बाग और आश्रम देखकर वे थकावट दूर करने और जल पीने के लिए रुकते हैं। कहते हैं-

**मारूत सुत देखा सुभ आश्रम। मुनिहि बूझि जल पियौ जाइ श्रम।।**

(हनुमानजी ने सुन्दर आश्रम देखकर सोचा कि मुनि से पूछकर जल पी लूँ, जिससे थकावट दूर हो जाये।)

वे जल पीने की आज्ञा माँगते हैं और कपट मुनि का वेष धारण किए हुए कालनेमि उन्हें कमण्डलु देता है-

**माँगा जल तेहिं दीन्ह कमंडल।**

**(लंकाकाण्ड)**

इस प्रकार हनुमानजी नेता की आज्ञा का पालन करते हैं। वे यम से लेकर समाधि का पालन करते हैं। समाधि योग की अन्तिम अवस्था है। श्रीराम का ध्यान लगाते-लगाते उनकी समाधि लग जाती है।

वे 'रामकाज' करने के लिए अविराम पुरुषार्थ करते हैं। उनके उद्देश्य अति पवित्र हैं और पवित्र उद्देश्य के लिए कर्म करने वाले व्यक्तियों की सहायता सभी अदृश्य शक्तियाँ करती हैं। यद्यपि हमेशा अच्छे उद्देश्य में बुरी शक्तियां बाधक बनती हैं, लेकिन भगवान की कृपा से उन पर विजय प्राप्त कर ली जाती है। ऐसे उद्देश्यों के लिए प्रकृति भी सदैव सहायक होती हैं। वह समर्पित व्यक्ति की पग-पग पर सहायता करती है।

हनुमानजी, सीताजी की खोज के लिए निकलते हैं। सीता-खोज के पूरे अभियान में सुरसा, सिंहिका, लंकिनी, निशाचर, अक्षय कुमार, मेघनाद जैसी बुरी शक्तियाँ हैं, जो उनके सदुद्देश्य में बाधक बनती हैं; जबकि मैनाक, विभीषण, त्रिजटा जैसी शक्तियाँ उनकी प्रत्यक्ष-अप्रत्यक्ष सहायता करती हैं। सुरसा और लंकिनी मिश्रित शक्तियों की प्रतीक हैं।

हनुमानजी जब संजीवनी बूटी लेने जाते हैं, तो रावण परोक्ष रूप से और कालनेमि प्रत्यक्ष रूप से उनके इस पवित्र कार्य में बाधक बनता है, जबकि भरत जी उनको अपने बाण पर चढ़ाकर श्रीराम के पास पहुँचाने का प्रस्ताव रखते हैं।

शबरी से प्रसंग शुरू होता है। शबरी पूछने पर श्रीराम को पम्पा नामक सरोवर जाने की सलाह देती है-

**पंपा सरहि जाहु रघुराई। तहँ होइहि सुग्रीव मिताई॥**

**(अरण्यकाण्ड)**

(हे रघुनाथजी! आप पम्पा नामक सरोवर को जाइए, वहाँ आपकी सुग्रीव से मित्रता होगी।)

वे अपने भाई लक्ष्मण सहित पम्पा सरोवर स्थित किष्किन्धा पर्वत आते हैं और उधर हनुमानजी उनका परिचय जानने के लिए उनके समीप आते हैं। भगवत्कृपा से दोनों का मिलन होता है। हनुमानजी के माध्यम से श्रीराम और सुग्रीव की मित्रता होती है। इस प्रकार भगवान उनकी सहायता करते हैं, क्योंकि उनका उद्देश्य पवित्र है।

जाम्बवान् की जीभ पर सरस्वती विराजमान हो जाती हैं और वे हनुमानजी की प्रशंसा करते हुए कहते हैं-

**कवन सो काज कठिन जग माहीं। जो नहिं होइ तात तुम्ह पाहीं॥**

**(किष्किन्धाकाण्ड)**

और इस प्रकार उन्हें अपना ऋषियों के शापवश विस्मृत बल याद आ जाता है। हनुमानजी बचपन में ऋषि-मुनियों को बहुत तंग करते थे। जब अति हो गई, तो उन्होंने शाप दे दिया कि जिस बल के बल पर तू इतना फूला हुआ है, वह तुझे विस्मृत हो जाएगा। लेकिन बाद में प्रार्थना करने पर संशोध न करते हुए उन्होंने कहा कि यदि कोई तुझे उचित अवसर पर तेरा बल याद

दिलाएगा, तो तुझे वह अविलम्ब याद आ जाएगा और इस प्रकार दैव कृपा से उन्हें अपना बल याद आ जाता है। 'रामकाज' सम्पन्न कराने के लिए ईश्वर उनकी सहायता करते हैं।

हनुमानजी अशोक वाटिका में मच्छर-रूप में वृक्ष के पत्तों में छिपे हुए हैं। इस अवसर पर भगवान उनकी सहायता करते हैं और सरस्वती जी त्रिजटा की जीभ पर विराजमान हो जाती हैं। उसी समय त्रिजटा सभी राक्षसियों को बीती रात का अपना सपना सुनाती है। वह राक्षसियों को सलाह देती है कि सीताजी से बैर मत करो, उन्हें प्रताड़ित मत करो, वरन् उसकी सेवा करो-

**सबन्हौ बोलि सुनाएसि सपना। सीतहि सेइ करहु हित अपना॥**

**(सुन्दरकाण्ड)**

(उसने सभी को अर्थात् सब राक्षसियों को बुलाकर अपना स्वप्न सुनाया और कहा- सीताजी की सेवा करके अपना कल्याण कर लो।)

अब वह अपना सपना सुनाती है-

**सपने वानर लंका जारी। जातुधान सेना सब मारी।**
**खर आरूढ़ नगन दस सीसा। मुंडित सिर खंडित भुजबीसा॥**

**(सुन्दरकाण्ड)**

(स्वप्न में मैंने देखा कि एक बन्दर ने लंका जला दी। राक्षसों की सारी सेना मार डाली गयी। रावण नंगा है और गधे पर सवार है। उसके सिर मुंडे हुए हैं, बीसों भुजाएं कटी हुई हैं।)

**एहि बिधि सो दच्छिन दिसि जाई। लंका मनहुँ बिभीषनपाई॥**
**नगर फिरी रघुबीर दोहाई। तब प्रभु सीता बोलि पठाई॥**

**(सुन्दरकाण्ड)**

(इस प्रकार वह दक्षिण दिशा अर्थात् यमपुरी को जा रहा है और मानो लंका विभीषण ने पाई है। नगर में श्रीराम की दुहाई फिर गई। तब प्रभु ने सीताजी को बुला भेजा।)

अब इस सपने को त्रिजटा ने उसी समय क्यों सुनाया, जब हनुमानजी वृक्ष में छिपे हुए थे। यहाँ पर हनुमानजी के लिए अदृश्य शक्ति का संकेत है कि तुम्हें ऐसा करना है। त्रिजटा ने बीती रात ही सपना क्यों देखा क्योंकि अदृश्य शक्ति की प्रेरणा से उसे हनुमानजी के समक्ष अगले दिन सुनाया जाना था। अब आइए, 'लंका मनहुँ विभीषन पाई' की ओर दृष्टि करते हैं। त्रिजटा लंका का राज्य विभीषण के पाने की बात करती है, जबकि रावण के कुम्भकर्ण जैसे भाई और मेघनाद जैसे बलवान पुत्र हैं। विभीषण तो साधु पुरुष हैं, लेकिन यह संकेत है कि प्रभुकृपा से 'रावणराज' के बाद 'सन्तराज' स्थापित होगा।

अब देखिए, सरस्वतीजी विभीषण की जिह्वा पर विराजमान हो गयी हैं। जिस समय रावण, हनुमानजी के प्राण लेने की बात कहता है, उसी समय विभीषण का दरबार में प्रवेश होता है, और वे रावण से विनती करके कहते हैं-

**'आन दंड कछु करिअ गोसाईं'**

('हे गोसाईं! कोई दूसरा दण्ड दिया जाये!)

प्रकृति पल-पल सहायक सिद्ध हो रही है। इसके बाद रावण की जिह्वा की बारी है। सरस्वतीजी उसके मुँह से कहलवा रही हैं-

**कपि के ममता पूँछ पर सबहि कहउँ समुझाइ।**
**तेल बोरि पट बाँधि पुनि पावक देहु लगाइ॥**

**(सुन्दरकाण्ड)**

(मैं सबको समझाकर कहता हूँ कि बन्दर की ममता पूँछ पर होती है। अतः तेल में कपड़ा डुबोकर उसे उसकी पूँछ में बाँधकर फिर आग लगा दो।)

यह सब दैवीय प्रेरणा से हो रहा है। अपने-आप सब घटता चला जा रहा है। और हनुमानजी कहते भी हैं-

**बचन सुनत कपि मन मुसुकाना। भइ सहाय सारद मैं जाना॥**

**(सुन्दरकाण्ड)**

(यह वचन सुनते ही हनुमानजी मन में मुसकराये और मन-ही-मन बोले कि मैं जान गया कि सरस्वतीजी उसे ऐसी बुद्धि देने में सहायक सिद्ध हुई हैं।

यहाँ हनुमानजी मन में मुसकराते हैं, क्योंकि उन्हें त्रिजटा का सपना याद आ जाता है। वे यहाँ सरस्वतीजी की प्रेरणा का भी उल्लेख करते हैं।

रावण के दरबार में प्रकृति की बारी आती है। हनुमानजी की पूँछ में आग लगा दी गई है। लेकिन वे इस अवसर पर बन्धन से निकलकर सोने की अटारियों पर जा चढ़ते हैं, उसी समय प्रकृति उनकी सहायक सिद्ध होती है, क्योंकि इसमें हरि की प्रेरणा है-

**हरि प्रेरित तेहि अवसर चले मरुत उनचास।**
**अट्टहास करि गर्जा कपि बढ़ि लगा अकास॥**

**(सुन्दरकाण्ड)**

(उस समय भगवान की प्रेरणा से उनचासों पवन चलने लगे। हनुमानजी अट्टहास करके गर्जे और बढ़कर आकाश से जा लगे।)

वास्तव में प्रकृति हमें संकेत देती है, लेकिन या तो हम उन्हें समझ नहीं पाते अथवा जान-बूझकर अवहेलना करते हैं। ऐसा 'अतिविज्ञानी' होने के कारण होता है। सच्चे भक्त इन संकेतों को समझकर प्रभु की आज्ञा समझकर उनका पालन करते हैं।

आपको एक सच्ची घटना सुनाता हूँ। एक बार मैं अपने एक रिश्तेदार के यहाँ वृंदावन गया हुआ था। मुझे दिल्ली लौटना था। मैं घर से निकला, तो सामने से एक नीच जाति का एक आँख वाला व्यक्ति सामने पड़ गया। वह परिचित था, उसने पूछ लिया- "अच्छा तौ लाला दिल्ली कूं लौट रये हैं। फिर अइयौ लाला" कहकर चला गया। सामने से एक औरत खाली बाल्टी लेकर निकलती दिखाई दी। आगे रिक्शेवाले का टायर पंक्चर हो गया! जैसे-तैसे बस स्टैण्ड पहुँचे, पता लगा कि गाड़ी में तिल रखने की जगह नहीं, हाईवे है, अगली गाड़ी दो घंटे बाद जाएगी। यहाँ एक बात आपको बता दें कि काने पंडितजी का दर्शन शुभ होता है। सबको कोसते कोसते घर वापस आ गए और दो घंटे बाद डी. टी. सी. की दूसरी गाड़ी में सवार हुए और सकुशल दिल्ली आ गये। बाद में हमारे रिश्तेदार ने फोन पर बताया कि जिस गाड़ी से तुम जाने वाले थे, उसका हाई-वे पर एक्सीडेंट हो गया और तीन लोग मर गये। मरना तो हमें था, लेकिन हमारी जगह दूसरा आदमी मर गया। वास्तव में प्रकृति ने हमें चार संकेत दिए, लेकिन दिल्ली पहुँचने की जल्दी में हमने उन पर ध्यान नहीं दिया और..........।

किसी की छींक, बिल्ली का रास्ता काटना, किसी अंग का स्फुरण, सामने से लकड़ी-कंडे इत्यादि का पड़ना, छिपकली का गिरना, कौए का सिर पर बैठना आदि शगुन-अपशगुन अकारण नहीं होते। इनसे हमें कहीं-न-कहीं लाभ या हानि अवश्य होती है, लेकिन हम उनकी अवहेलना कर जाते हैं।

हनुमान जी को अपमानित करने के बाद विभीषण रावण द्वारा अपमानित होकर श्रीराम की शरण में जाने के लिए लंका से चलते हैं, तो तुलसीदासजी कह उठते हैं-

**अस कहि चला बिभीषनु जबहीं। आयूहीन भए सब तबहीं॥**

**(सुन्दरकाण्ड)**

(ऐसा कहकर विभीषण ज्यों ही चले, त्यों ही सब राक्षस आयुहीन हो गये **अर्थात्** उनकी मृत्यु निश्चित हो गई।)

वास्तव में सभी राक्षस, विभीषण जैसे साधु पुरुष के रहने से ही अब तक सुरक्षित थे।

इस बात को एक उदाहरण से समझा जा सकता है- जब रावण का संहार होने को है। विभीषण ज्योंही श्रीराम को रावण की नाभि में स्थित अमृत कुंड का रहस्य बताते हैं, त्योंही लंका में अमंगल होने लगते हैं-

**असुभ होन लागे तब नाना। रोबहिं खर सृकाल बहु स्वाना।**
**बोलहिं खग जग आरति हेतू। प्रगट भए नन जहँ तहँ केतू॥**

**( लंकाकाण्ड )**

(उस समय नाना प्रकार के अपशकुन होने लगे। बहुत-से गधे, स्यार और कुत्ते रोने लगे। जगत के दुःख अर्थात् अशुभ को सूचित करने के लिए पक्षी बोलने लगे। आकाश में जहाँ-तहाँ केतु अर्थात् पुच्छल तारे प्रकट हो गये।)

**दस दिसि दाह होन अति लागा। भयउ परब बिनु रबि उपरागा॥**

**( लंकाकाण्ड )**

(दसों दिशाओं में अत्यन्त दाह होने लगा अर्थात् आग लगने लगी। बिना पर्व अर्थात् योग के सूर्यग्रहण होने लगे।)

तो प्रकृति संकेत करती है और असामान्य घटनाएँ होने लगती हैं लेकिन व्यक्ति अपने आप में ही खोया रहता है। परन्तु दैवीय संकेतों को जानने वाले, समझने वाले अपने मार्ग की बाधाओं को दूर करके ही आगे बढ़ते हैं।

जैसे संजीवनी बूटी को प्राप्त करने के लिए जाते समय हनुमानजी कपट मुनि के आश्रम में ऐसे ही नहीं रुकते हैं, दैवीय प्रेरणा उन्हें रोकती है। जो पवनपुत्र 'रामकाज कीन्हें बिनु मोहि कहाँ विश्राम' कहते नहीं अघाते, वे लंका से चलकर थोड़ी देर बाद ही सुस्ताने के लिए रुक जाते हैं। जो हनुमानजी सीताजी के दर्शन करने के बाद फल खाते हैं और लंका-दहन के बाद ही थोड़ा-सा विश्राम करते हैं, वे वहाँ जल पीने के लिए रुक जाते हैं। मगरी का पैर पकड़ना और उसे हनुमानजी द्वारा मारा जाना भी दैवीय संकेत है। एक तो मगरी का उद्धार हो जाता है और दूसरे कपट-मुनि का भेद खुल जाता है, जिससे वह मारा जाता है।

भरतजी जब हनुमानजी को राक्षस समझकर उन्हें बिना फल वाला बाण मारते हैं, तो इसमें भी दैवीय प्रेरणा कार्य कर रही है। श्रीरामचन्द्रजी के असहनीय विरह से निरन्तर सूखकर कांटा हुए जा रहे भरतजी को 'स्वाति-बूंद' मिल जाती है, जब वे 'रामदूत' से अपने अग्रज की कुशलता का समाचार पाते हैं।

इस प्रकार सदुद्देश्य में प्रकृति क़दम-क़दम पर सहायता करती है। प्रकृति अच्छे और सच्चे प्रभु भक्तों की भी सहायक सिद्ध होती है। जिन्हें केवल भगवान का सहारा और भरोसा होता है, उन पर भी प्रभु अनुग्रह करते हैं।

व्यक्ति को जीवन में अच्छे लक्ष्यों की प्राप्ति के लिए सतत कार्य करना चाहिए और अपने प्रत्येक कार्य की शुरुआत भगवान का नाम लेकर करनी

चाहिए, तो सफलता निश्चित प्राप्त होती है। एक उच्चकोटि के सन्त ने कहा है- **"जो व्यक्ति अपना हर कार्य 'शक्ति' का स्मरण करके प्रारम्भ करता है, उसकी सफलता का भार 'माई' ग्रहण करती है।"**

किसी अधिकारी द्वारा सौंपे गए कठिन-से-कठिन कार्य को चुनौती के रूप में स्वीकार करना चाहिए और आलस्य रहित होकर अपने कार्य में जुट जाना चाहिए। मनुष्य का जन्म बहुत मुश्किल से मिलता है, अतः अपने जीवन के प्रत्येक क्षण का सदुपयोग करते हुए सत्कार्य करने चाहिए।

मित्रों, आप सोचकर देखिए कि हनुमान जी का जो हनुमनत्व है, उसके मूल में पहली और सबसे बड़ी बात यही है कि उन्होंने वास्तविकता को स्वीकारते हुए अपने प्रत्येक क्षण का सदुपयोग किया और आलस्य रहित होकर काम किया।

•

# 2

# परीक्षा हेतु सदैव तत्पर

श्री हनुमानजी के समूचे जीवन में उनकी पग-पग पर परीक्षा हुई थी, और वे उस परीक्षा में खरा सोना सिद्ध हुए थे। वास्तव में हमारे कर्मों द्वारा हमारे आचरण का पता चलता है। यदि आप सत्कर्मों को करने वाले हैं, तो समाज आपकी क़दम-क़दम पर परीक्षा लेगा, आप पर सतत निगरानी रखेगा। यदि आप सफल साबित होते हैं, तो आपको पुरस्कृत करके मान्यता देगा। यदि आप असफल सिद्ध होते हैं, तो आपको दूध में से मक्खी की तरह निकालकर फेंक देगा, साथ ही अपमानित करने से भी नहीं चूकेगा।

इसी प्रकार यदि कोई मनुष्य भक्ति के मार्ग पर अग्रसर होता है, तो भगवान भी उसकी परीक्षा लेते हैं और उसके संकल्प तथा नियम-पालन और आचरण के आधार पर अपने हृदय में स्थान देते हैं। सही भी है, जब हम किसी कक्षा में प्रवेश लेते हैं, तो वर्ष-भर पढ़ाई करने के बाद हमारी परीक्षा होती है और उसमें हम अपनी मेहनत और बुद्धि व विवेक के आधार पर सफल या असफल घोषित किए जाते हैं।

'किष्किन्धाकाण्ड' में हनुमानजी का पदार्पण सीधे उनकी परीक्षा से होता है। अपने अग्रज बालि के भय से सुग्रीव ऋष्यमूक पर्वत की कन्दराओं में छिपे हुए हैं। उनके सचिव हनुमानजी सरीखे 'महामानव' हैं। वन में श्रीराम-लक्ष्मण का आगमन होता है। वे दोनों भाई सीताजी की खोज में वन-वन भटक रहे हैं। सुग्रीव उन्हें देखकर अनुमान लगाते हैं कि शायद ये बालि द्वारा भेजे गये हैं, जो मेरा वध कर देंगे। वे हनुमानजी को यथार्थ बात की जानकारी करके आने के लिए कहते हैं। यहाँ पर हनुमानजी की बुद्धि और विवेक की परीक्षा होती है, और वे श्री राम-लक्ष्मण से सुग्रीव का परिचय कराकर उनकी मित्रता करा देते हैं और परीक्षा में सफल होकर अपने सचिव पद को गरिमा प्रदान करते हैं-

**धरि बटु रूप देखुमैं जाई। कहेसु जानि जियँ सयन बुझाइ॥**

**( किष्किन्धाकाण्ड )**

(सुग्रीव अत्यन्त भयभीत होकर बोले- हे हनुमान! सुनो, तुम ब्रह्मचारी का रूप धारण करके जाकर देखो। अपने हृदय में उनकी यथार्थ बात जानकर तुम मुझे इशारे से समझाकर कह देना।)

समुद्र के किनारे खड़े हुए सभी वानर अपने-अपने बल का बखान कर रहे हैं। लेकिन हनुमानजी चुपचाप एक कोने में खड़े हैं। तभी ऋक्षराज जाम्बवान् उन्हें उनका बल याद दिलाते हुए कहते हैं- **'का चुप साधि रहेहु बलवान।'** कहते हैं कि कौन-सा ऐसा कठिन कार्य है, जो तुमसे न हो सके। यहाँ उनके बल की परीक्षा हो रही है। वे उस समय सामान्य रूप में थे, लेकिन प्रमाण देने के लिए वे पर्वताकार हो गये- **'सुनतहिं भयउ पर्वताकारा'।**

हनुमानजी ने ऋक्षराज जाम्बवान् को निराश नहीं किया। वे उनके विश्वास की कसौटी पर पूर्णतया खरे उतरे और सीताजी का पता लगाकर ही वापस लौटे।

इससे पूर्व जब सीताजी की खोज करने हेतु वानरों के प्रस्थान का समय आता है, तो भगवान श्रीराम सभी वानरों की कुशलक्षेम पूछ रहे हैं, हनुमानजी मुँह नीचा किए सबसे पीछे खड़े हैं। श्रीरामचन्द्रजी दूरदर्शी हैं। वे हनुमानजी की शक्तियों की ताकत को भली-भाँति जानते हैं। उन्होंने पूर्व में ही मन में विचार कर लिया है कि केवल हनुमान ही सीताजी की खोज करने में सक्षम सिद्ध हो सकते हैं। इसलिए वे इस कार्य का विचार करके उन्हें अपने पास बुलाते हैं और अपने करकमलों से उनके सिर का स्पर्श करते हैं। इसके बाद वे असंख्य वानरों में से केवल उन्हें ही अपने हाथ की अंगूठी उतारकर देते हैं। कहते हैं-

**बहु प्रकार सीतहि समुझाएहु। कहि बल विरह बेगि तुम्ह आएहु॥**

**( किष्किन्धाकाण्ड )**

(बहुत प्रकार से सीता को समझाना और मेरा बल तथा विरह कहकर तुम शीघ्र लौट आना।)

यहाँ पर हनुमानजी पर श्रीराम के 'पूर्ण विश्वास' का भार है और उन्हें इस अग्नि परीक्षा में से होकर 'अछूता' सिद्ध होना है। वे उनका भरोसा कायम रखने में सफल हो जाते हैं, और सीताजी का पता लगाकर ही वापस लौटते हैं।

सीता जी की खोज में जब हनुमानजी सौ योजन अर्थात् चार सौ कोस विस्तार वाले समुद्र को लांघने के लिए उसके ऊपर से उड़े जा रहे हैं, तब देवतागण उन्हें देखते हैं। वे उनके विशेष बल-बुद्धि को जानने के लिए अर्थात् परीक्षा लेने के लिए सर्पों की माता सुरसा को भेजते हैं,

मुगल सम्राट अकबर भी अपनी बेगम के भाई की परीक्षा करते हैं; क्योंकि उनकी मल्लिका उसे बीरबल के स्थान पर दिल्ली का दीवान बनवाना चाहती थीं।

बादशाह अकबर की बेगम ने एक बार ज़िद पकड़ ली कि उनके भाई को दिल्ली का दीवान बनाकर बीरबल को इस पद से हटा दिया जाये। बादशाह अकबर ने बेगम को बहुत समझाया और कहा कि आपके भाई को कोई दूसरा पद दे देते हैं, किन्तु बेगम नहीं मानीं।

हारकर बादशाह बोले- ''ठीक है बेगम! कल हम तुम्हारे भाई को अपने साथ ले जाएँगे और परखेंगे। यदि वह इस पद के योग्य लगा, तो हम उसे दीवान बना देंगे।

बेगम शान्त हो गयीं। उन्हें अपने भाई की बुद्धिमानी पर पूरा भरोसा था।

अगले दिन बादशाह अकबर अपने साले के साथ दरगाह से लौट रहे थे। रास्ते में एक जगह उन्हें हाथी के पैर का निशान दिखाई दिया। वे अपने साले से बोले- ''तीन दिन तक इस निशान की देखभाल करो। यह निशान मिटना नहीं चाहिए। यदि ऐसा कर पाये, तो तुम्हारी दीवानी पक्की।''

यह कहकर बादशाह अकबर लौट गये। उनका साला वहीं रुककर हाथी के पैर के निशान की देखभाल करने लगा। तीन दिन तक भूखे-प्यासे रहकर उसने निशान को वहाँ से मिटने नहीं दिया। चौथे दिन उसने दरबार में आकर बादशाह को बता दिया कि वह उस निशान को बचा पाने में कामयाब हो गया है।

अगले दिन बादशाह अकबर ने बीरबल को बुलाया और उसी जगह पर ले आये, जहाँ उनके साले ने हाथी के पैर के निशान की रक्षा की थी। बादशाह ने वहाँ पहले से ही हाथी के पैर का एक नया निशान बनवा दिया था। बीरबल को वह निशान दिखाते हुए वे बोले- ''बीरबल! तीन दिन तक यह निशान यहीं मौजूद रहना चाहिए, अन्यथा तुम्हारी दीवानी गई समझो।

बादशाह लौट गये। बीरबल ने अपने सेवकों से दस हाथ लम्बी रस्सी मँगवाई और ज़मीन नापने लगे। उन्हें ऐसा करते देखकर आसपास के निवासियों ने पूछताछ की, इस पर बीरबल बोले- ''इस निशान से दस हाथ की दूरी तक के सभी मकान तोड़े जाएँगे, यही देख रहा हूँ कि इसकी हद में कितने मकान में आ रहे हैं?''

यह सुनते ही सभी लोग डर गये। बहुत-से लोगों के निशान इस सीमा के अन्दर थे। वे बीरबल से अपने-अपने बचाव की प्रार्थना करने लगे।

बीरबल ने उन सभी से पाँच रुपए से लेकर हज़ार रुपए तक वसूले। इस तरह एक लाख रुपया उन्होंने इकट्ठा कर लिया और कहा- "अब तुम लोगों के मकान बच जाएँगे, किन्तु हाथी के पैर का यह निशान यहाँ पर तीन दिन तक मौजूद रहना चाहिए, अन्यथा तुम्हारे रुपए भी जाएँगे और मकान भी नहीं बच पाएँगे"

सभी लोगों ने बीरबल को विश्वास दिलाया कि वे इस निशान को तीन दिन तक

मिटने नहीं देंगे। बीरबल को विश्वास था कि वे लोग हर कीमत पर उस निशान की रक्षा करेंगे। बीरबल अपने घर लौट गये और तीन दिन तक आराम किया। इसके बाद दरबार में जाकर एक लाख रुपए शाही खजाने में जमा करवाकर उसकी रसीद प्राप्त की। फिर वह बादशाह से मिलने दरबार की ओर चल दिये।

दरबार में बीरबल ने बादशाह अकबर को सलाम करते हुए कहा- "हुजूर! हाथी के पैर का निशान अब भी वहाँ मौजूद है और यह उसकी रक्षा के लिए मिले एक लाख रुपए की रसीद है।"

बादशाह अकबर हैरान रह गये। जब उन्हें सारी बात मालूम पड़ी, तो उन्होंने अपने साले को दरबार में बुलाया और कहा- "तुमने हाथी के पैर के निशान की तीन-दिन तक भूखे-प्यासे रहकर रक्षा की, और मिला कुछ भी नहीं।

उधर बीरबल को जब मैंने यही आदेश दिये, तो उन्होंने बड़ी सफाई से वहाँ उपस्थित न रहकर उस निशान की रक्षा की तथा शाही खजाने के लिए एक लाख रुपए भी इकट्ठे कर लिए। अब तुम्हीं बताओ, दिल्ली का दीवान बनने योग्य कौन है? कौन परीक्षा हेतु सदैव तत्पर है?

बादशाह का साला शर्म से पानी-पानी हो गया। वह सिर झुकाकर चुपचाप दरबार से चला गया।

**जात पवनसुत देवन्ह देखा।**
**जानै कहुँ बल बुद्धि विसेषा।**

**(सुन्दरकाण्ड)**

वह उनको निगलने के लिए अपने मुँह का विस्तार करती है; हनुमानजी उसके विस्तार से दूना विस्तार अपने बदन का करते हैं, और वह अपने मुँह का विस्तार सौ योजन (चार सौ कोस) अर्थात् समुद्र के विस्तार के समान कर लेती है, तो हनुमानजी लघुरूप होकर उसके मुँह में घूम-फिरकर वापस निकल आते हैं। इस प्रकार सुरसा का मान रह जाता है कि मैंने इसे समूचा निगल लिया और हनुमानजी का आत्मविश्वास बना रहता है कि मैं इसके मुँह में जाकर भी इसका ग्रास नहीं बन पाया; क्योंकि मुझे अपने स्वामी श्रीराम के लिए कार्य करना है।

सुरसा उनसे प्रसन्न होकर उनकी परीक्षा करने का रहस्य खोलती है और उन्हें सफल घोषित करती है-

**मोहि सुरन्ह जेहि लागि पठावा। बुधि बल मरमु तोर मैं पावा।।**

(मैंने तुम्हारी बुद्धि-बल का भेद पा लिया, जिसके लिए देवताओं ने मुझे भेजा था।)

हनुमानजी अपने सीता-खोज अभियान के तहत सफलतापूर्वक अशोक वाटिका में पहुँच जाते हैं, और भगवान श्रीराम की मुद्रिका उन्हें देते हैं, फिर पेड़

से नीचे उतरकर उनके सामने प्रकट होकर अपना परिचय देते हैं। सीताजी को यह विश्वास तो हो जाता है कि यह उनके स्वामी का दास है। हनुमानजी सीताजी से कहते हैं कि माता मैं आपको अभी अपने साथ श्रीराम के पास ले चलूं, लेकिन मुझे आज्ञा नहीं है। वे उनसे कुछ दिन और धैर्य धारण करने की बात कहते हैं। साथ ही यह भी कहते हैं कि वानर-भालुओं सहित श्रीराम यहाँ अवश्य आएँगे और राक्षसों को मारकर आपको यहाँ से ले जाएँगे।

उनकी यह बात सुनकर सीताजी उनके सामान्य आकार को लक्ष्य करते हुए कहती हैं कि सारे वानर तुम्हारे समान ही नन्हें-नन्हें-से होंगे। राक्षस तो बड़े बलवान हैं अर्थात् वे छोटे वानर इन विशालकाय राक्षसों को कैसे जीत पाएंगे-

**हैं सुत कपि सब तुम्हहिं समाना। जातुधान अति भट बलवाना।।**

**(सुन्दरकाण्ड)**

वे हनुमानजी की इस बात पर संदेह व्यक्त करती हैं कि श्रीराम वानरों के साथ आकर तुम्हें यहाँ से ले जाएँगे। वे हनुमानजी को एक साधारण वानर समझती हैं। वे इसी कारण से माया के वशीभूत होकर कार्य होने में संदेह व्यक्त करती है- **मोरे हृदय परम संदेहा।**

उनके संदेह करने पर हनुमानजी की परीक्षा शुरू होती है। उन्हें सीता माता के संदेह का निवारण करते हुए स्वयं की शक्ति को उनके समक्ष सिद्ध करना है, ताकि उनके मन में वानरों के प्रति विश्वास पैदा हो जाये। उनके संदेह व्यक्त करते ही हनुमानजी अपना 'वास्तविक रूप' प्रकट कर देते हैं-

**.........सुनि कपि प्रगट कीन्हि निज देहा।।**
**कनक भूधराकार सरीरा। समर भयंकर अतिबल बीरा।।**

**(सुन्दरकाण्ड)**

(यह सुनकर हनुमानजी ने अपना शरीर प्रकट किया। सोने के पर्वत 'सुमेरू' के आकार का अत्यन्त विशाल शरीर था, जो युद्ध में शत्रुओं के हृदय में भय उत्पन्न करने वाला, अत्यन्त बलवान और वीर था।)

सीताजी के समक्ष विशाल आकार ग्रहण करते ही वे उनकी दृष्टि में सम्माननीय हो जाते हैं। उनका संदेह मिट जाता है-

**सीता मन भरोस तब भयऊ। पुनि लघु रूप पवनसुत लयऊ।।**

**(सुन्दरकाण्ड)**

(तब सीताजी के मन में विश्वास हुआ। हनुमानजी ने फिर छोटा रूप धारण कर लिया।)

अक्षय कुमार को मारने और अशोक वाटिका उजाड़ने पर मेघनाद हनुमानजी को ब्रह्मास्त्र में बाँधकर रावण की सभा में ले जाता है। वहाँ उनकी एक राजदूत के रूप में परीक्षा होती है। वे अपने इस उत्तरदायित्व का

सफलतापूर्वक निर्वहन करते हैं। वे रावण को भक्ति, ज्ञान, वैराग्य और आप्लावित से सनी हितकर वाणी में समझाते हैं। रावण को वे श्रीराम के अतुलनीय बल की याद दिलाते हैं, तो दूसरी ओर उसके कुल और बल की प्रशंसा करते हैं। वे उससे हाथ जोड़कर श्रीराम की शरण में जाने तक की प्रार्थना करते हैं। इस प्रकार वे दूत के रूप में अपनी भूमिका में सफल सिद्ध होते हुए परीक्षा में खरे उतरते हैं।

रावण उनको एक अदना-सा साधारण वानर समझने की भूल कर रहा है। उसकी आँखों पर अपने अभिमान की केंचुली चढ़ी हुई है, जो उसको वास्तविकता का आभास कराने से रोक रही है। उसे यह बात ध्यान नहीं आती कि जो साधारण-सा दिखने वाला वानर, सौ योजन के समुद्र को लाँघकर लंका के इतने बड़े भारी पहरे की अभेद्य दीवार को लाँघकर यहाँ तक आ पहुँचा, वह कोई साधारण वानर तो होगा नहीं! फिर भी हनुमानजी की सिखावन को हवा में उड़ाते हुए वह कहता है-

**बोला बिहसि महाअभिमानी। मिला हमहि कपि गुर बड़ ग्यानी॥**

**(सुन्दरकाण्ड)**

(तो भी वह महाअभिमानी रावण बहुत हँसकर अर्थात् व्यंग्य से बोला कि हमें यह बन्दर बड़ा ज्ञानी गुरु मिला।)

वह कहता है कि हे दुष्ट! तेरी मृत्यु निकट आ गई है। अधम! मुझे शिक्षा देने चला है लगता है तेरी मृत्यु निकट आ गई है। हनुमानजी कहते हैं कि इसका उलटा ही होगा अर्थात् मृत्यु तेरी निकट आई है, मेरी नहीं। फिर भी वह अहंकार में डूबा होने पर नहीं चेतता, उसको सद्बुद्धि नहीं आती।

अब हनुमानजी की परीक्षा शुरू होती है कि जिन्हें वह एक साधारण बन्दर समझने की भूल कर रहा है, उसे अपने बल का परिचय कराया जाये। रावण तो उन्हें जान से मारना चाहता है, लेकिन विभीषण दूत को कोई अन्य दंड देने की बात करते हैं। तब रावण वानर की प्यारी पूँछ में आग लगाने की आज्ञा देता है। पूँछ में आग लगने के व्याज से हनुमानजी को अपने बल को प्रदर्शित करने का अवसर मिलता है-

**बचन सुनत कपि मन मुसुकाना। भइ सहाय सारद मैं जाना॥**

**(सुन्दरकाण्ड)**

(यह वचन सुनते ही हनुमानजी **मन में मुसकराये** और मन-ही-मन बोले कि मैं जान गया कि सरस्वतीजी इसे ऐसी बुद्धि देने में सहायक हुई हैं।)

और वे उलट-पलटकर लंका को जलाकर रावण को स्वयं को तुच्छ और हीन समझने की भूल का दंड देकर परीक्षा में सफल सिद्ध होते हैं। हनुमानजी द्वारा दिए गए इस दंड को समय-समय पर सभी राक्षस, माल्यवान, रावण-पुत्र प्रहस्त, कुम्भकर्ण, मन्दोदरी, कालनेमि जैसे पात्र और स्वयं रावण भी याद करके सिहर उठता है। इस प्रकार परीक्षा के समय हर बार हनुमानजी सफल होते हैं। वे परीक्षा देने के लिए हर समय तैयार रहते हैं, और अपने मन में किसी प्रकार का भय नहीं लाते हैं।

वास्तव में प्रत्येक व्यक्ति की अपने कार्यस्थल, और उससे बाहर समाज में हर समय परीक्षा होती है। अधिकांशतया लोग परीक्षा से घबरा जाते हैं, और हड़बड़ी में उचित-अनुचित क़दम उठा लेते हैं। वे आकस्मिक परीक्षा के लिए भी तैयार नहीं होते हैं। जबकि हमें हर समय अपने 'अस्त्र-शस्त्र' के साथ परीक्षा के लिए तैयार रहना चाहिए। जो हर समय परीक्षा के लिए तैयार रहता है, वही प्रबन्धन करने योग्य सफल सिद्ध होता है। जैसा चरित्र हनुमानजी का है, वैसा ही हमें अपनाा भी बनाना चाहिए।

दूसरी बात, अक्सर हम सुयोग्य लोगों को उनके रंग-रूप, कद-काठी, चाल-ढाल इत्यादि की असंगति से कमतर आँकने की भूल कर बैठते हैं। बाद में जब वह अपने-आपको परीक्षा देकर सिद्ध कर देते हैं, तो हम उनको प्रमाण-पत्र देते हैं और उनकी सीताजी और रावण के परिजनों की तरह प्रशंसा करते हैं। वास्तव में हम अपने जीवन में किसी भी व्यक्ति के बाह्य रूप से शीघ्र प्रभावित हो जाते हैं, और उसे बहुत जल्दी अच्छा या बुरा घोषित कर देते हैं, जबकि ऐसा नहीं होना चाहिए। एक भला-सा, सुन्दर दिखने वाला व्यक्ति आपके पास आता है, आप उससे प्रभावित हो जाते हैं। वह आपका विश्वास जीत लेता है, और आपको धोखा देकर आपका भरोसा तोड़ देता है। जबकि एक काला-कलूटा, साधारण नैन-नक्श का व्यक्ति, जिसे देखकर आप नाक-भौं सिकोड़ने लगते हैं, समय आने पर आपके काम आता है और जीवन के प्रति आपकी धारणा बदल देता है।

**मुझे एक घटना याद आती है। आज से कोई चालीस वर्ष पहले एक गाँव वाला धोती-कुर्ता पहने अपने गाँव जा रहा था। उसकी उम्र लगभग 70 वर्ष की रही होगी। रास्ते में चलते-चलते एक नौजवान उससे टकरा गया। वह एम. ए. ( अंग्रेज़ी ) कर रहा था। बातों-बातों में वह उसे गाँव वाला जानकर, उसकी वेशभूषा से उसके स्तर को आंककर; उसके सामने अंग्रेजी बोलने लगा। गाँव वाले ने कहा कि बेटा! हम लोग भारतीय हैं।**

**अच्छा होता, यदि तुम हिन्दी में बात करते लेकिन वह 'नया मुल्ला' नहीं माना। वह गाँव वाले को उसकी औकात दिखाने पर तुला हुआ था। गाँव वाला उससे बार-बार हिन्दी में बात करने का आग्रह कर रहा था, लेकिन. .......। अचानक उस वृद्धव्यक्ति को गुस्सा आ गया और वह फर्राटेदार अंग्रेज़ी में उसकी बातों का जवाब देने लगा। 'नया मुल्ला' उसकी लाजवाब अंग्रेज़ी के सामने टिक नहीं सका, और मज़बूरी में 'भारतीय' बन गया। बाद में पता चला कि वह गाँव वाला पुराने जमाने का बी. ए. था।**

तो ऐसा अक्सर होता है। हमें व्यक्ति का मनोविज्ञान समझकर उसका मूल्यांकन करके ही कोई क़दम आगे बढ़ाना चाहिए।

> अमर शहीद चन्द्रशेखर आजाद भी स्वपरीक्षक थे। उनमें अपार सहनशीलता थी। वे समय-समय अपनी शक्तियों की स्वयं परीक्षा करते रहते थे।
>
> एक बार की बात है कि वे लोहे की गर्म जंज़ीरों से खुद को पीट रहे थे। उनके शरीर पर फफोले पड़ गए थे और उससे खून रिस रहा था, लेकिन उनके मुँह से आह तक नहीं निकल रही थी। अचानक उनके एक क्रान्तिकारी मित्र ने कमरे में प्रवेश किया, तो उनकी स्थिति को देखकर वे भौंचक रह गये और बहुत आहत हुए। उन्होंने पूछा- "आखिर तुम अपने शरीर पर इस प्रकार का अत्याचार क्यों कर रहे हो?"
>
> आज़ाद बोले- "मैं स्वपरीक्षा कर रहा हूँ कि अंग्रेज़ सरकार द्वारा यातना देने की स्थिति में कहीं मेरे मुँह से आह तो नहीं निकलेगी। अगर आह निकल गई, तो ये भारत माँ का अपमान है।"
>
> उनके साथी निरूत्तर हो गये।

हनुमानजी स्व-परीक्षक भी हैं। वे अपनी शक्ति को समय-समय पर आंकते रहते हैं। उनकी स्व-परीक्षा का एक ही उदाहरण देना पर्याप्त होगा। जाम्बवान् की बात सुनकर हनुमानजी बहुत प्रसन्न होते हैं। वे सभी वानरों से कहते हैं कि तुम लोग दुःख सहकर और कन्दमूल फल खाकर मेरी राह देखना। अचानक वे हर्षित होकर समुद्र के किनारे के एक सुन्दर पर्वत पर कूदकर उस पर चढ़ जाते हैं, तो वह पाताल में धंस जाता है-

**सिंधु तीर एक भूधर सुंदर। कौतुक कूदि चढ़ेउ ता ऊपर॥**

**(सुन्दरकाण्ड)**

(समुद्र के तीर पर एक सुन्दर पर्वत था। हनुमानजी खेल-खेल में ही कूदकर उसके ऊपर चढ़ गये।)

**जेहिं गिरि चरन देइ हनुमंता। चलेउ सो गा पाताल तुरंता॥**

**(सुन्दरकाण्ड)**

(जिस पर्वत पर हनुमानजी पैर रखकर चले, वह तुरन्त ही पाताल में धंस गया।)

इस प्रकार वे स्वपरीक्षा से अपने बल का अनुमान लगाते हैं।

हमें भी अपने जीवन में सतत उन्नति करने के लिए स्वपरीक्षा करते रहना चाहिए। होता यह है कि हम किसी छोटी सफलता को प्राप्त कर उससे सन्तुष्ट हो जाते हैं, और हमारा विकास अवरुद्ध हो जाता है। निरन्तर सफलता प्राप्त करने के लिए हमें अपनी भूली-बिसरी शक्तियों को एकत्र कर उनका अभ्यास कर स्वपरीक्षा करना चाहिए और थोड़ी-सी कमी होने पर स्वयं में सुधार करते रहना चाहिए, तभी जीवन का कुशल प्रबन्धन हो सकता है। साथ ही, जीवन में किसी भी आकस्मिक अथवा सुनियोजित परीक्षा के लिए एक सैनिक की भाँति सचेत और तत्पर रहना चाहिए।

•

# 3

# कुशल गुप्तचर

यदि किसी व्यक्ति की पहचान स्पष्ट नहीं है। वह संदिग्ध गतिविधियाँ संचालित करता है, तो उसकी पहचान को परखने के लिए गुप्त रूप से उसकी गतिविधियों पर पैनी नज़र रखनी चाहिए, और उसकी पहचान जानने के लिए अपनी वास्तविक पहचान छिपाकर उसके साथ सम्बन्ध बनाने चाहिए तथा उसके विषय में वास्तविकता जानकर बाद में अपना परिचय देना चाहिए।

हनुमानजी किसी भी मनुष्य की पहचान परखने के लिए यही करते हैं तथा अपना रूप बदलकर उससे मिलते हैं और वास्तविकता का पता लगा लेते हैं। वे समय की माँग के अनुसार अपना आकार छोटा और बड़ा कर लेते हैं। इस प्रकार वे हमारे समक्ष एकं उत्कृष्ट कोटि के गुप्तचर के रूप में प्रस्तुत होते हैं। वे गुप्तचरी के सब हथकंडे जानते हैं, और उनका आवश्यकता पड़ने पर प्रयोग भी करते हैं।

सर्वप्रथम हनुमानजी के स्वामी सुग्रीव, उन्हें ऋष्यमूक पर्वत पर स्वच्छन्द विचरण कर रहे, श्रीराम-लक्ष्मण सरीखे वीरों की पहचान जानने के लिए ब्रह्मचारी का वेषधारण कर उनकी पहचान जानने का आदेश देते हैं। वे ही हनुमानजी की इस शक्ति से पूर्णतया परिचित हैं। हनुमानजी उनके आदेश का पालन करते हुए ब्राह्मण का वेश धारणकर श्रीराम-लक्ष्मण के पास जाते हैं-

**बिप्र रूप धरि कपि तहँ गयऊ। माथ नाइ पूछत आस भयऊ॥**

**( किष्किन्धाकाण्ड )**

(हनुमानजी ब्राह्मण का रूप धरकर वहाँ गये और मस्तक नवाकर इस प्रकार पूछने लगे।)

वे सर्वप्रथम ब्राह्मण का रूप धरते हैं; क्योंकि ब्राह्मणों की तपश्चर्या के कारण पहले लोग उन्हें बहुत आदर देते थे, और उन पर सहज विश्वास कर लेते थे, इसलिए वे ब्राह्मण का रूप धरते हैं। दूसरे, वे अपनी ओर से इन अनजान वीरों को प्रणाम करते हैं। गुप्तचरी का नियम है कि पहले अपनी ओर से

अभिवादन करो, विनम्रता दिखाओ। संकट होने पर ही कठोर बनो। हनुमानजी गुप्तचरी के नियमों से भली-भाँति परिचित हैं।

बाद में पता चलता है कि दोनों ही पक्ष पूर्व परिचित हैं, तो गुप्तचरी के नियमानुसार अपनी साख बचाने के लिए तर्क देते हैं-

**मोर न्याउ मैं पूछा साईं। तुम्ह पूछउ कस नर की नाईं॥**

**( किष्किन्धाकाण्ड )**

(हनुमानजी ने कहा- हे स्वामी! मैंने जो पूछा, वह मेरा पूछना तो न्याय था अर्थात् वर्षों के बाद आपको देखा, वह भी तपस्वी के वेष में, और मेरी वानरी बुद्धि, इससे मैं तो आपको पहचान न सका और अपनी परिस्थिति के अनुसार, मैंने आपसे पूछा, परन्तु आप मनुष्य की तरह कैसे पूछ रहे हैं?)

फिर अपनी हीनता का औचित्य सिद्ध करके वे अपने स्वामी श्रीराम के चरणों में गिर पड़ते हैं, और अपना असली शरीर प्रकट कर देते हैं।

इस प्रकार हनुमानजी से हमारा सर्वप्रथम परिचय एक गुप्तचर के रूप में होता है, श्रीराम-लक्ष्तण से प्रथम भेंट में वे यह रूप प्रकट करते हैं।

उनमें लघु रूप रखने और विशाल आकार ग्रहण करने की भी शक्ति है। ये शक्तियां अष्टसिद्धियों के अन्तर्गत आती हैं। ये शक्तियाँ अणिमा (सूक्ष्म), महिमा (बाड़ी), गरिमा (भारी) और लघिमा (छोटी) हैं।

समुद्र के किनारे जाम्बवान जी के द्वारा प्रशंसा किंए जाने पर वे सुमेरू पर्वत के आकार की तरह विशाल हो जाते हैं। वे अपनी महिमा शक्ति का प्रदर्शन करते हैं-

**'सुनतहिं भयउ पर्वताकारा'**

सुरसा के द्वारा परीक्षा लिए जाने पर वे अपने विशाल और लघु दोनों ही रूप प्रदर्शित करते हैं-

**जस जस सुरसा बदनु बढ़ावा। तासु दून कपि रूप देखावा॥**

**( सुन्दरकाण्ड )**

(जैसे-जैसे सुरसा मुख का विस्तार बढ़ाती थी। हनुमानजी उसका दुगुना रूप दिखलाते थे। वे सुरसा के समक्ष बत्तीस योजन तक के शरीर वाले हो गए अर्थात वे अपना शरीर एक सौ-अट्ठाईस कोस तक का कर लेते हैं।)

बाद में जब सुरसा सौ योजन अर्थात चार सौ कोस विस्तार कर लेती है, तो वे बहुत ही छोटा रूप धारण कर लेते हैं। वे समुद्र पार कर रहे हैं, इसलिए समुद्र के विस्तार अर्थात् सौ योजन की सीमा से अधिक अपना विस्तार जान-बूझकर नहीं करना चाहते-

**सत योजन तेहिं आनन कीन्हा। अति लघु रूप पवनसुत लीन्हा॥**

**(सुन्दरकाण्ड)**

(उसने सौ योजन अर्थात् चार सौ कोस का विस्तार अपने मुख कर लिया। तब हनुमानजी ने बहुत ही छोटा रूप धारण कर लिया।)

प्रबन्धन का तकाजा है कि किसी अति उद्दंड व्यक्ति से अधिक नहीं उलझना चाहिए। पहले उसे अपनी शक्ति दिखा देनी चाहिए, बाद में चुपचाप अपने कार्य की ओर अग्रसर होना चाहिए; क्योंकि उलझने का कोई अन्त नहीं। अधिक अहंकारी व्यक्ति के समक्ष स्वयं को लघुरूप कर लेना चाहिए, अन्यथा कार्य की हानि ही होती है।

हनुमानजी यही करते हैं। लघु रूप धारणकर उसके सारे बदन का चक्कर लगा आते हैं। फिर उससे हाथ जोड़कर विदा माँगते हैं। सुरसा के अहंकार को तुष्ट करने के बाद, वे उससे आशीर्वाद भी प्राप्त करते हैं।

अब देखिए, लंका के द्वार पर उनकी गुप्तचरी फिर शुरू हो जाती है। वे लंका में प्रवेश करने के लिए रात का समय चुनते हैं; क्योंकि रात में खतरे की सम्भावना कम रहती है। दिन में तो सभी सक्रिय रहते हैं। किसी विशेष और अतिमहत्त्वपूर्ण स्थान की गुप्तचरी करने के लिए स्वयं को अतिसूक्ष्म और हलका बना लेना चाहिए। हनुमानजी यही करते हैं। वे मच्छर के आकार के लघुरूप हो जाते हैं और लंका में प्रवेश कर जाते हैं। गुप्तचर चाहे जितना चालाक क्यों न हो, फिर भी कुछ अति चतुर और चौकन्ने व्यक्ति उसे पहचान ही जाते हैं, जैसे कि मच्छर का रूप धरे हुए हनुमानजी को लंकिनी देख लेती है, लेकिन गुप्तचर के बलशाली होने की दशा में अति चतुर व्यक्ति भी मात खा जाता है। लंकिनी उनसे परास्त हो जाती है-

**मुठिका एक महाकपि हनी। रुधिर बमत धरनी ढनमनी॥**

**(सुन्दरकाण्ड)**

(हनुमानजी ने उसे एक घूंसा मारा, जिससे वह खून की उलटी करती हुई पृथ्वी पर लुढ़क गयी।)

हनुमानजी उससे आशीर्वाद लेने के बाद और भी सूक्ष्मरूप अर्थात् जीवाणु के आकार का रूप धर लेते हैं; क्योंकि वे लंका के अन्दर प्रवेश कर रहे हैं, जहाँ राक्षसों की माया का प्रसार है और वे रावण के शयनकक्ष तक पहुँच जाते हैं। रावण चैन की नींद सोया हुआ है; क्योंकि लंकिनी के पहरेदारी करते रहने से उसे मालूम है कि लंका में कोई परिन्दा भी पर नहीं मार सकता। हनुमानजी रावण के एक महल-से-दूसरे-महल तक छानबीन करते हैं, लेकिन सीताजी नहीं मिलतीं।

महाराजा अशोक प्रियदर्शी भी राज्य के लोगों की दशा और हाल जानने के लिए अपना रूप छिपाते थे और उनके दुःख-दर्द को दूर करते थे।

एक बार महाराजा अशोक के राज्य में अकाल पड़ा। जनता भूख और प्यास से त्रस्त हो उठी। राजा ने तत्काल राज्य के अन्न के भंडार खुलवा दिए। सुबह से लेने वालों का तांता लगता और शाम तक नहीं टूटता। एक दिन संध्या हो गई। जब सब लेने वाले निपट गए, तो एक कृशकाय बूढ़ा उठा और उसने अन्न माँगा। बाँटने वाले थक चुके थे, अतः उन्होंने डाँटकर कहा- "कल आना, अब खैरात बन्द हो गई।"

तभी एक हृष्ट-पुष्ट शरीर का नवयुवक उधर आया और बाँटने वालों से कहा- "बेचारा बूढ़ा है, मैं देख रहा हूँ, यह बड़ी देर से बैठा है। शरीर से दुर्बल होने के कारण सबसे पीछे रह गया है। इसे अन्न दे दो।" उसकी वाणी में कुछ ऐसा प्रभाव था कि बाँटने वालों ने उसे अन्न दे दिया। उस नवयुवक की सहायता से उसने गठरी बाँध ली। अब उठे कैसे? तब वही युवक बोला- "लाओ, मैं ही पहुँचा देता हूँ।" वह गठरी उठाकर पीछे-पीछे चलने लगा।

बूढ़े का घर थोड़ी दूर पर रह गया था। तभी एक सैनिक टुकड़ी उधर से गुजरी। टुकड़ी के नायक ने घोड़े से उतरकर गठरी ले जाने वाले को फौजी अभिवादन किया। उस नवयुवक ने संकेत से आगे कुछ बोलने से मना कर दिया, फिर भी बूढ़े की समझ में कुछ-कुछ आ गया था। वह वहीं खड़ा हो गया। कहने लगा- "आप कौन हैं?, सच-सच बताइए।" वह व्यक्ति बोला- "मैं नौजवान हूँ और तुम वृद्ध हो, दुर्बल हो। बस इससे अधिक परिचय व्यर्थ है। चलो, बताओ तुम्हारा घर किधर है?" पर अब तक बूढ़ा पूरी तरह पहचान चुका था। वह उस नौजवान के पैरों में गिरकर क्षमा माँगते हुए बड़ी मुश्किल से बोला- "प्रजापालक, आप सच्चे कर्मयोगी हैं। आप महान हैं, जो अपना रूप छिपाकर अपनी प्रजा का दुःख दर्द बाँटते हैं।"

सवेरा होने पर वे श्रीराम के अस्त्र-शस्त्रों से सज्जित तथा तुलसी से सुशोभित एक घर देखते हैं, तो मन में सोचने लगते हैं-

**यहाँ कहाँ सज्जन कर वासा।**

**(सुन्दरकाण्ड)**

क्योंकि ये तो राक्षसों की नगरी है। उस समय तक हनुमानजी भुनगे-सा अति सूक्ष्म रूप धरे हुए हैं। वे मन में तर्क कर ही रहे हैं कि उसी समय विभीषण जाग जाते हैं, और 'रामनाम' का स्मरण करते हैं। हनुमानजी समझ जाते हैं कि ये किसी सज्जन का घर है और वे उस साधु पुरुष से अपनी ओर से पहचान करने की तैयारी करते हैं।

कहीं यह कपटी न हो, जो अपनी पहचान के रूप में छल कर रहा है। अतः उसकी पहचान का पता लगाने के लिए, वे ब्राह्मण का रूप धरते हैं। वे उनकी पहचान जानकर अपनी पहचान और नाम बताते हैं।

विभीषण उन्हें सीताजी का पता बताते हैं, और वहाँ तक पहुँचने की सारी युक्तियाँ बताते हैं। अशोक वाटिका तक पहुँचने के लिए फिर वे मच्छर सरीखा रूप धरते हैं, और एक वृक्ष के पत्तों में छिप जाते हैं। वे वहाँ छिपे-छिपे ही सारा दृश्य देखते हैं। सीताजी को दुःखी देखकर वे श्रीराम की अंगूठी नीचे गिरा देते हैं, और सीताजी के कहने पर उनके सामने प्रकट होते हैं। प्रकट होते समय वे मच्छर से वानर बन जाते हैं अर्थात् अपने वास्तविक रूप में आ जाते हैं।

जब वे कहते हैं- **'कपिन्ह सहित अइहहिं रघुबीरा'** और **'निसिचर मारि तोहि लै जइहैं'**, तब सीताजी कहती हैं कि पुत्र! सभी वानर तुम्हारे समान ही छोटे-छोटे होंगे, तब प्रमाण के लिए वे अपना विशाल आकार प्रकट करते हैं-

**'सुनि कपि प्रगट कीन्हिं निज देहा॥'**

**(सुन्दरकाण्ड)**

उनका शरीर किस प्रकार का था, देखिए-

**कनक भूधराकार सरीरा। समर भयंकर अतिबल बीरा॥**

**(सुन्दरकाण्ड)**

वे सीताजी के समक्ष लघु रूप में इसलिए जाते हैं, क्योंकि 'पराशक्ति' के दर्शन करना चाहते हैं। पराशक्ति के समक्ष मान और अहंकार को बिसराकर विनम्रतापूर्वक सूक्ष्म रूप में ही जाना चाहिए।

जहाँ परीक्षा की बात आती है वे विशालकाय हो जाते हैं, चाहे वह जाम्बवान्-प्रसंग हो, सुरसा-प्रसंग, सीताजी के समक्ष परीक्षा देने का प्रसंग अथवा लंका-दहन प्रसंग हो-

**सूक्ष्म रूप धरि सियहिदेखावा॥**
**बिकट रूप धरि लंक जरावा॥**

**(हनुमानचालीसा)**

वास्तव में जब किसी से मिलने का प्रसंग हो, तो विनम्रतापूर्वक छोटा होकर मिले और जब परीक्षा देने की बात हो, तो अपनी समस्त शक्तियों को पुंजीभूत करके विशालकाय हो जाये और अपनी पूरी ताकत से प्रहार करे तथा परीक्षा में सफल होने पर उसका श्रेय भगवान को दे-

**सुनु माता साखा मृग नहिं बल बुद्धि बिसाल।**
**प्रभु प्रताप ते गरुड़हिं खाइ परम लघु ब्याल॥**

**(सुन्दरकाण्ड)**

जब वे रावण की सभा में जाते हैं, तो अशोक वाटिका उजाड़ने, रखवालों तथा रावण-पुत्र अक्षय कुमार को मारने के दंडस्वरूप अन्त में निर्णय होता है कि इस वानर का अंग-भंग कर लौटा दिया जाये। फलस्वरूप उनकी पूँछ में आग लगा दी जाती है। रावण उन्हें साधारण वानर समझने की भूल करता है, अतः वे उसकी गलतफहमी मिटाने के लिए विशाल आकार से उसकी लंका जला डालते हैं और रावण कुछ नहीं कर पाता। उनकी पूँछ में आग लगाई जाती है, तब हनुमानजी तुरन्त छोटे रूप के हो जाते हैं; वे अग्नि को मान देते हैं। इसीलिए लघु रूप धरते हैं और अग्नि के फैलने पर वे अट्टहास करके आकाश तक जा पहुँचते हैं-

**'अट्टहास करि गर्जा कपि बढ़ि लगा अकास।**

**(सुन्दरकाण्ड)**

(हनुमानजी अट्टहास कर गर्जे और बढ़कर आकाश से जा लगे।

उस समय उनके शरीर का वर्णन 'मानस' में इस प्रकार किया गया है-

**देह बिसाल परम हरुआई। मंदिर ते मंदिर चढ़ धाई॥**

**(सुन्दरकाण्ड)**

(देह ब़ड़ी विशाल, परन्तु बहुत हल्की अर्थात् फुर्तीली है। वे दौड़कर एक महल-से-दूसरे महल तक चढ़ जाते हैं।)

आकाश की ऊँचाई तक पहुँचने के बाद व्यक्ति स्वयं हल्का हो जाता है। यह बात हनुमानजी से सीखनी चाहिए। जो ऊँचाई तक पहुँचना चाहता है, उसे स्वयं को अतिशय विनम्र बना लेना चाहिए।

जब वे लंका को जला देते हैं, तो पुनः अपने छोटे रूप में लौट आते हैं; क्योंकि उन्हें पराशक्ति के आगे जाना होता है-

**पूँछ बुझाइ खोइ श्रम धरि लघु रूप बहोरि।**
**जनकसुता के आगे ठाढ़ भयउ कर जोरि॥**

**(सुन्दरकाण्ड)**

वे अपने साथी वानरों और स्वामी से अपने वास्तविक रूप में ही भेंट करते हैं।

हनुमानजी, लक्ष्मणजी को वीरघातिनी शक्ति लगने पर, सुषेण वैद्य को लेने पुनः लंका जाते हैं और अपना कार्य निर्विघ्न सम्पन्न करने के लिए लघु रूप धरते हैं।

संजीवनी बूटी का पर्वत ले जाते समय भी उनका अत्यन्त विशाल आकार है। भरतजी उनका यह रूप देखकर उन्हें कोई भयंकर राक्षस समझ लेते हैं-

**देखा भरत बिसाल अति निसिचर मन अनुमानि।**

**(लंकाकाण्ड)**

(भरत जी ने आकाश में अत्यन्त विशाल स्वरूप देखा, तब मन में अनुमान किया कि यह कोई राक्षस है।)

आकाश-गमन वाली शक्ति भी अष्टसिद्धियों में से एक है और वह है- 'प्राकाम्य'। हनुमानजी में यह शक्ति भी विद्यमान है। वे अत्यन्त भारी भी हैं, तभी वे भरतजी के इस प्रस्ताव पर कि तुम मेरे बाण पर बैठकर सूर्योदय से पहले श्रीराम के पास पहुँच जाओगे; सोचते हैं-

**मोरे भार चलिहि किमि बाना॥**

यह शक्ति 'गरिमा' कहलाती है, जो हनुमानजी के पास है। सुषेण वैद्य को वे उसी प्रकार वापस लंका पहुँचा देते हैं, जिस प्रकार वे उन्हें लेकर आये थे-

**कपि पुनि बैद तहाँ पहुँचावा। जेहिं बिधि तबहिं ताहि लइ आवा॥**

**(लंकाकाण्ड)**

विभीषण के लंका के राजा बनने, सीताजी को श्रीराम-विजय का समाचार सुनाने और उन्हें अन्य वानर वीरों के साथ लंका से प्रभु की पास तक लाने में वे अपने सामान्य रूप में रहते हैं। न तो लघु रूप होते हैं और न विशाल आकार ग्रहण करते हैं; क्योंकि न तो अब किसी परीक्षा की आवश्यकता है और न ही गुप्तचरी की।

लेकिन जब अयोध्या लौटते समय श्रीराम उन्हें भरतजी को जाकर संदेश सुनाने की बात कहते हैं, तो उन्हें ब्रह्मचारी का रूप धरकर उनके पास तक जाने की आज्ञा देते हैं, तब वे रूप बदलकर भरतजी के पास जाते हैं-

**प्रभु हनुमंतहि कहा बुझाई। धरि बटु रूप अवधपुर जाई।**

**(लंकाकाण्ड)**

(तदनन्तर प्रभु ने हनुमानजी को समझाकर कहा- तुम ब्रह्मचारी का रूप धरकर अवधपुरी को जाओ।)

हनुमानजी अवधपुरी पहुँचते हैं-

**राम बिरह सागर महँ भरत मगन मन होत।**
**बिप्र रूप धरि पवनसुत आइ गयउ जनुपोत॥**

**(उत्तरकाण्ड)**

(श्री रामजी के विरह-समुद्र में भरतजी का मन डूब रहा था, उसी समय पवन पुत्र हनुमानजी ब्राह्मण का रूप धरकर इस प्रकार आ गये, मानो उन्हें डूबने से बचाने के लिए नाव आ गई हो।)

शुभ समाचार देने के बाद भरतजी के पूछने पर वह अपनी पहचान खोलते हैं-

**मारुतसुत मैं कपि हनुमाना। नामु मोर सुनु कृपानिधाना॥**

**(उत्तरकाण्ड)**

इस प्रकार वे यहाँ पर अपना परिचय छिपाकर भरतजी को संदेश देते हैं।

अयोध्या आने पर सभी वानरवीर और विभीषण मनुष्य शरीर धारण कर लेते हैं और वे गुरु वशिष्ठ जी तथा माता कौशल्या के चरणों में मस्तक नवाते हैं-

**लंकापति कपीस नल नीला। जामवंत अंगद सुभ सीला॥**
**हनुमदादि सब बानर बीरा। धरे मनोहर मनुज सरीरा॥**

**( उत्तरकाण्ड )**

(लंकापति विभीषण, वानरराज सुग्रीव, नल, नील, जाम्बवान्, अंगद तथा हनुमानजी आदि सभी उत्तम स्वभाव वाले वीर वानरों ने मनुष्यों के मनोहर शरीर धारण कर लिये।)

इस प्रकार वे एक कुशल गुप्तचर और आवश्यकता पड़ने पर विशाल और लघु रूप धरने में सिद्ध हैं, और समय-समय पर अपनी इन शक्तियों को प्रदर्शित करते हैं। अन्य सभी अवसरों पर वे सामान्य रूप में ही रहते हैं।

यदि हम अपनी प्रबन्धन क्षमता को द्विगुणित करना चाहते हैं, तो समय की माँग के अनुसार कार्य करना चाहिए। समयानुसार लचीला रूख अपनाने वाला व्यक्ति कभी मात नहीं खाता। हमें गुप्तचरी के गुण भी सीखने चाहिए, क्योंकि आजकल इस संक्रमण काल में आतंकवादी गतिविधियाँ इतनी बढ़ गई हैं कि हर आदमी उनकी जद में है। अत: किसी अनजान या संदिग्ध व्यक्ति का परिचय जानने के लिए ये विद्या अच्छी है। इससे हम तो सुरक्षित रहेंगे ही, अपने आस-पड़ोस को भी सुरक्षा प्रदान कर सकेंगे।

•

# 4

# रामदूत, मध्यस्थ एवं सच्चे सेवक

प्रत्येक मनुष्य के जीवन में सम और विषम परिस्थितियाँ आती हैं। अक्सर देखा गया है कि वह सम परिस्थितियों में तो प्रसन्न  दिखता है, लेकिन विषम परिस्थितियाँ आते ही उसका धैर्य जवाब दे जाता है और वह गलत निर्णयों का शिकार होकर अपना जीवन बर्बाद कर लेता है। जो मनुष्य दु:खों-कष्टों के दौरान संयम, धैर्य, ज्ञान, बुद्धि और विवेक का प्रयोग करते हुए स्वयं को समायोजित कर लेता है, वही उनसे जीत पाता है। हनुमानजी के जीवन में भी ऐसी अनेक परिस्थितियाँ आती हैं, लेकिन वे उनसे कुशलतापूर्वक मुक्त हो जाते हैं।

हनुमानजी एक अच्छे मध्यस्थ हैं और वाक्पटुता, बुद्धि, विवेक, ज्ञान और नीति द्वारा वे उभय पक्षों का भला करते हैं। वे दोनों ही पक्षों का कल्याण चाहते हैं, और जो दोनों पक्षों के हित में हो, वही कार्य करते हैं। लाग-लपेट उन्हें पसन्द नहीं। जो बात उनके जो मुँह पर है, वही उनके ह्रदय में है, अत: दोनों ही पक्षों के लोग उनको भरपूर सम्मान देते हैं, और समय-समय पर उनसे सहायता लेते रहते हैं।

'मानस' के पटल पर उनका प्राकट्य किष्किन्धा के राजा बालि के अनुज सुग्रीव के मन्त्री व मध्यस्थ के रूप में होता है। सुग्रीव उन्हें श्रीराम-लक्ष्मण की पहचान करने का काम सौंपते हैं, और वे उसे कुशलतापूर्वक निभाते हैं। वे उभय पक्षों की मित्रता कराते हैं। इससे सुग्रीव किष्किन्धा नरेश बनते हैं और श्रीराम की पत्नी सीताजी की खोज संभव हो पाती है। राम-रावण युद्ध में सुग्रीव, श्रीराम की सहायता करते हैं। श्री हनुमानजी जैसे मध्यस्थ के माध्यम से श्रीराम और सुग्रीव दोनों को ही लाभ होता है।

वास्तव में मध्यस्थ को अतिकुशल माध्यम होना चाहिए, जो दूसरे पक्ष को प्रभावित कर अपना कार्य सिद्ध कर सके। यदि उससे थोड़ी-सी भी चूक होती है, तो लेने-के-देने पड़ जाते हैं, और प्रबन्धन की भाषा में 'डील' निरस्त हो जाती है।

लक्ष्मणजी के क्रुद्ध होने पर वे एक बार फिर से सुग्रीव के दूत के रूप में उन्हें मनाने जाते हैं, और सुग्रीव के प्रति उनका क्रोध बड़ी कुशलता से शान्त करते हैं। इसके लिए वे उनकी चरण-वन्दना कर, उनके चरणों को धोकर, भाँति-भाँति से उनकी प्रशंसा कर, उनकी कीर्ति बखानते हैं। जब सुग्रीव समझ लेते हैं कि लक्ष्मणजी अब प्रसन्न हो गये हैं, तब वे उनके पास आते हैं-

**तब कपीस चरनन्हि सिरु नावा। गहि भुज लछिमन कंठ लगावा।।**

**( किष्किन्धाकाण्ड )**

यदि हनुमानजी उस समय उनके मध्यस्थ न बने होते, तो यह कल्पना करना कठिन नहीं है कि लक्ष्मणजी उनकी क्या गति करते। 'हनुमान चालीसा' में उल्लेख है-

**तुम उपकार सुग्रीवा हि कीन्हा।**
**राम मिलाय राजपद दीन्हा।।**

वे मध्यस्थता के बदले में किसी वस्तु की अपेक्षा नहीं रखते। वे देना जानते हैं, लेना नहीं, और न ही अपने इस कार्य का ढिंढोरा पीटते हैं, न ही समय आने पर एहसान जताते हैं। वे निःस्वार्थ मध्यस्थता करते हैं।

वैसे तो विवाह कराने वाले को उत्तरी भारत में 'बिचपतिया' (मध्यस्थ) कहा जाता है। पहले 'नाई' बिचपतिया का कार्य करता था, लेकिन बाद में अन्य जातियों के लोगों ने भी लालच में यह कार्य करना शुरू कर दिया। उसके दोनों हाथों में लड्डू रहते थे। कन्या-पक्ष और वर-पक्ष दोनों ही इस व्यक्ति की खूब खातिरदारी करते थे। लेकिन विवाह होने के बाद उसकी खूब भद, भी पिटती थी। कमीवेशी होने पर इसे जमकर कोसा जाता था। हमने कुछ 'बिचपति' ऐसे भी देखे हैं कि 'सूत न कपास, कोरिया से लट्ठमलट्ठा' अर्थात् न तो वंर है, और न वधू लेकिन विवाह की आवश्यकता महसूस करने वाले परिवार को बरगलाकर वे उनका खूब शोषण करते रहे हैं। किसी व्यक्ति की शादी नहीं हो रही हो, तो उसको भी बहू दिलवाने का झांसा देकर उससे खूब रुपया ऐंठते हैं, और उसका माल मुफ्त में उड़ाते हैं। लेकिन हनुमानजी ऐसे मध्यस्थ हैं, जिनका दोनों ही पक्ष आजीवन सम्मान करते हैं।

जब सीताजी की खोज करने के लिए सभी वानर जाते हैं, तो श्रीराम के दर्शन करते हैं। उस अवसर पर प्रभु उन्हें अपना मध्यस्थ (दूत) बनाते हैं, और अपनी अंगूठी देते हुए कहते हैं-

**बहु प्रकार सीतहि समुझाएहु। कहि बल बिरह बेगि तुम आएहु।।**

**( किष्किन्धाकाण्ड )**

श्रीराम उनके अद्वितीय गुणों के कारण ही उन्हें अपना मध्यस्थ चुनते हैं और ऐसा असंख्य वानरों के रहते होता है।

वैसे मध्यस्थ खुद को बड़ा मानता है; क्योंकि काम कराने वाला उस पर निर्भर होता है, लेकिन श्रीराम द्वारा मध्यस्थ (दूत) चुने जाने पर हनुमानजी उनका आभार व्यक्त करते हैं-

**हनुमत जन्म सुफल करि माना। चलेउ हृदय धरि कृपानिधाना।**

**(किष्किन्धाकाण्ड)**

(हनुमानजी ने अपना जन्म सफल समझा और कृपानिधान प्रभु को हृदय में धारणकर वे चले।)

विभीषण से मिलने पर वे उन्हें अपना परिचय श्रीराम के दूत के रूप में देते हैं; क्योंकि विभीषण उनसे बड़े प्रेम से 'हरिदास' और 'रामदीन अनुरागी' कहते हुए उनकी पहचान जानने के प्रति उत्सुक हैं। तब हनुमानजी उन्हें अपना परिचय देते हैं-

**तब हनुमंत कही सब राम कथा निज नाम।**

**(सुन्दरकाण्ड)**

(तब हनुमानजी ने श्रीरामचन्द्रजी की सारी कथा कहकर अपना नाम बताया।)

दूसरे व्यक्ति को परिचय देते समय हनुमानजी पहले श्रीराम का परिचय देते हैं, फिर अपना नाम बताते हैं।

सीताजी से उनकी भेंट होती है। वे एक वृक्ष के पत्तों में छिपे हुए हैं। सीताजी बहुत दुःखी हैं। वे इतने विवेकशील और बुद्धिमान हैं कि रावण के आने तक बिल्कुल चुप बैठ रहते हैं, बाद में वे श्रीराम की अंगूठी नीचे गिरा देते हैं। जब वे सीताजी असमंजस में देखते हैं, तो श्रीराम के गुणसमूहों की प्रशंसा करते हैं-

**रामेचंद्र गुन बरनै लागा। सुनतहि सीता कर दुख भागा।**

**(सुन्दरकाण्ड)**

(वे श्रीरामचंद्र जी के गुणों का वर्णन करने लगे, जिन्हें सुनते ही सीताजी का दुःख भाग गया।)

जब सीताजी उनसे प्रकट होने को कहती हैं, तब हनुमानजी उनके पास चलकर जाते हैं और विस्मय से भरी सीताजी से कहते हैं-

**(रामदूत मैं मातु जानकी)** (हे माता जानकी! मैं श्रीरामजी का दूत हूँ।) 'रामदूत' के रूप में वे रावण की सभा में जाते हैं और श्रीराम के ईश्वरत्व का विशद वर्णन करते हुए कहते हैं-

**जाके बल लवलेस तें जितेहु चराचर झारि।**<br>
**तासुदूत मैं जा करि हरि आनेहु प्रिय नारि॥**

**(सुन्दरकाण्ड)**

(जिनके लेशमात्र बल से तुमने समस्त चराचर जगत को जीत लिया और जिनकी प्रिय पत्नी को तुम चोरी से हर लाये हो, मैं उन्हीं का दूत हूँ।)

फिर बाद में एक 'रामदूत' के रूप में वे रावण को 'राम-नाम' की

सम्राट नेपोलियन ने भी अपनी विवेकशीलता का प्रयोग कर अपने एक सैन्य अधिकारी को भलाई के रास्ते पर चलने की प्रेरणा देकर उसके जीवन की रक्षा की।

सम्राट नेपोलियन बहुत मेहनती, दयावान और विवेकशील राजा था। वह अथक् परिश्रम करता था, और अपने अधीनस्थों से भी जमकर काम लेता था।

एक रात वह अपने बिस्तर पर लेटा ही था कि उसे अपने दफ्तर में रोशनी दिखाई पड़ी। वह विचार करने लगा कि इतनी देर रात तक दफ्तर में कौन बैठा हुआ है? वह तुरन्त उठा, और दफ्तर की ओर चल दिया। वहाँ उसे अपनी सेना का एक बड़ा अधिकारी बैठा हुआ दिखाई दिया। उसने जाकर उसका हालचाल पूछते हुए कहा- "कहो ऑफिसर इतनी रात गए ऑफिस में बैठने का कारण क्या है?"

वह बोला- "सर! मुझ पर बहुत ज्यादा कर्ज़ हो गया है। मैं रात को सो नहीं पाता, इसलिए यहाँ चला आता हूँ।"

नेपोलियन ने कहा- अरे! ये तो बहुत अफ़सोसजनक है। उतनी अच्छी तनख़्वाह होते हुए कर्ज़ में डूबे हो तुम! इसका मतलब है कि तुम पैसे को बर्बाद करते हो। सरकारी पैसों का भी दुरुपयोग करते हो। मैं तुम्हें इसी समय नौकरी से बर्खास्त करता हूँ।"

अधिकारी गर्दन नीची किए चुपचाप उठा, और अपने घर की ओर चल दिया उसकी पूरी रात आंखों में ही कटी। सवेरे तड़के किसी ने उसके घर का दरवाज़ा खटखटाया। वह समझ गया कि उसकी नौकरी से बर्खास्तगी का फरमान आ पहुँचा है। दरवाज़ा खोलने पर एक आदमी ने उसकी ओर एक भारी-भरकम लिफाफा बढ़ा दिया। काँपते हाथों से उसने लिफाफा खोला तो, उसमें नेपोलियन का पत्र और कर्ज़े की समूची धनराशि थी।

पत्र में लिखा था- "उस समय तो गुस्से में मैंने तुम्हें बर्खास्त करने का फरमान सुना दिया। फिर घर जाकर मैंने विवेकपूर्वक तुम्हारे विषय में रात-भर विचार किया, तो निर्णय लिया कि तुम्हें नौकरी से निकालना उचित नहीं होगा। तुम मेरे आश्रित हो, इसलिए तुम्हारे अपराध की सजा तुम्हारे परिवार को क्यों दी जाये! आश्रित की चिन्ता करना मेरा कर्तव्य है।"

पत्र में आगे लिखा था- "मैं तुम्हारे पास दस हज़ार फ्रैंक भेज रहा हूँ। अपना कर्ज़ चुका देना, और आगे से हाथ रोककर रखना। काम पर आ जाना।

पत्र पढ़कर अधिकारी की आँखें नम हो गईं, और नेपोलियन के प्रति उसका सिर श्रद्धा से झुक गया।

महत्ता बताते हुए उसे ज्ञान देते हैं, और अपने स्वामी का भजन करने की सीख देते हैं।

वे 'रामदूत' तो हैं ही, लंका से लौटते समय वे सीताजी के दूत बन जाते हैं। सीताजी उन्हें अपने स्वामी श्रीराम से अपने कष्टों का निवेदन करने के लिए कहती हैं। वे उनकी बात श्रीराम तक पहुँचाते हैं। सीताजी कहती हैं-

**कहेहु तात अस मोर प्रनामा। सब प्रकार प्रभु पूरन कामा।**
**दीन दयाल बिरिदु संभारी। हरहुं नाथ मम संकट भारी॥**

**(सुन्दरकाण्ड)**

(जानकी जी ने कहा- हे तात! मेरा प्रणाम निवेदन करना, और इस प्रकार कहना- हे प्रभु! यद्यपि आप सब प्रकार से पूर्णकाम हैं अर्थात् आपको किसी प्रकार की कामना नहीं है, तथापि दीन-दुःखियों पर दया करना आपका विरद है, और मैं दीन हूँ, अतः उस विरद को याद करके हे नाथ! मेरे भारी संकट को दूर कीजिए।)

वे पुनः हनुमानजी को सन्देश देती हैं-

**तात सक्रसुत कथा सुनाएहु। बान प्रताप प्रभुहि समुझाएहु॥**
**पास दिवस महुं नाथु न आवा। तौ पुनि मोहि जिअत नपावा॥**

**(सुन्दरकाण्ड)**

(हे तात! इन्द्रपुत्र जयन्त की कथा सुनाना और प्रभु को उनके बाण का प्रताप समझाना अर्थात् स्मरण कराना यदि महीनें-भर में नाथ न आये, तो फिर मुझे जीत न पायेंगे।)

इस प्रकार वे सीताजी और श्रीराम के बीच सेतु का कार्य करते हैं। लंका से वे सीताजी के दूत बनकर श्रीराम के पास जाते हैं, और उनका सन्देश उन्हें सुनाते हैं।

मेघनाद लक्ष्मणजी पर वीर घातिनी शक्ति चलाता है। वे मूर्च्छित हो जाते हैं। जाम्बवान् लंका के सुषेण वैद्य का उल्लेख श्रीराम से करते हैं। श्रीराम के कहे बिना वे तुरन्त लंका पहुँचते हैं, और वैद्यजी को घर सहित उठा लाते हैं-

**धरि लघु रूप गयउ हनुमंता। आनेउ भवन समेत तुरंता॥**

**(लंकाकाण्ड)**

सच्चे मध्यस्थ की यह पहचान होती है कि वह अपने स्वामी की दृष्टि के अनुसार कार्य करता है। वे 'रामदूत' हैं। श्रीराम का दुःख वे देख लेते हैं और तुरन्त वैद्यजी को ले आते हैं। वैद्यजी द्वारा औषध बताए जाने पर वे अविलम्ब औषध लेने चल पड़ते हैं, और रामकाज में अवरोध कालनेमि का वध कर देते हैं।

पर्वत लेकर जब वे वापस आते हैं, तो भरतजी के बाण से मूर्च्छित हो जाते

हैं। मूर्च्छा से पहले उनके मुँह से 'राम-राम रघुनायक' शब्द निकलते हैं। भरतजी जब श्रीराम से उन्हें बचाने की प्रार्थना करते हैं, तो वे 'कोसलपति श्रीरामचन्द्र की जय हो, जय हो' कहकर उठ बैठते हैं। न तो भरतजी उनका परिचय पूछते हैं, और नहीं वे बताते हैं। मनोविज्ञानी भरतजी स्वयं समझ जाते हैं कि यह तो श्रीराम का दूत है। तब वे जानकीजी सहित श्रीराम की कुशलता पूछते हैं और हनुमानजी उन्हें संक्षेप में सारी कथा बताते हैं, तब भरतजी बहुत दुःखी होते हैं। इस प्रकार श्रीराम के दूत में भरतजी के समक्ष प्रस्तुत होते हैं।

रावण की मृत्यु के बाद श्रीराम हनुमानजी को आदेश देते हैं कि भरत को हमारे अयोध्या लौटने का समाचार दो और एक बार पुनः वे भरतजी को श्रीराम का सन्देश देने अयोध्या पहुँचते हैं। उस समय वे 'बटुक' का रूप धरे हुए हैं अर्थात् अपनी पहचान गुप्त रखते हैं और भरतजी को श्रीराम के सकुशल आगमन की सूचना देते हैं। इस बार भरतजी उनसे पूछते हैं-

**को तुम तात कहाँ ते आए। मोहि परम प्रिय बचन सुनाए॥**

**(उत्तरकाण्ड)**

(भरतजी ने पूछा- हे तात! तुम कौन हो और कहाँ से आये हो? जो तुमने मुझको ये परमप्रिय अर्थात् आनन्द देने वाले वचन सुनाये।)

उनके प्रश्न का उत्तर देते हुए हनुमानजी कहते हैं-

**मारुतसुत मैं कपि हनुमाना। नामु मोर सुनु कृपानिधाना॥**

**(उत्तरकाण्ड)**

(हनुमान जी ने कहा- हे कृपानिधान! सुनिए, मैं पवन का पुत्र और जाति का वानर हूँ; मेरा नाम हनुमान है।)

वे फिर स्वयं को श्रीराम का दास बताते हैं-

**'दीनबंधु रघुपति कर किंकर'**

(मैं दीनों के बंधु श्री रघुनाथ जी का दास हूँ।)

वे 'रामदूत' के रूप में भरतजी का भी चरण-वन्दन करते हैं; क्योंकि वे श्रीराम की छवि उनके भाइयों में भी देखते हैं, और उनको उतना ही मान देते हैं-

**तब हनुमंत नाइ पद माथा। कहे सकल रघुपति गुन गाथा॥**

**(उत्तरकाण्ड)**

(तब हनुमानजी ने भरतजी के चरणों में मस्तक नवाकर श्री रघुनाथ जी की सारी गुण-गाथा कही।)

वे वापस लौटकर श्रीराम को भरतजी से भेंट करने और उन्हें अपने स्वामी का सन्देश देने की सूचना देते हैं।

अयोध्या से वापस लौटते ही बालिपुत्र अंगद हनुमानजी को अपना मध्यस्थ बनाकर अपना निवेदन श्रीराम तक पहुँचाते हैं-

**अंगद कहइ सुनहु हनुमंता।।**

अंगद ने कहा- हे हनुमान! सुनो-

**कहेहु दंडवत प्रभुसैं तुम्हहिं कहउं कर जोरि।**
**बार बार रघुनाथ कहि सुरति कराएहु मोरि।।**

**( उत्तरकाण्ड )**

(मैं तुमसे हाथ जोड़कर कहता हूँ, प्रभु से मेरा दण्डवत् प्रणाम कहना और श्री रघुनाथ जी को बार-बार मेरी याद कराते रहना।)

**अस कहि चलेउ बालिसुत**

(ऐसा कहकर बालिसुत चले।)

**फिर आयहु हनुमंत**

**( उत्तरकाण्ड )**

(तब हनुमानजी लौट आये)

और हनुमानजी अंगद का सन्देश प्रभु श्रीराम तक पहुँचाते हैं-

**तासु प्रीति प्रभु सन कही मगन भए भगवंत।।**

**( उत्तरकाण्ड )**

(और आकर प्रभु से उनका प्रेम वर्णन किया। उसे सुनकर भगवान प्रेम मग्न हो गये।)

वास्तव में श्रीराम और उनके दूत हनुमानजी के अनन्य प्रेम को सभी वानरगण विभीषण, सुग्रीव इत्यादि सभी महापुरुष और श्रीराम के अनुज भलीभाँति जानते हैं। एक स्थल पर तो भरतजी उन्हें अपना मध्यस्थ बनाते हैं।

श्रीराम के दर्शन और उनसे भेंट करने सनकादि मुनि अयोध्या आते हैं। जब वे वापस चले जाते हैं, तो प्रभु के सभी अनुज उनके चरणों में शीश नवाते हैं। उनके मन में कुछ प्रश्न हैं, जिन्हें वे प्रभु से पूछने में सकुचाते हैं, इसलिए सब हनुमानजी की ओर देख रहे हैं। अन्तर्यामी श्रीराम सारी बात जानकर हनुमानजी से पूछते हैं- 'कहो हनुमान, क्या बात है?''-

**जोरि पानि कह तब हनुमंता। सुनहु दीनदयाल भगवंता।।**
**नाथ भरत कछु पूँछन चहहीं। प्रस्न करत मन सकुचत अहहीं।**

**( उत्तरकाण्ड )**

(तब हनुमानजी हांथ जोड़कर बोले- हे दीनदयालु भगवान! सुनिये! हे नाथ! भरतजी कुछ पूछना चाहते हैं, पर प्रश्न करने में मन में सकुचा रहे हैं।)

बाद में भरतजी सन्तों की महिमा के विषय में श्रीराम से पूछते हैं।

सच्चा मध्यस्थ, दूत अपनी सेवाओं से अधिकारी को इतना प्रभावित कर लेता है कि वह उसका अभिन्न अंग हो जाता है। दूसरे लोग उसे ही माध्यम बनाकर

अधिकारी से अपने काम साधते हैं। इतना ही नहीं, अधिकारी के परिवार वाले तक अपनी बात पहुँचाने के लिए उसे ही मध्यस्थ बनाते हैं। प्रबन्धन की भाषा में एक कुशल प्रतिनिधि की यही पहचान है कि वह अपनी कार्यकुशलता से अपने अधिकारी की आँखों का तारा बन जाता है। आजकल दलाल संस्कृति का बोलबाला है। नियमबद्ध और ईमानदारी से कार्य करने वाले लोगों की कोई पूछ नहीं है, अपितु जाहिल-उजड्ड, लेकिन दलाली में माहिर व्यक्ति को अधिकारी पसन्द करता है। उसे आपकी योग्यता और गुणों से कोई लेना-देना नहीं। जो जितना अच्छा दलाल, अधिकारी का उतना ही प्रिय। दलाल की पहचान है कि वह अधिकारी के बिना कहे उसके लिए धन से लेकर भोग-विलास की अन्य सारी सुख-सुविधाएँ जुटाए। उसे इससे कोई मतलब नहीं कि दलाल बीच में कितना पैसा खा रहा है या क्या कर रहा है? ऐसा आदमी ही अधिकारी का प्रियपात्र बन जाता है।

> अभी हाल ही का वाकया है कि अच्छे पढ़े-लिखे, ईमानदार और प्रतिभावान, नौजवान को एक केंद्रीय मंत्री महोदय ने इसलिए अपने स्टॉफ में रखने से मना कर दिया; क्योंकि वह अपने ज़मीर को गिरवी रखकर वह सब नहीं कर सकता था, जिसकी वे उससे अपेक्षा कर रहे थे, जबकि पूर्व में वह एक सरकारी संस्थान में एक उच्च अधिकारी रह चुका था।

हनुमानजी वे श्रीराम के अनन्य और सच्चे सेवक हैं, और उनकी निःस्वार्थ सेवा करते हैं।

श्रीराम से प्रथम भेंट होने पर, वे उनका परिचय पूछते समय उन्हें सर्वप्रथम 'स्वामी' कहकर सम्बोधित करते हैं-

**को तुम्ह स्यामल गौर सरीरा। छत्री रूप फिरहु बन बीरा॥**
**कठिन भूमि कोमल पद गामी। कवन हेतु बिचरहु बनस्वामी॥**

**(किष्किन्धाकाण्ड)**

(हे वीर! साँवले और गोरे शरीर वाले आप कौन हैं, जो क्षत्रिय रूप में वन में फिर रहे हैं? हे स्वामी! कठोर भूमि पर कोमल चरणों से चलने वाले, आप किस कारण वन में विचर रहे हैं?)

इस प्रकार वे प्रारम्भ में ही स्वयं को श्रीराम का दास और सेवक घोषित कर देते हैं।

वे फिर उन्हें 'नाथ', 'साईं', और 'प्रभु' कहकर सम्बोधित करते हैं। वे स्वयं को सेवक भी कहते हैं-

**जदपिनाथ बहु अवगुन मोरे। सेवक प्रभुहि परै जनि थोरे॥**

**(किष्किन्धाकाण्ड)**

एक सज्जन पांडिचेरी के श्रीअरविन्द आश्रम में, आश्रम-संचालिका श्रीमाँ के आगमन की प्रतीक्षा कर रहे थे। उस समय उनके मन में श्री माँ के व्यक्तित्व को लेकर एक भीषण तूफान उठ रहा था। आखिर कैसी होंगी- श्री माँ, जिनके कृतित्व की सुगन्ध से आश्रम का कण-कण महक रहा था, जिनकी दिव्य प्रेरणा की ज्योति का प्रसाद विश्व स्तर पर हो रहा था।

प्रतीक्षा के क्षण खत्म हुए। थोड़ी ही देर बाद माँ ने कक्ष में प्रवेश किया। लगा, जैसे पूरा कक्ष प्रकाश से नहा उठा हो। उनके चेहरे पर अपूर्व आभा थी, और नेत्रों में वात्सल्य छलछला रहा था। उस समय खामोशी भी कुछ बोल रही थी।

वे सज्जन उनके सम्मान में अभिवादन के लिए अपनी जगह से उठ पाते कि श्री माँ अपनी कुर्सी पर विराजमान हो चुकी थीं। वे उनको प्रेम से अपलक निहार रही थीं, उन्होंने श्री माँ के चरण-स्पर्श किए और उनके आगे एक अबोध बालक की मानिन्द बैठ गए। उनका मस्तिष्क विचार शून्य, सोचने-समझने की शक्ति कुंठित और वाणी मूक हो गई थी।

श्री माँ ने बड़े ही प्यार से पूछा- "आश्रम में पहली बार आए हो?"

बड़ा साहस और शक्ति बटोरकर वे मात्र इतना ही कह पाए- "जी हाँ!"

उसके बाद उन वात्सल्य, प्रेम व करुणा की प्रतिमूर्ति श्री माँ ने अपनी उपस्थिति मात्र से ऐसा वातावरण सृजित कर दिया कि वे आनन्द-सागर में लम्बे समय तक डूबते-उतराते रहे। ऐसा ही प्रभाव श्रीराम का हनुमान जी पर था।

(यद्यपि हे नाथ! मुझमें बहुत-से अवगुण हैं, तथापि सेवक स्वामी की विस्मृति में न पड़े अर्थात् आप उसे भूल जायें..........)

जब विभीषण उनसे कहते हैं-

**जौ रघुबीर अनुग्रह कीन्हा। तौ तुम्ह मोहि दरसु हठि दीन्हा॥**

**(सुन्दरकाण्ड)**

(जब श्री रघुवीर ने कृपा की है, तभी तो आपने मुझे हठ करके अर्थात् अपनी ओर से दर्शन दिए हैं।)

तब हनुमानजी उनसे प्रभु श्रीराम की रीति बताते हैं-

**सनुहु बिभीषन प्रभु कै रीती। करहिं सदास सेवक पर प्रीती।**

**(सुन्दरकाण्ड)**

(हनुमानजी ने कहा- हे विभीषण जी! सुनिए, प्रभु की यही रीति है कि वे सेवक पर सदा ही प्रेम करते हैं।)

इस स्थल पर वे स्वयं को तो प्रभु का सेवक बताते ही हैं, विभीषण को उनका सेवक घोषित करते हैं।

हनुमानजी की वाणी सुनकर सीताजी उन्हें श्रीराम का अनन्य दास घोषित करती हैं-

**जाना मन, क्रम, बचन यह कृपासिंधु कर दास।**

**(सुन्दरकाण्ड)**

(उन्होंने जान लिया कि मन, वचन और कर्म से यह कृपासागर श्री रघुनाथ जी का दास है।)

वे एक सच्चे सेवक होने के नाते अपने स्वामी के गुणों का बखान करते हैं। वे सीताजी को धैर्यपूर्वक श्रीराम को भजने को कहते हैं-

**कह कपि हृदयँ धीर धरु माता। सुमिरु राम सेवक सुखदाता।।**

**(सुन्दरकाण्ड)**

(हनुमानजी ने कहा- हे माता! हृदय में धैर्य धारण करो और सेवकों को सुख देने वाले श्रीरामजी का स्मरण करो।)

हनुमानजी ऐसे सेवक हैं कि उन्हें रामकाज के लिए अपमान सहन करने में भी कोई कष्ट नहीं होता, वे उसे सहज रूप से झेल लेते हैं। रावण से वे कहते हैं-

**मोहि न कछु बाँधे कइ लाजा। कीन्ह चहउं निज प्रभु कर काजा।।**

**(सुन्दरकाण्ड)**

(मुझे अपने बाँधे जाने की कुछ भी लज्जा नहीं है। मैंने तो अपने प्रभु का कार्य किया।)

जब उनकी पूँछ में कपड़ा लपेटकर उसे तेल और घी में डुबोया जा रहा था, तो हनुमानजी ने कौतुक करके अपनी पूँछ बढ़ा ली। उस 'खेल' को देखने के लिए पुरवासी आते हैं-

**कौतुक कहँ आए पुरबासी। मारहिं चरन करहिं बहु हाँसी।**

**(सुन्दरकाण्ड)**

(नगरवासी लोग तमाशा देखने आये। वे हनुमानजी को पैर से ठोकर मारते हैं और उनकी बहुत हँसी करते हैं।)और-

**बाजहिं ढोल देहिं सब तारी। नगर फेरि पुनि पूँछ पुजारी।।**

**(सुन्दरकाण्ड)**

(ढोल बजते हैं, सब लोग तालियाँ पीटते हैं। हनुमानजी को नगर में फिराकर फिर पूँछ में आग लगा दी।)

कितना अपमान सहन करते हैं हनुमानजी! अपने लिए नहीं, बल्कि श्रीराम के लिए। उनके सेवक होने के नाते वे हँस-हँसकर खून का घूँट पीते हैं और अपने स्वामी का कार्य सम्पन्न करते हैं।

वे ऐसे निस्पृह सेवक हैं कि श्रीराम की सेवा करने के लिए अपने राजा सुग्रीव से निहोरा करते हैं और सुग्रीव उन्हें यह पुण्य कार्य करने की सहर्ष आज्ञा दे देते हैं। एक बार प्रभु श्रीराम अपनी थकान मिटाने के लिए शीतल अमराई अर्थात् आमों के बगीचे में जाते हैं। वहाँ भरतजी अपना वस्त्र बिछा देते हैं। प्रभु

के बैठने पर सभी भाई उनकी सेवा करने लगते हैं। उस अवसर पर उनके अनन्य सेवक हनुमानजी पंखा झलते हैं-

**मारुतसुत तब मारूत करई।**

**(उत्तरकाण्ड)**

(उस समय पवनपुत्र हनुमानजी पवन अर्थात् पंखा करने लगे।)

इस प्रकार वे श्रीरामचन्द्रजी के दूत, मध्यस्थ और सच्चे सेवक हैं, जिन्हें अपने 'स्वामी' की निःस्वार्थ सेवा करने में परमानन्द प्राप्त होता है। वे ऐसे सच्चे सेवक हैं कि उन्हें प्रभु श्रीराम की प्रसन्नता में ही आनंद प्राप्त होता है। उनके लिए प्रभु की प्रसन्नता सर्वोपरि है। रावण के मारे जाने के बाद जब वे श्रीराम की विजय का समाचार देने सीताजी के पास जाते हैं, तो वे कुशल समाचार सुनाने के बाद कहते हैं-

**सुनु मातु मैं पायो अखिल जग राजु आजु नसंसयं।**
**रन जीति रिपु दल बंधु जुत पस्यामि रामनाममयं॥**

**(लंकाकाण्ड)**

(मैंने आज निःसंदेह सारे जगत का राज्य पा लिया, जो मैं रण में शत्रु सेना को जीतकर भाई सहित निर्विकार श्रीराम को देख रहा हूँ।)

वास्तव में ऐसे सच्चे सेवक का मिलना दुर्लभ है।

रावण के मारे जाने के बाद श्रीराम यह संदेश सीताजी को सुनाने हनुमानजी को ही भेजते हैं। बाद में प्रभु सीताजी को सादर अपने पास लाने के लिए विभीषण आदि वीरों के साथ हनुमानजी का ही चयन करते हैं।

विभीषण का राजतिलक करने के लिए लक्ष्मणजी के साथ वे हनुमानजी सहित अन्य वीरों को भेजते हैं। इस प्रकार प्रभु ने उन्हें पग-पग पर अपना दूत घोषित कर उन्हें अत्यधिक सम्मान दिया हैं।

वास्तव में एक मध्यस्थ पर दोनों ही पक्षों का भार होता है। उसमें बुद्धि, विवेक, ज्ञान, धैर्य, संयम, चतुरता, उचित निर्णय लेने की क्षमता का होना अति-आवश्यक है। किसी भी कार्य की मध्यस्थता करते समय हमें ये बातें ध्यान रखनी चाहिए और निःस्वार्थ भाव से दोनों पक्षों की भलाई के लिए कार्य करना चाहिए।

•

# 5

# अभय की शक्ति से सम्पन्न

वही व्यक्ति अपने जीवन में निर्भीक होगा, जिसका चरित्र उज्ज्वल और दृढ़ होगा। सत्यवादी, धार्मिक, परोपकारी, भावी र्निलोभी, त्यागी, सेवा-सुश्रूषा और ईश्वर पर भरोसा रखने वाले व्यक्ति के पास 'अभय' की अद्भुत शक्ति होती है। वह निर्द्वन्द्व होता है औरं अपने ज़ीवन में किसी से नहीं डरता। ऐसे व्यक्ति को कोई भी सांसारिक शक्ति झुका नहीं सकती।

हनुमानजी पर अभय की शक्ति है। अभय की शक्ति आन्तरिक अनुशासन और चारित्रिक दृढ़ता से आती है। जिसका व्यक्तित्व पारदर्शी होगा, सत्यनिष्ठ और धर्मपरायण होगा, वह अभय होगा। यहाँ अभय का अर्थ उद्दण्डता से नहीं है। अभयी का अर्थ है- निर्द्वन्द्व व्यक्ति, जो संसार में भगवान-भरोसे किसी से नहीं डरता।

हनुमानजी की निडरता का रहस्य सर्वप्रथम तो उनके अतुलित बल में है- **अतुलित बलधाम....** उनमें ऐसा बल है, जिसकी ब्रह्माण्ड के किसी चराचर से तुलना नहीं की जा सकती। वे पवनसुत हैं, मारुतनन्दन हैं। यह शरीर पाँच भौतिक पदार्थों से मिलकर बना है। समूची सृष्टि में ये पदार्थ ही मुख्य हैं। ये पदार्थ हैं- क्षिति (पृथ्वी), जल (पानी), पावक (अग्नि), गगन (आकाश) और समीर (वायु) और हिन्दू संस्कृति में इन्हीं तत्त्वों की उपासना करने का विधान है। ये पंच देव हैं- पृथ्वी तत्त्व (गणेशजी) जल-तत्त्व (शंकरजी), तेज तत्त्व (सूर्य), आकाश तत्त्व (विष्णु) और वायु-तत्त्व (लक्ष्मीजी)। वास्तव में वायु तत्त्व ही प्रमुख है, क्योंकि जीव अन्य तत्त्वों के बिना तो रह सकता है, लेकिन श्वास-प्रश्वास के लिए आवश्यक वायु तत्त्व (प्राण)के बिना नहीं रह सकता। शरीर के तीन प्रमुख तत्त्व- पित्त, कफ और वात में वात (वायु) ही प्रमुख है और इसके बिना पित्त और कफ पंगु हैं। वह उन्हें जहाँ चाहे, वहाँ ले जाती है, अतः वायु ही प्रमुख तत्त्व है, और यह सभी के लिए अपरिहार्य है, तो हनुमानजी वायु-पुत्र हैं, इसलिए निर्भीक हैं, क्योंकि इनके बिना किसी का काम नहीं चल सकता है। यही कारण है कि वे इतने दबंग हैं।

उनमें अध्यात्म की शक्ति है। भगवान को पूर्ण समर्पित व्यक्ति निर्भय हो जाता है। वह अपने बल से किसी को सताता नहीं है, लेकिन भगवान की शक्ति से वह दुष्टों को पाठ अवश्य पढ़ा देता है। हनुमानजी में राम का बल है। वे निर्भय इस कारण से भी हैं। वे निर्भीक इसलिए भी हैं, क्योंकि वे निर्भय है; क्योंकि उनमें ब्रह्मचर्य की शक्ति है। महावीर हैं- **'महावीर-विक्रम बजरंगी'।**

वे मात्र वीर नहीं है, महावीर हैं, इसलिए समूची सृष्टि को उन्हें किसी का भय नहीं। संसार में वीर भी कई प्रकार के होते हैं- कोई रणवीर है, कोई धर्मवीर, कोई दानवीर और कोई शूरवीर, लेकिन 'महावीर' प्रत्येक व्यक्ति नहीं हो सकता। महावीर होने के लिए तप, दान , दया, युद्ध और धर्म की अपूर्व शक्ति होनी चाहिए। इन सभी की समवेत शक्ति श्री हनुमानजी में है। इसीलिए वे महावीर हैं और अभय की शक्ति से सम्पन्न हैं।

वे बलशाली भी हैं और पराक्रमी भी! उनका शरीर 'वज्रादपि कठोराणि' (वज्र से भी कठोर) है- **'वज्रदेह दानव दलन, जय-जय कपि शूर'**

वे अपने बल से दानवों का दलन करते हैं, किन्तु सन्तों की रक्षा करते हैं-

**साधु संत के तुम रखवारे।**
**असुर निकंदन राम दुलारे॥**

**( हनुमान चालीसा )**

शेख सादी ने एक बार किसी से सुना था कि एक वयोवृद्ध और कमज़ोर व्यक्ति ने अपनी ढलती उम्र में एक नौजवान और खूबसूरत लड़की से शादी की। वास्तव में उस समय उसकी बुद्धि भ्रष्ट हो गई थी। उस लड़की का नाम गौहर जान था, और वह संसार की नज़रों से ऐसे छिपाकर रखी गई थी, जैसे किसी चोर की नज़र से जेवरातों का डिब्बा छिपाकर रखा जाता है।

कुछ ही दिनों बाद उस बूढ़े ने उस नौजवान लड़की के बारे में शिकायत करना शुरू कर दिया कि लड़की उसके कुल का नाम डुबो रही है; क्योंकि वह रास्ते से भटक गई है। वह दिन-ब-दिन गुस्ताख होती जा रही है। उसने बुढ़ापे में शादी की थी, इसलिए वह उस पर एकाधिकार चाहता था, लेकिन वृद्धावस्था के कारण वह शक्तिहीन हो गया था। कुछ दिनों बाद उन लोगों के बीच ऐसा झगड़ा बढ़ा कि आखिरकार ये मामला पुलिस व काजी तक पहुँच गया और तलाक की नौबत आ गई।

किसी भी कार्य को करने के लिए शारीरिक ताकत होना बहुत जरूरी है। दुर्बल शरीर से कोई भी कार्य नहीं किया जा सकता। यदि दुर्बलता के कारण तुम्हारे हाथ काँप रहे हों, तो मोती में छेद करना असम्भव है।

वे न केवल स्वयं निर्भय हैं, बल्कि दूसरों को भी अभय देते हैं। जो व्यक्ति उनकी स्तुति-उपासना करता है, उसे भूत, प्रेत, राक्षस, पिशाच, दैत्य, किन्नर, यक्ष जैसी बुरी शक्तियाँ नहीं सताती हैं-

**भूत पिसाच निकट नहिं आवै।**
**महावीर जब नाम सुनावै॥**

**(हनुमान चालीसा)**

यह बात स्वयंसिद्ध है कि हनुमानजी के भक्त को आसुरी शक्तियाँ नहीं सता सकतीं। किसी भी व्यक्ति को यदि इसका प्रत्यक्ष प्रमाण देखना हो, तो राजस्थान राज्य के सवाई माधोपुर ज़िले में स्थित घाटा मेहंदीपुर के बालाजी (हनुमानजी का बालरूप) मन्दिर में जाकर देख सकता है। भूत-प्रेत हनुमानजी के नाम से ही काँपते हैं।

जैन धर्म के 24 वें तीर्थंकर महावीर सतत साधनारत रहते थे। वह एकान्त पसन्द करते थे। एक बार वह ऐसे स्थान पर साधना करने पहुँच कर वे कामोत्सर्ग मुद्रा में ध्यान करने बैठ गए।

रात को यक्ष अपने निवास-स्थान पर आया, तो एक अपरिचित व्यक्ति को देखकर आग बबूला हो गया। वह बड़ी ज़ोर से दहाड़ा, उसकी भयानक आवाज़ से जंगल की शान्ति भंग हो गई। जीव-जन्तु अपनी जान बचाने के लिए इधर-उधर भागने लगे, लेकिन महावीर अचल रहे।

यक्ष सबसे पहले मदमस्त हाथी बना और उन पर आक्रमण कर दिया, लेकिन उनका ध्यान भंग नहीं हुआ। फिर वह भयंकर साँप बन गया और अपनी विषैली फूत्कार उनके ऊपर छोड़ने लगा, लेकिन वे अविचल रहे। यह देखकर उसने गुस्से में भरकर अपने विषैले फन से उनके पैर के अंगूठे पर प्रहार किया, लेकिन महावीर अप्रभावित रहे। उसने अब अन्तिम प्रयास के रूप में उनके शरीर पर चढ़कर गले में अपने विष-दन्त गड़ा दिए। अपना अन्तिम प्रयास भी निष्फल होते देख वह उनके शरीर से उतरकर थोड़ी दूर पर निश्चेष्ट होकर लेट गया।

जब महावीर का ध्यान पूर्ण हुआ, तो उन्होंने अपने समक्ष एक विषधर को पड़ा हुआ पाया। उन्होंने उस पर हाथ फेरा अपने प्रेम की वर्षा कर उसके मंगल की कामना की। उसका विष अमृत में बदल गया।

वास्तव में महावीर स्वामी महावीर थे। घटना से शिक्षा मिलती है कि महावीरत्व प्राप्त करने के लिए व्यक्ति को अपने मन के कषायों को जीतकर एकाग्र होकर क्षमता और प्रेम का उजास बिखेरना पड़ता है, तभी वह महान बनता है।

जब उनके बालरूप की बात चली है, तो आपको बता दें कि वे बचपन से ही अद्वितीय बलशाली, साहसी और निर्भीक थे। इतने निर्भीक कि उन्होंने सूर्य नारायण को मधुरफल समझ लिया और उन तक पहुँचकर उन्हें निगल लिया-

**बाल समय रवि भक्षि लियो**
**तीनहुँ लोक भयो अंधियारो**

**( संकटमोचन हनुमानाष्टक )**

'हनुमान चालीसा' में है-

**जुग सहस्त्र जोजन पर भानू।**
**लील्यौ ताहि मधुर फल जानू॥**

जब सारे संसार में अंधेरा व्याप्त हो गया, तो इन्द्र ने अपने वज्र का प्रहार उन पर किया, जिससे उनकी ठोड़ी टेढ़ी हो गई, इसीलिए उनका नाम 'हनुमान' हो गया। 'हनु' का अर्थ होता है- ठोड़ी। इतने दुस्साहसी थे बचपन में हनुमानजी! जो सूर्य सबको जला डालने शक्ति रखते हैं, कोई भी उसके पास जाने की हिम्मत नहीं करता, उनको वे निगल लेते हैं। बाद में यही सूर्यदेव उनके गुरु बनते हैं।

जब वे अपने माता-पिता की आज्ञा से सूर्य से शिक्षा ग्रहण करने गये, तो उन्होंने मना कर दिया, कहा कि मैं अपनी गति को नहीं रोक सकता, यहाँ तक मैं तुमसे बात भी नहीं कर सकता; तब हनुमानजी ने कहा कि मैं इसका निवारण किए देता हूँ। मैं आपके रथ के साथ-साथ वायु में तैरते हुए आपके साथ-साथ भ्रमण करूँगा। इस प्रकार उनको सूर्य देव से ज्ञान प्राप्त हुआ और उन्होंने अविरांम कार्य करने की शिक्षा सूर्यदेव से ली। उन्हें सूर्यदेव जैसे गुरु मिले, अतः उनके तेज से भी वे संयुक्त हैं, इसीलिए निर्भीक हैं।

जाम्बवान् द्वारा उनके बल की प्रशंसा करने पर निर्भीक हनुमानजी सिंहनाद करते हुए अपने बल का वर्णन करने लगते हैं-

**सिंहनाद कर बारहिं बारा। लीलहिं नाघउं जलनिधि खारा।**

**( किष्किन्धाकाण्ड )**

आगे कहते हैं कि मैं रावण को मारकर त्रिकूट पर्वत को यहाँ उठाकर ला सकता हूँ। वास्तव में वे अजेय हैं, उन्हें संग्राम में कोई नहीं जीत सकता। इसीलिए तुलसीदासजी 'सुन्दरकाण्ड' के आरम्भ में उनको **'अतुलित बलधामं'** (अतुलबल के धाम) और **'दनुजवनकृशानुं'** (दैत्यरूपीवन को ध्वंस करने के लिए अग्नि रूप) कहकर उनकी पूरे एक श्लोक स्तुति करते हैं।

'सुन्दरकाण्ड' की चर्चा की जाये। 'सुन्दरकाण्ड' हनुमानजी के पावन चरित्र से ओतप्रोत एक काण्ड है और सम्पूर्ण काण्डों में केवल इसे ही 'सुन्दर' कहा

गया है। सतही तौर पर देखने पर यह सुन्दर प्रतीत नहीं होता है; क्योंकि इसमें युद्ध, मारकाट, चीत्कार, हाहाकार, दुःख-दैन्य, कष्ट और आँसुओं के दृश्य ही अधिक हैं; लेकिन इसमें सुन्दरता गुम्फित हैं; छिपी हुई हैं, क्योंकि इसमें श्री हनुमानजी का पावन और सुन्दरचरित्र प्रदर्शित किया गया है, उनके बल, पराक्रम, साहस, निर्भीकता, अभय का विस्तार से वर्णन किया गया है। हनुमान जी मंगलमूर्ति हैं, उनकी आराधना का विशेष दिन मंगल ही है, इसीलिए मंगल अर्थात् कल्याणकारी होने के कारण यह काण्ड सुन्दर है। एक बात और, जो भी व्यक्ति इस काण्ड का पाठ श्रद्धापूर्वक करता है, उसके लिए संसार में कुछ भी दुर्लभ नहीं है। यह एक काण्ड 'सिद्ध' है।

वे सुरसा को अपनी शक्ति दिखाकर, ईर्ष्या की साक्षात् प्रतीक सिंहिका को मारकर और मच्छर का रूप धरकर लंका में निर्भीक होकर प्रवेश करते हैं। लंकिनी द्वारा पहचान लिए जाने पर उसका मान-मर्दन करते हैं। फिर रात में निर्भय होकर रावण के एक महल-से-दूसरे महल तक भ्रमण करते हैं, यहाँ तक कि सोते हुए रावण के कक्ष तक में प्रवेश कर जाते हैं।

इससे पूर्व सिंहिका को मारने के बाद जब समुद्र पार कर जाते हैं, तो उन्हें एक वन दिखाई देता है, जिसके सभी वृक्ष फल-फूल से शोभित हैं। सामने एक विशाल पर्वत देखकर वे दौड़कर उस पर चढ़ जाते हैं-

**सैल बिसाल देखि एक आगे। ता पर धाइ चढ़ेउ भय त्यागे॥**

**(सुन्दरकाण्ड)**

(सामने एक विशाल पर्वत देखकर हनुमानजी भय त्यागकर उस पर चढ़ जाते हैं।

'हनुमानचालीसा' में कहा गया है- **'तुम रच्छक काहू कौ डर ना।'** (संसार में तुम्हें किसी का भय नहीं है। आप निर्भय हैं।)

आगे कहा गया है-

**आपन तेज संवारो आपै॥**
**तीनहुँ लोक हाँक तैं काँपै॥**

(आप इतने बलशाली और निडर हैं कि तीनों लोक आपकी हाँक से ही काँपने लगते हैं।)

इसी 'अभय' को वे सीताजी के समक्ष प्रकट करते हैं। जब वे सीताजी से भूख लगने की बात कहते हैं तो सीताजी उन्हें डराती हैं-

**सुनु सुत करहि बिपिन रखवारी। परम सुभट रजनीचर भारी॥**

**(सुन्दरकाण्ड)**

(कहती हैं, बड़े भारी योद्धा राक्षस इस वन की रखवाली करते हैं।) इस बात पर वे कहते हैं-

**तिन्ह कर भय माता मोहिं नाहीं। जौं तुम्ह सुख मानहुँ मन माहीं॥**

**(सुन्दरकाण्ड)**

(हे माता! यदि आप मन में सुख मानें, तो मुझे उनका भय तो बिल्कुल नहीं है।)

उन्हें राक्षसों का भय नहीं, अपितु सीताजी का डर है। डरते हैं कि कहीं ये मना न कर दें।

वे अशोक वाटिका में जाकर निर्भय होकर फल खाते हैं और पेड़ों को उखाड़ देते हैं। जब रावण तक समाचार पहुँचता है, तो वह बहुत-से योद्धाओं को भेजता है

**तिन्हहि देखि गर्जेउ हनुमाना।**

**(सुन्दरकाण्ड)**

हनुमानजी उन्हें देखकर गर्जना करते हैं, यानी शेर की माँद में घुसकर शेर को ललकार रहे हैं। शेर की माँद में घुसकर उसे चुनौती देने वाला कोई बब्बर शेर अर्थात् सवा शेर ही हो सकता है। और हनुमानजी, उसी तरह के वीर हैं।

नीति भी यही है कि किसी के बल का अनुमान करके ही उसे चुनौती देनी चाहिए। बल कम होने पर उससे अविलम्ब सन्धि कर लेनी चाहिए।

लेकिन हनुमानजी को तो किसी का डर है ही नहीं। वे युद्ध करने आये रावण-पुत्र अक्षय कुमार को भी मार देते हैं, लेकिन मेघनाद के ब्रह्मास्त्र छोड़ने पर 'अतुलित बल धाम' हनुमानजी विवश हो जाते हैं; क्योंकि वे उसका अनादर नहीं करना चाहते। एक वास्तविक शक्ति सम्पन्न व्यक्ति आध्यात्मिक शक्तियों का आदर करता है।

वे ब्रह्मास्त्र में बँधकर जब रावण की सभा में जाते हैं, तो देवताओं और दिक्पालों को नम्रतापूर्वक हाथ जोड़े हुए रावण की भौं को ताकते हुए देखते हैं। रावण बहुत प्रतापी था, फिर भी वे उसकी शक्ति से प्रभावित नहीं होते-

**देखि प्रताप न कपि मन संका। जिमि अहिगन महुँ गरुड़ असंका॥**

**(सुन्दरकाण्ड)**

(उसका ऐसा प्रताप देखकर भी हनुमानजी के मन में जरा भी डर नहीं हुआ। वे ऐसे निःशंक खड़े रहे, जैसे सर्पों के समूह में गरुड़ निर्भय रहते हैं।)

तुलसीदासजी ने यहाँ राक्षसों और हनुमानजी की बड़ी अच्छी और सटीक उपमा दी है। इसीलिए वे महावीर हैं; क्योंकि उनमें रामबल और आत्मबल है।

वे रावण को 'मूर्ख' तक कह देते हैं; वे उसे खूब खरी-खोटी सुनाते हैं और जब रावण उनसे कहता है- **'मृत्यु निकट आई खल तोही'** तो वे नहले-पे-दहला मारते हैं- **'उलटा होइहि कह हनुमाना'** और उसकी आँखों के सामने ही सोने की लंका जला डालते हैं।

वे सीताजी को अभय की सीख देते हैं क्योंकि जब वे उन्हें एक साधारण स्त्री की भाँति विलाप करते हुए देखते है, तो भगवान श्रीराम के चरणों को ध्यान करने को कहते हैं।

**उर आनहु रघुपति प्रभुताई। सुनि मम बचन तजहु कदराई।**

**( सुन्दरकाण्ड )**

(श्रीहनुमानजी ने कहा- श्री रघुनाथ जी की प्रभुता को हृदय में लाओ और मेरे वचन सुनकर 'कायरता' छोड़ दो।)

वे सीताजी से कायरता छोड़कर निर्भय बनने के लिए कहते हैं और प्रभु प्रताप को निरन्तर याद करने की सीख देते हैं।

वे इतने बलशाली और निर्भीक हैं कि जब संजीवनी बूटी की पहचान नहीं कर पाते, तो समूचे पर्वत को ही उखाड़ लेते हैं।

**देखा सैल न औषध चीन्हा। सहसा कपि उपारि गिरि लीन्हा॥**

**( सुन्दरकाण्ड )**

(उन्होंने पर्वत को देखा, पर औषध नहीं पहचान सके। तब हनुमानजी ने कदम से पर्वत को ही उखाड़ लिया।)

वे अपने बल से अनेक बार मेघनाद, कुम्भकर्ण और रावण को छकाते हैं और अहिरावण को मारकर श्रीराम-लक्ष्मण को पाताल से सुरक्षित वापस ले आते हैं।

पुष्पक विमान में अयोध्या लौटते समय श्रीराम, सीताजी को रणभूमि दिखाते हैं और अंगद सहित हनुमानजी के बल की प्रशंसा करते हुए कहते हैं-

**हनुमान अंगद के मारे। रन महि परे निसाचर भारे॥**

**( लंकाकाण्ड )**

(श्री रघुवीर ने कहा- हे सीते! हनुमान और अंगद के मारे हुए ये भारी-भारी निशाचर रणभूमि में पड़े है।)

ब्रह्मचर्य व्रत का पूर्णतया पालन करने से शरीर में अपूर्व बल, तेज आता है और व्यक्ति निर्भीक हो जाता है। ब्रह्मचर्य से मांस, मेद, अस्थि, मज्जारक्त, वीर्य आदि सप्त धातुएं परिपुष्ट होती हैं और शरीर निरोग बनता है, इसलिए ब्रह्मचर्य को तप कहा गया है, वास्तव में संभोग दो प्रकार से होता है- एक बाह्य और दूसरा आन्तरिक। संसार के विकारी और कामी जीव बाह्य संभोग कर अपने वीर्य का क्षरण कर शीघ्र रोगमयी मृत्यु को प्राप्त होते हैं, जबकि ब्रह्मचारी आन्तरिक संभोग करता है। वह अपने वीर्य को ऊर्ध्वाकार कर देता है, जिससे उसका संलयन सीधा ईश्वरीय शक्ति से हो जाता है। वह अपनी शक्ति को दिव्यशक्ति में विलीन कर देता है।

परमसन्त ब्रह्मलीन श्री डोंगरेजी महाराज कहा करते थे- ''सारी शक्तियाँ ब्रह्मचर्य में निहित हैं। ब्रह्मचर्य का पालन करने वाला शीघ्र ही भगवान को प्राप्त कर लेता है।''

हनुमानजी अखंड ब्रह्मचारी हैं, इसलिए दैवीय शक्तियां उन पर विशेष कृपा करती हैं। वे सभी स्त्रियों को माता के रूप में देखते हैं, और समस्त जगत को अपने आराध्य का रूप मानते हैं। जहाँ पराशक्ति सीताजी उनकी माता हैं, वही सर्पों की माता सुरसा भी उनकी माता हैं। वे सुरसा से कहते हैं-

**सत्य कहेउँ मोहि जान दे माई**

**(सुन्दरकाण्ड)**

(हे माता! मैं सत्य कहता हूँ, अभी मुझे जाने दे।)

वे 'परदारेषु मातृवत्, परद्रव्येषु लोष्ठवत्' वाले नीतिवाक्य में विश्वास रखते हैं, क्योंकि वे अष्टांग योग का पालन करने वाले अखंड ब्रह्मचारी हैं, इसीलिए वे रूप बदलते समय 'बटुक रूप' धरते हैं। ब्रह्मचारी बालकों को 'बटुक' कहा जाता है। यद्यपि वे ब्राह्मण का रूप भी धरते हैं, क्योंकि विराट पुरुष का मुख ब्राह्मण है, हाथ क्षत्रिय हैं, पेट वैश्य है और अधोभाग शूद्र है। वे विराट पुरुष के श्रेष्ठ स्थान के प्रतीक हैं।

ब्रह्मचारी होने के नाते वे अभय की शक्ति से सम्पन्न हैं।

आजकल 'सैक्स एजुकेशन' का बड़ा प्रचार-प्रसार हो रहा है। सरकार भी विद्यालयों में इसे लागू करने की बात कह रही है। यानी सरकार बच्चों को सेक्स की पूरी जानकारी देगी और इसके बाद उनका 'प्रैक्टिकल' शुरू होगा।

आजकल का बच्चा अपनी उम्र से अधिक बड़ा हो गया है और उस पर अंग्रेज़ी चैनल्स पर 'लेट नाइट मूवीज' जिनमें अश्लीलता अपने चरम सीमा पर होती है और जिसे बच्चे रात को छिप-छिपकर देखते हैं। इंटरनेट पर 'पोर्न फिल्में' और 'साइट', जिनमें खुलकर अश्लीलता का नंगा नाच दिखाई देता है। इन्हें बच्चे अपनी रोजमर्रा की ज़िन्दगी में इस्तेमाल करते हैं और उसे अपने दैनिक जीवन में आजमाते हैं। तिस पर सेक्स एजुकेशन' का शोर! बड़े-बड़े विशेषज्ञ 'सेक्स शिक्षा' को लागू करने के लिए जोर दे रहे हैं, इसके लिए उनके अपने गढ़े हुए तर्क हैं।

दूसरी ओर, दिल्ली हाईकोर्ट द्वारा 'समलैंगिक सम्बन्धों' की नयी व्याख्या करना। एक प्रत्याशित कदम है इन सब बातों का बच्चों पर गलत प्रभाव पड़ रहा है। बच्चे गुप्त चीजों को जानने के लिए लालायित हैं, उत्सुक हैं और उनका प्रयोगिक परीक्षण करते हैं।

अभी कुछ दिनों पहले एक स्कूल में एक अप्रत्याशित घटना हुई थी। दिल्ली के एक विद्यालय लड़के-लड़कियों दोनों की सम्मिलित परीक्षाएँ कराई जा रही

थीं, क्योंकि विद्यालय में जगह कम थी, यद्यपि दोनों की पालियाँ अलग-अलग चलती थी। आक्रामक लड़कों ने लड़कियों को खुले आम पकड़कर वासना का नंगा नाच दिखाया। उनसे बचने के चक्कर में लड़कियाँ दौड़ पड़ीं, तो विद्यालय में भगदड़ मच गई और अनेक लड़कियाँ जान से हाथ धो बैठीं।

आपने महसूस किया होगा, अंग्रेजी चैनल और इंटरनेट आ जाने के बाद बलात्कार अथवा उसके प्रयास की घटनाएं बच्चों में बढ़ी हैं। यहाँ तक कि असफल होने पर वे हत्या करने से भी नहीं चूकते। तो ये सब 'सेक्स' के उफान का प्रभाव है और उस पर 'सेक्स शिक्षा' की वकालत!

आज तक एक भी 'सेक्स विशेषज्ञ' ने ब्रह्मचर्य व्रत का पालन करने की बात नहीं की। वास्तव में विद्यालयों में 'मन के संयम' की शिक्षा दी जानी

गुजरात विद्यापीठ की कुछ छात्राएँ लड़कों से बहुत परेशान थीं। वे उन्हें रास्ते में आते-जाते फब्तियाँ कस-कसकर छेड़ते थे। उन्होंने किशोरलाल मशरूवाला के पास जाकर अपनी समस्या रखी और उसका समाधान चाहा।

मशरूवाला गांधीजी के परमभक्त थे, और अहिंसा की शक्ति में विश्वास करते थे, फिर भी उन्होंने पूरी बात सुनकर कहा- "तुम्हारा सबसे बड़ा हथियार तो तुम्हारी चप्पलें हैं। उनसे उनकी जमकर खबर लो।"

छात्राएँ उनकी अहिंसा वृत्ति से भली-भाँति परिचित थीं। वे उनके मुँह से ऐसे हिंसात्मक समाधान सुनकर स्तब्ध रह गयीं, बोलीं- "अन्य कोई अहिंसात्मक उपाय बताइए।" किशोरलालजी सहज भाव से बोले- "तुम्हें मेरा प्रस्ताव अच्छा न लगा हो, तो बापू से जाकर पूछ सकती हो।"

वे सामूहिक रूप से बापू के पास पहुँचीं और किशोरलालजी के समाधान के विषय में बताते हुए बोलीं- "बापू! हम अहिंसा का पालन करने वाले हैं। चप्पलें मारकर हिंसा का सहारा कैसे ले सकते हैं"

बापू ने गौर से उनकी ओर देखा और बोले- "किशोर ने बस यही बताया। मैं तो कहता हूँ, यदि कोई आवारा तुम्हारे साथ अश्लील हरकतें करे, तो यदि तुम्हारे पास चाकू है, तो उसे उसके सीने में भोंक दो। आततायी के प्रति आत्मरक्षा की गई कोई भी कार्रवाई अहिंसा की श्रेणी में आती है।"

विद्यापीठ की छात्राएँ इस अहिंसात्मक समाधान से मुस्करा उठीं। उन्होंने मन में विचारा कि स्त्रियों को आत्मरक्षार्थ रूपी छुरी के समान तेज और तेजस्वी बनना चाहिए, जिससे कोई भी शोहदा उनकी ओर गलत निगाह से नहीं देख सके।

उन्हें अहिंसा और अभय की शक्ति समझ में आ गई थी।

चाहिए, ताकि बच्चे संस्कारी बनें और निरोग रहकर 'शतशरद' देखें अर्थात् सौ वर्ष जीवित रहें, एड्स जैसी भयंकर और जानलेवा बीमारियों का निदान भी ब्रह्मचर्य में ही है।

हनुमानजी का ब्रह्मचर्य और मन का संयम हम सबके लिए प्रेरणास्रोत होना चाहिए, तभी हम वास्तविक रूप से सुखी व प्रसन्न रह सकते हैं और हम अभय की अद्‌भुत शक्ति से सम्पन्न होकर पूर्णतया स्वस्थ्य रहते हुए वसंत देखने में सक्षम हो सकते हैं।

•

# 6

# सत्यनिष्ठ

समूची सृष्टि में सत्य की ही प्रतिष्ठा देखने को मिलती है। सत्य स्वयं नारायण हैं, और जो व्यक्ति नारायण श्रीहरि का आश्रय अपने उद्देश्य की पूर्ति हेतु कदम आगे बढ़ाता है, उसके मार्ग में लेकर परेशानियाँ चाहे जितनी आएं, लेकिन उसका बाल-बांका नहीं होता और अन्त में विजय उसे ही मिलती है, क्योंकि आदि भी सत्य है और अन्त भी!

कभी-कभी लम्बे संघर्ष के दौरान प्रतीत होता है कि असत्य जीत रहा है, वह सत्य को समूचा निगल रहा है, लेकिन अन्त में जीत सत्य की ही होती है। देश, काल, वातावरण और परिस्थितियों के अनुसार सत्य के रूप अलग-अलग हो सकते हैं, लेकिन वे एक ही चीज के अनेक रूपाकार हैं, इसीलिए व्यक्ति को सत्य का आश्रय लेना आवश्यक है।

इस कलियुग में असत्य का बोलबाला है। हमें उससे सामंजस्य बिठाते हुए असत्य बोलने से यथासम्भव बचना चाहिए, तभी हमारे चरित्र में दृढ़ता और वाणी में ओज आएगा।

हनुमानजी समूचे 'रामचरितमानस' में सत्य का आश्रय ग्रहण करते हैं। एक भी प्रसंग में वे असत्य भाषण नहीं करते हैं, इसीलिए उन्हें वाक्सिद्धि है। वे एक बार जो-कुछ भी बोल देते हैं, वह सत्य ही घटित होता है।

वे अपने रूप और जाति के विषय में अनेक स्थलों पर टिप्पणियाँ करते हैं। वे स्वयं को नीच, कुटिल, मतिमन्द और चंचल वानर कहकर पुकारते हैं, यहाँ तक कि वे स्वयं को 'अज्ञानी' तक कह जाते हैं। यद्यपि वे अज्ञानी नहीं हैं, लेकिन वे विनम्रतापूर्वक सत्य का अनुसन्धान करते हैं। यद्यपि वे परमंगलकारी हैं, फिर भी वे 'सुन्दरकाण्ड' में कह उठते हैं-

**प्रात लेइ जो नाम हमारा। तेहि दिन ताहि न मिलै अहारा॥**

उनमें सच को स्वीकारने और उसे डंके की चोट पर कहने का साहस है।

कुछ समय पहले स्टार टी. वी. पर 'सच का सामना' नामक एक बेहद चर्चित कार्यक्रम प्रसारित हो रहा था। भारतवर्ष के करोड़ों लोग उसे देख रहे थे। कुछ उसकी वकालत कर रहे थे, और कुछ उसका पुरजोर विरोध। वे उसे भारतीय संस्कृति के खिलाफ मान रहे थे। वास्तव में ये कार्यक्रम भोगवादी संस्कृति के एक देश में पूर्व प्रसारित एक कार्यक्रम की भोंडी नकल थी। इस कार्यक्रम की गूंज संसद के गलियारों तक भी जा पहुँची, और हमारे यहाँ के सांसद व अन्य संगठन इस पर प्रतिबन्ध लगाने की माँग करने लगे।

वास्तव में 'सच का सामना' में सत्य का प्रदर्शन हो रहा था, लेकिन हो रहा था अपने विकृत रूप में! सत्यता में सच कभी विकृत नहीं होता, वह तो विकृतियों को मिटाता है। इस कार्यक्रम से घर-परिवार टूट रहे थे, लेकिन पैसों की खातिर लोग 'सच का सामना' कर रहे थे, फिर चाहे नैतिकता की प्रतिष्ठा करने वाली भारतीय संस्कृति भाड़ में क्यों न चली जाए। नीति श्लोक हैं-

**'सत्यम् ब्रूयात्, प्रियम् ब्रूयात् न ब्रूयात् सत्यमप्रियम्'**

(सच बोलो, प्रिय बोलो, लेकिन अप्रिय सत्य मत बोलो।)

हनुमानजी सत्य बोलते हैं, प्रिय बोलते हैं, लेकिन विघटनकारी अप्रिय सत्य नहीं बोलते हैं। वे सत्य भी बोलते हैं, तो भगवान श्रीराम की सौगन्ध खाकर बोलते हैं, इसलिए वह सत्य सोने में सोहागा हो जाता है।

श्रीराम से पहली बार भेंट होने पर जब वे उन्हें पहचान जाते हैं, तो स्वयं को अवगुण की खान बताते हुए कहते हैं कि मुझे भजन-साधन कुछ भी नहीं आता। वे यह बात शपथपूर्वक कहते हैं। उनकी यह बात अकाट्य सत्य है। 'मानस' में हम उन्हें एक भी बार किसी स्थल पर, प्रातःकाल, सायंकाल अथवा रात्रिकाल में पूजा-पाठ करते नहीं देखते हैं। वे भगवान श्री राम-लक्ष्मण की तरह सन्ध्यावंदन करने वाले व्यक्ति के लिए परमावश्यक यज्ञोपवीत (जनेऊ) वो भी मूंज का पहने हुए दृष्टिगोचर होते हैं-

**कांधे मूंज जनेऊ साजै**

यह पद श्री तुलसीदास कृत 'हनुमानचालीसा' में आया है। लेकिन वे सन्ध्यावन्दन करते नहीं दिखते। वास्तव में हनुमानजी के मन में चौबीस घंटे 'रामनाम' का अजपाजप चलता रहता है। श्री सीताराम जी साक्षात उनके हृदय में विराजते हैं। अजपाजप करने वाले को भक्ति के वाह्य साधन करने की आवश्यकता नहीं होती, इसीलिए हनुमानजी आसन लगाकर पूजा-पाठ नहीं करते। उन्हें तो चलते-फिरते, उठते-बैठते, सोते-जागते- सभी अवस्थाओं में अजपाजप सिद्ध हो गया है। कहते हैं-

**ता पर मैं रघुबीर दोहाई। जानहुँ नहिं कछु भजन उपाई॥**
**सेवक सुत पति मातु भरोसे। रहइ असोच बनइ प्रभुपोसे॥**

**(किष्किन्धाकाण्ड)**

(उस पर, हे रघुवीर! मैं आपकी दुहाई अर्थात् शपथ लेकर कहता हूँ कि मैं भजन-साधन कुछ भी नहीं जानता। सेवक स्वामी के और पुत्र माता के भरोसे निश्चिन्त रहता है। प्रभु को सेवक का पालन-पोषण करते ही बनता है अर्थात् करना ही पड़ता है।)

वे हर प्रकार से श्रीराम के भरोसे हैं, इसलिए पूर्णतया निश्चिन्त हैं, कोई दुःख, कष्ट आदि उन्हें नहीं सालता।

जिस प्रकार वे सत्य को भगवान श्रीराम की शपथ देकर प्रमाणित करते हैं, उसी प्रकार वे भगवान श्रीराम और वानरराज सुग्रीव की मित्रता दोनों ही पक्षों की सच्ची कथा का बखानकर; करवा देते हैं। यह मित्रता क़ाल की कसौटी पर खरी उतरती है। मित्रता करवाते समय वे श्रीराम की शपथ नहीं लेते, वरन् अग्नि की साक्षी करवाते हैं। यहाँ वे श्रीराम की शपथ इसलिए नहीं लेते; क्योंकि इस मैत्री में भगवान स्वयं शामिल हैं-

**तब हनुमंत उभय दिसि की सब कथा सुनाइ।**
**पावक साखी देइ करि जोरी प्रीति दृढ़ाइ॥**

**(किष्किन्धाकाण्ड)**

(तब हनुमानजी ने दोनों ओर की सब कथा सुनाकर अग्नि को साक्षी मानकर परस्पर दृढ़ करके प्रीति जोड़ दी अर्थात् अग्नि को साक्षी मानकर प्रतिज्ञापूर्वक उनकी मैत्री करवा दी।)

जब सुग्रीव राज्य प्राप्त करने के बाद विलास-सुख प्राप्त करते हैं, तो 'रामकाज' अर्थात सीताजी की खोज का अति महत्त्वपूर्ण कार्य भूल जाते हैं। हनुमानजी उनके सचिव हैं। वे उनके पास जाकर श्रीराम के बल को बखानते हैं, और उन्हें उनके कोप की याद दिलाते हैं तब सुग्रीव चेतते हैं। यहाँ पर हनुमान जी श्रीराम की शक्तियों के विषय में सत्य का उद्घाटन करते हैं।

हनुमानजी जब सीताजी की खोज करने के लिए लवण सागर के ऊपर से उड़कर लंका की ओर प्रस्थान कर रहे हैं कि तभी सर्पों की माता सुरसा समुद्र से प्रकट होकर हनुमानजी से कहती हैं-

**आजु सुरन्ह मोहि दीन्ह अहारा।**

हनुमानजी उसका यह वचन सुनकर कहते हैं-

**राम काजु करि फिरि मैं आवौं। सीता की कइ सुधि प्रभुहि सुनावौ॥**

**(सुन्दरकाण्ड)**

(हनुमानजी ने कहा- श्रीरामजी का कार्य करके मैं लौट आऊँ और सीताजी की खबर प्रभु को सुना दूँ।)

**तब तव बदन पैठिहउँ आई। सत्य कहउँ मोहि जान दे माई॥**

**(सुन्दरकाण्ड)**

(तब मैं आकर तुम्हारे मुँह में घुस जाऊँगा अर्थात् तब तुम मुझे खा लेना। हे माता! मैं सत्य कहता हूँ, अभी मुझे जाने दे।)

उनकी सत्यता को सुरसा मिथ्या समझती है; क्योंकि राक्षस जाति का कोई भी व्यक्ति स्वयं तो असत्य बोलता ही है, वह सत्य बोलने वाले को भी झूठा समझता है। तब हनुमानजी क्रोध करके कहते हैं- **'ग्रससि न मोहि कहेउ हनुमाना'** (तो फिर मुझे खाले ना!)

जब सत्यवादी व्यक्ति पर कोई भी दूसरा व्यक्ति सहज विश्वास नहीं करता है, तो उसे गुस्सा आना स्वाभाविक है। उसी सहज गुस्से से वे कहते हैं कि तो तू अपना मन चीता कर ले, और मैं अपना मनचीता अर्थात् मैं अपनी बात को

किसी जमाने में एक राजा हुआ करता था- बड़ा ही नेक और सत्य व धर्मपरायण! उसने अपने राज्य में यह घोषणा करा दी थी कि यदि किसी विक्रेता की शाम तक कोई वस्तु न बिके, तो वह राजमहल में आकर उसे बेच सकता है। इस प्रकार लोग चिन्तामुक्त हो गए थे, और अपनी बची हुई चीज़ों को राजा को बेचकर चैन की वंशी बजा रहे थे।

एक बार की बात है कि एक कलाकार शनि की मूर्ति बाज़ार में बेचने आया, लेकिन शनि की छवि के कारण किसी भी व्यक्ति ने उसकी मूर्ति को नहीं खरीदा। निराश होकर शाम को वह राजमहल पहुँच गया। राजा ने उस मूर्ति को खरीद लिया।

रात को स्वप्न में उसके सामने एक मूर्ति आकर खड़ी हो गई और बोली- "राजन! मैं तुम्हारे राज्य से बाहर जा रही हूँ; क्योंकि तुमने शनि को अपने महल में स्थान दे दिया है।"

राजा ने उस मूर्ति से उसका परिचय जानना चाहा, तो वह बोली- "मैं लक्ष्मी हूँ।"

राजा ने कहा- "मैंने अपने वचन का पालन करके सत्य और धर्म की रक्षा की है। यदि इससे तुम्हें कोई आपत्ति है, तो खुशी से जा सकती हो।"

इसके बाद उसके समक्ष दूसरी मूर्ति उपस्थित हुई। उसने अपना परिचय धर्म के रूप में दिया और कहने लगी- "राजन! शनि के निवास-स्थान पर मैं नहीं रह सकता, इसलिए तुम्हें त्याग रहा हूँ।"

इसके बाद सत्य भी मूर्ति के रूप में आया और राजमहल से जाने लगा। राजा ने उसे कसकर पकड़ लिया और कहने लगा- "मैं तुम्हें किसी भी सूरत में नहीं जाने दूँगा। तुम्हारे कारण तो मैंने धर्म और लक्ष्मी को त्याग दिया। तुम कैसे जा सकते हो?"

राजा की बात सुनकर सत्य निरुत्तर हो गया। उसने महल न छोड़ने का निश्चय किया। सत्य के कारण ही लक्ष्मी और धर्म भी वापस लौट आए।

अन्ततः सत्य सिद्ध कर ही दूँगा। बाद में सुरसा को अपनी शक्ति का प्रमाण देते हुए वे लंका से लौटकर अपने प्रभु श्रीराम को सीताजी की कुशलता की खबर सुनाते हैं।

जब विभीषण से मिलने पर हनुमानजी को सीताजी का निवास-स्थल पता लग जाता है, तब वे उन्हें दुःखी देखकर श्रीराम की पहचान वाली अंगूठी पेड़ से नीचे गिरा देते हैं। अब तक वे उनकी आँखों से अदृश्य हैं। जब वे उन्हें प्रकट होने के लिए कहती हैं; तो वे उनके पास चलकर जाते हैं। उस अवसर पर उनके रूपाकार को देखकर उनके मन में विस्मय होता है। उनको आश्चर्य चकित देखकर वे उन्हें अपना परिचय देते हुए कहते हैं -

**रामदूत मैं मातु जानकी। सत्य सपथ करुनानिधानकी॥**
**यह मुद्रिका मातु मैं आनी। दीन्हि राम तुम्ह कहँ सहदानी॥**

**(सुन्दरकाण्ड)**

(हनुमानजी ने कहा- हे माता जानकी! मैं रामजी का दूत हूँ। करुणानिधान की सच्ची शपथ लेता हूँ, हे माता! यह अंगूठी मैं ही लाया हूँ। श्रीराम ने मुझे आपके लिए यह सहिदानी अर्थात् निशानी या पहचान दी है।)

हनुमानजी किसी भी व्यक्ति के मन में शंका होने पर श्रीराम की शपथ लेते हैं। जब कोई व्यक्ति आपकी सत्य बात पर विश्वास नहीं करता, तो आपको अपनी सत्यता का प्रमाण देने के लिए कसम खानी पड़ती है। कसम खाने पर लोग सहज भाव से कह देते हैं कि कसम तो झूठे लोग खाते हैं, लेकिन आपको इन बातों को मनोवैज्ञानिक रूप से लेना चाहिए। यह मानवीय स्वभाव है, वह किसी पर सहज विश्वास नहीं करता और करना भी नहीं चाहिए। हम आजकल अनेक घटनाएँ मीडिया में देखते-सुनते-पढ़ते हैं। किसी व्यक्ति ने नया-नया नौकर बिना किसी 'आइडेंटीफिकेशन' के रख लिया, कुछ दिनों तक ईमानदारी से काम करने के बाद जब उसने अपने मालिक का विश्वास जीत लिया, तो एक दिन उसके परिवार की हत्या करके और नकदी व जेवरात लेकर चम्पत हो गया। न जाने कितनी फाइनेन्स कम्पनियाँ लोगों का विश्वास अर्जित करके करोड़ों रुपए लेकर फरार हो गयीं। पहले-पहल उन्होंने स्कीम के तहत घोषित रकम पूरी ईमानदारी से अदा की, विश्वास होने पर ये बात एक व्यक्ति से दूसरे तक फैली, उन्होंने आँख मूँदकर अपनी गाढ़ी कमाई लगा दी और............. एक झटके में सब रकम डूब गई।

सीताजी उनका वानर रूप देखकर उन पर अविश्वास करती हैं। वे पूछती भी हैं-

**नर बानरहिं संग कहु कैसे। कही कथा भई संगति जैसे॥**

**(सुन्दरकाण्ड)**

(सीताजी ने पूछा- नर और वानर का संग कहो कैसे हुआ? तब हनुमानजी ने जैसे संग हुआ था, वह सब कथा कही।)

इस दृश्य में सीताजी अपनी जगह सही हैं और हनुमानजी अपनी जगह! इसीलिए हनुमानजी को श्रीराम की शपथ लेनी पड़ती है।

रावण का वध करने और विभीषण को लंका का राजा घोषित कर उन्हें राज्य देने के बाद श्रीराम हनुमानजी से अपने अयोध्या-आगमन का समाचार भरत जी को जाकर सुनाने की आज्ञा देते हैं। वे अयोध्या जाकर उनके लंका-विजय का सन्देश देते हैं। जब भरतजी यह सन्देश पाते हैं कि श्रीराम, सीताजी और लक्ष्मणजी सहित अयोध्या वापस आ रहे हैं, तो वे बहुत प्रसन्न होते हैं। जब वे हनुमानजी से पूछते हैं कि क्या कभी श्रीराम मुझ अभागे को भी याद करते हैं, तो वे कहते हैं-

**रामप्रान प्रिय नाथ तुम सत्य बचन मम तात।**
**पुनि पुनि मिलत भरत सुनि हरष न हृदयँ समात॥**

**(उत्तरकाण्ड)**

(हनुमानजी ने कहा- हे नाथ! आप श्रीरामजी को प्राणों के समान प्रिय हैं। यह सुनकर भरतजी उनसे बार-बार मिलते हैं अर्थात उनसे गले मिलते हैं, हृदय में हर्ष समाता नहीं हैं।)

इस प्रसंग में भी हनुमानजी 'सत्य' शब्द का प्रयोग करते हैं कि श्रीराम आपको बहुत प्रेम करते हैं और मेरी बात बिल्कुल सत्य है। सहज विश्वासी भरतजी उनकी बात पर विश्वास कर लेते हैं; क्योंकि संजीवनी-बूटी लाने के प्रसंग में वे उनकी श्रीराम से अभिन्नता का प्रमाण प्राप्त कर चुके हैं।

बहुत-से लोग केवल झूठ के लिए ही झूठ बोलते हैं। उनकी हर बात में झूठ, छल, फरेब, प्रपंच आदि दुर्गुण आपको मिल जाएँगे। हर पल झूठ बोलने वाले व्यक्ति की बात एक-न-एक दिन पकड़ में अवश्य आती है, तब उसे अपमानित होना पड़ता है, लेकिन इस अपमान का असर उस पर थोड़ी देर ही रहता है। बाद में वह बहुत जल्दी सामान्य हो जाता है। यह कलियुग है। इसमें बिना झूठ बोले किसी का काम नहीं चलता, फिर भी हम अपनी सीमा तो निधारित कर ही सकते हैं। हमें कम-से-कम झूठ का प्रयोग करना चाहिए। आवश्यकता नहीं है, तो झूठ मत बोलिए। सच बोलने का प्रयास कीजिए। सच बोलने वाले व्यक्ति की जिह्वा पर सरस्वती का वास होता है। उसका आशीर्वाद और शाप दोनों ही फलते हैं, और उसे भगवान के चरणों में स्थान मिलता है।

इसलिए जीवन में सत्य का आचरण करिए। आपके जीवन में क्रान्तिकारी परिवर्तन आ जाएगा।

•

# 7

# अहंकारशून्य, विनम्र और सत्साहसी

श्रीरामचन्द्रजी के सच्चे सेवक और परमभक्त, पवनपुत्र, हनुमानजी में अहंकार नाममात्र को भी नहीं है। वे परम विनम्र हैं, और वास्तविकता के धरातल पर प्रतिपल खड़े दिखाई देते हैं, इसीलिए उनमें सच कहने का साहस है। वैसे भी जो व्यक्ति अहंकारशून्य होगा, उसमें दिन-को-दिन और रात-को-रात कहने का साहस होगा। वह न तो किसी की चापलूसी करेगा और न ही उसे अपने सन्दर्भ में पसन्द करेगा, चाहे इसके लिए उसे कितने भी कष्ट क्यों न उठाने पड़ें! उसकी विनम्रता ओढ़ी हुई न होकर वास्तविक होगी।

हनुमानजी जब श्रीराम से पहली बार भेंट करते हैं; तो वे सुग्रीव के आदेश पर श्रीराम-लक्ष्मण दोनों भाइयों की वास्तविकता का पता लगाने के लिए ब्रह्मचारी का रूप धारणकर उनसे मिलते हैं। जब दोनों भाइयों का वे परिचय प्राप्त कर लेते हैं; तब उनको न पहचान पाने के लिए बार-बार खेद व्यक्त करते हुए स्वयं को 'वानर' कहकर सम्बोधित करते हैं-

**मोर न्याउ मैं पूछा साईं। तुम्ह पूछहु कस नर की नाईं॥**

**(किष्किन्धाकाण्ड)**

(हनुमानजी ने कहा- हे स्वामी! मैंने जो पूछा, वह पूछना तो मेरा न्याय था अर्थात् वर्षों बाद आपको देखा, वह भी तपस्वी के वेष में, और मेरी वानरी बुद्धि, उससे मैं आपको पहचान न सका और अपनी परिस्थिति के अनुसार, मैंने आपसे पूछा, परन्तु आप मनुष्य की तरह कैसे पूछ रहे हैं?)

यहाँ हनुमानजी ने स्वयं की बुद्धि को 'वानरी बुद्धि' कहा है। ये उनके अहंकार शून्य होने का प्रमाण है और उनमें स्वयं को आईना दिखाने का साहस है।

वे आगे कहते हैं कि मेरे आपको न पहचानने का कारण आपकी माया है, जिसमें मैं सब कुछ भूला रहता हूँ। उनकी विनम्रता और निरहंकारिता देखिए, जब वे श्रीराम से कहते हैं-

**एकु मैं मंद मोह बस कुटिल हृदय अग्यान।**
**पुनि प्रभु मोहि बिसारेउ दीनबंधु भगवान॥**

**( किष्किन्धाकाण्ड )**

(एक तो मैं यों ही मन्द हूँ, दूसरे मोह के वश में हूँ, तीसरे हृदय का कुटिल और अज्ञानी हूँ, फिर हे दीनबन्धु भगवान! आपने भी प्रभु मुझे भुला दिया!)

यहाँ भी वे अपने वानर स्वरूप की विशेषता बता रहे हैं, और हर प्रकार से स्वयं को हीन सिद्ध कर रहे हैं।

वे स्वजातियों अथवा अन्य लोगों की भीड़ में हमेशा पीछे रहते है; क्योंकि उनमें अपनी शक्तियों का अभिमान लेशमात्र भी नहीं है। समूचे 'मानस' में ऐसे अवसरों पर हमने उन्हें सिर नीचा किए हुए सबसे पीछे खड़े हुए देखा है।

सीताजी की खोज करने के लिए जब सभी वानर श्रीरामचन्द्रजी के पास जा-जाकर सिर नवाकर आज्ञा ले रहे हैं, तो उनके समूह में हनुमानजी पीछे खड़े हैं, और वे सबसे बाद में उन्हें आकर सिर झुकाते हैं-

**पाछे पवनतनय सिरू नावा। जानि काज प्रभु निकट बोलावा॥**

**( किष्किन्धाकाण्ड )**

(सबके पीछे पवनतनय श्री हनुमानजी ने सिर नवाया। कार्य का विचार करके प्रभु ने उन्हें अपने पास बुलाया।)

एक और अद्‌भुत बात देखिए, ऐसे विनम्र 'महामानव' हनुमानजी को अपने कार्य के लिए प्रभु श्रीराम चुनते हैं, इसीलिए वे उन्हें अपने हाथ की अंगूठी सीताजी को देने के लिए कहते हैं।

वे हमेशा अपनी विनम्रता के कारण पीछे ही रहते हैं, लेकिन समूह के कहने पर आगे भी हो जाते हैं। सीताजी की खोज के लिए जाते समय वानरों को भूख-प्यास लगती है। हनुमानजी पर्वत पर चढ़कर जलाशय देखते हैं, तो उन्हें एक गुफा दिखाई देती है। वे उतरकर सभी को वह गुफा दिखलाते हैं। गुफा में घुसने से पहले सभी वानर हनुमानजी को आगे कर लेते हैं-

**अगे कै हनुमंतहि लीन्हा। पैठे बिबर बिलंबु न कीन्हा॥**

**( किष्किन्धाकाण्ड )**

(सबने हनुमानजी को आगे कर लिया और वे गुफा में घुस गये, देर नहीं की।)

गुफा में प्रवेश करने से पहले भी वे सभी वानरों के आग्रह पर ही नेतृत्व करने के लिए आगे आते हैं, अन्यथा वे सबसे पीछे ही खड़े होते हैं।

समुद्र के किनारे खड़े हुए जब सभी वानर अपना-अपना बल बखान रहे हैं, तब भी हनुमानजी चुपचाप खड़े हैं। जब जाम्बवान् उन्हें उनका बल याद दिलाते हैं, तब वे अपना 'असली रूप' प्रकट करते हैं।

जब हनुमानजी समुद्र पार करने के लिए पूरी तरह तैयार हैं, तब वे सभी वानरों को ढाँढ़स बँधाते हुए उनके लौटने तक धैर्यपूर्वक प्रतीक्षा करने के लिए कहते हैं, और जाने से पहले सभी का अभिवादन करते हैं-

**यह कहि नाइ सबन्हि कहुँ माथा। चले हरषि हियँ धरि रघुनाथा।**

**(सुन्दरकाण्ड)**

(यह कहकर अर्थात् कार्य अवश्य होगा, क्योंकि मुझे बहुत ही हर्ष हो रहा है, और सबको मस्तक नवाकर तथा हृदय में श्रीरघुनाथजी को धारण करके हनुमानजी हर्षित होकर चले।)

उनकी विनम्रता की पराकाष्ठा देखिए कि चलते समय वे बिना किसी भेदभाव के छोटे-बड़े सभी वानरों को मस्तक नवाते हैं। वाक्यांश पर गौर करिए- 'मस्तक नवाते हैं।', मात्र अभिवादन नहीं करते। जो व्यक्ति अपने जीवन में इतना विनम्र बन जाएगा। उसको छोटों की शुभकामनाएँ, और बड़ों का आशीर्वाद अवश्य मिलेगा तथा उसका कार्य निर्विघ्न सम्पन्न होगा।

सुरसा के वदन में घुसकर और फिर तत्काल बाहर आकर वे उससे सिर नवाकर विदा माँगते हैं, यद्यपि वह उनको समूचा निगलने के लिए उद्यत होती है, लेकिन वे उसके कृत्य को मन में नहीं लाते-

**बदन पइठि पुनि बाहेर आवा। मागा बिदा ताहि सिरु नावा।।**

**(सुन्दरकाण्ड)**

(वे उसके मुख में घुसकर तुरन्त फिर बाहर निकल आये, और उसे सिर नवाकर विदा माँगने लगे।)

जब वे लंका में जाकर विभीषण से परिचय करते हैं, तब विभीषण कहते हैं कि मैं तामसी शरीर वाला राक्षस हूँ, और यहाँ दाँतों के बीच में बेचारी जीभ की तरह रह रहा हूँ। इस पर हनुमान जी अपने वानर शरीर का उल्लेख करते हुए अपनी जातिगत विशेषता बताते हैं और कहते हैं कि जब मुझ जैसे 'नीच और हीन' प्राणी को प्रभु श्रीराम ने स्वीकार कर लिया, तो तुम्हें तो निश्चित रूप से अपना ही लेंगे-

**कहहु कवन मैं परम कुलीना। कपि चंचल सबही विधिहीना।।**
**प्रात लेइ जो नाम हमारा। तेहि दिन ताहि न मिलै अहारा।।**

(भला कहिए, मैं ही कौन बड़ा कुलीन हूँ। जाति का चंचल वानर हूँ और सब प्रकार से हीन हूँ। प्रातःकाल जो हम लोगों अर्थात् बन्दरों का नाम ले ले, तो उस दिन उसे भोजन न मिले।)

वे वानर जाति-कुल में जन्म लेने के कारण स्वयं को अकुलीन, स्वभावतः चंचल और नीच बताते हैं। श्रीराम की असीम कृपा का हवाला देते हुए कहते हैं कि फिर भी परम कुलीन प्रभु ने उन्हें अपनाया।

हनुमानजी में सच कहने का माद्दा और साहस दोनों ही हैं। वे स्वयं को भलीभाँति पहचानते हैं। उन्होंने स्वयं को बिसराया नहीं है, जबकि हम लोग स्वयं को थोथे अहंकार के वशीभूत होकर बिसरा देते हैं, और क़दम-क़दम पर पराजित होते हैं। उनकी दृष्टि ज़मीन पर और हौंसले आसमान पर हैं; क्योंकि वे अपनी पहचान नहीं भूले हैं।

एक बार दस लड़के एक लम्बी यात्रा पर निकले। उन्हें पहुँचना एक ही स्थान पर था, इसलिए उन्होंने सोचा कि अपने-अपने हिसाब से चलना चाहिए, गन्तव्य पर जाकर सब लोग आपस में मिल जाएंगे, इसलिए कोई धीमा चलता था, तो कोई तेज़! देर-सबेर वे सभी अपनी मंज़िल पर पहुँच गए।

मंज़िल पर पहुँचकर उन्होंने कहा- "चलो पहुँच गए। अब अपने सभी साथियों को गिन लो। कहीं कोई छूट तो नहीं गया!"

एक लड़के ने सब लोगों को गिनना शुरू किया- "एक, दो, तीन, चार, पाँच, छः, सात, आठ और नौ" वह बोला- "केवल नौ! दसवाँ लड़का कहाँ रह गया?"

सब लड़कों ने बारी-बारी से एक-दूसरे को गिना, लेकिन हर बार संख्या नौ ही निकली। अब सबको चिन्ता सताने लगी कि आखिरकार दसवाँ लड़का गया तो गया कहाँ?

उसी दौरान एक आदमी उधर से गुजर रहा था। उसने लड़कों को चिन्तामग्न देखकर पूछा- "बात क्या है आखिर? तुम लोग चिन्तित क्यों हो?"

उन्होंने अपनी परेशानी बता दी कि हम घर से तो दस चले थे, लेकिन अब केवल नौ बचे हैं। हमारा एक साथी कहीं गुम हो गया है।"

आदमी चतुर था। उसे बात समझते देर नहीं लगी। उसने सब लड़कों को पंक्ति में खड़ा करके गिनना शुरू किया, तो पूरे दस निकले।

सभी लड़के आश्चर्य करने लगे कि इस व्यक्ति ने हमारे दसवें साथी को हमसे मिला दिया। वे प्रसन्न हो गए। उन्होंने आदमी से अपने दसवें साथी के मिला देने का राज पूछा।

आदमी ने कहा- "सीधी-सी बात है। तुममें से जो भी लड़का दूसरों को गिनता था, तो अपने को छोड़ देता था। इसी से हिसाब गड़बड़ा जाता था।

वह आदमी अपनी जगह सौ प्रतिशत सही था।

हम सभी का यह हाल है कि हम अपनी पहचान भुला बैठे हैं, और मृगमरीचिका में अनवरत भटक रहे हैं।

दरसअल होता ये है कि हमें दुनिया इसलिए अधूरी दिखती है; क्योंकि हम अपने को ही भूल जाते हैं।

वेदान्त कहता है- "पहले अपने-आपको पहचानो, इसके बाद दुनिया को।"

हनुमानजी अपनी शक्तियों और सीमाओं को अच्छी तरह पहचानते हैं इसीलिए अहंकार को उन्होंने तिलांजलि दी है। बॉक्स में दी कहानी के लड़के इसीलिए परेशानी में पड़ते हैं; क्योंकि वे स्वयं को नहीं पहचानते।

हनुमानजी सीताजी का पता लगाकर सभी वानरों के साथ श्रीरामचन्द्रजी के पास आते हैं, तो जाम्बवान् उनके सफल कार्य के विषय में उन्हें सूचित करते हैं। श्रीराम उन्हें गले से लगाकर सम्मान देते हैं। वे उनसे पूछते हैं कि तुमने इतनी सुरक्षित लंका को किस प्रकार जलाया, मुझे विस्तार से बताओ, तो वे अपने स्वामी को प्रसन्न जानकर अभिमान रहित वाणी में बोलते हैं-

**प्रभु प्रसन्न जाना हनुमाना। बोला बचन विगत अभिमाना।।**

**(सुन्दरकाण्ड)**

वे इतने दुष्कर कार्य को करके वापस आये हैं, फिर भी उनके मन में तनिक भी अभिमान नहीं है। वे प्रभु से कहते हैं; इसमें मेरा कुछ भी नहीं, बल्कि आपके चरणों का प्रताप है मेरा ये कार्य-

**साखा मृग कै बड़ि मनुसाई। साखा तें साखा पर जाई।।**
**नाघि सिंधु हाटकपुर जारा। निसिचर गन बधि बिपिन उजारा।।**

**(सुन्दरकाण्ड)**

(बन्दर का बस यही बड़ा पुरुषार्थ है कि वह एक डाल-से-दूसरी डाल पर चला जाता है। मैंने जो समुद्र लाँघकर सोने का नगर जलाया और राक्षस गण को मारकर अशोक वन को उजाड़ डाला।)

**सो तव प्रताप रघुराई। नाथन क़छु मोर प्रभुताई।**

**(सुन्दरकाण्ड)**

(हे श्री रघुनाथजी! यह सब तो आपका ही प्रताप है। हे नाथ! इसमें मेरी प्रभुता अर्थात् बड़ाई भी नहीं है।)

वे कहते हैं कि मैं तो बन्दर होने के नाते एक शाखा अर्थात् समुद्र के इस पार से दूसरी शाखा अर्थात् लंका तक चला गया, इस कार्य में बस मेरा पुरुषार्थ वानर होने के नाते इतना ही समझ लीजिए, लेकिन लंका जलाने का जो कार्य मैंने किया, वह आपकी शक्ति के बल पर किया।

इतने अहंकाररहित कपि श्रेष्ठ हैं हनुमानजी! जो इस महत्कार्य में अपना कुछ भी योगदान नहीं बता रहे हैं। इससे पूर्व की कथा है; हनुमान-रावण-संवाद की! वे इतने विनम्र हैं, इतने विगत अभिमानी हैं कि किसी को सन्मार्ग दिखाने हेतु

वे उससे हाथ जोड़कर विनती करने में भी संकोच नहीं करते। रावण की राजसभा में हमें एक अहंकारी राजपुरुष और दूसरे एक विनम्रतम दूत के बीच का द्वंद्व देखने को मिलता है। रावण उन्हें 'रे वानर, तू कौन है?' किसके बल पर तूने वन को उजाड़कर नष्ट कर डाला?' कहकर अपमानजनक भाषा में उनसे वार्तालाप शुरू करता है, फिर भी वे उसे 'दशशीश' कहकर सम्बोधित करते हैं, उसे 'स्वामी' अर्थात् निशाचरों के स्वामी कहते हैं, और सन्मार्ग पर लाने के लिए उसे अहंकार छोड़ने की सीख देते हुए सच्ची भक्ति करने को कहते हैं-

**बिनती करउँ जोरि कर रावन। सुनहु मान तजि मोर सिखावना।**
**देखहु तुम्ह निज कुलहि बिचारी। भ्रम तजि भजहु भगत भयहारी॥**

**(सुन्दरकाण्ड)**

(हे रावण! मैं हाथ जोड़कर तुमसे विनती करता हूँ, तुम अभिमान छोड़कर मेरी सीख सुनो। तुम अपने पवित्र कुल का विचार करके देखो, और भ्रम को छोड़कर भक्त भयहारी भगवान को भजो।)

और उसे तरह-तरह समझा-बुझाकर अभिमानरहित होने का उपदेश देते हैं-

**मोहमूल बहुसूलप्रद त्यागहु तम अभिमान**

**(सुन्दरकाण्ड)**

वास्तव में एक अन्तर-बाह्य रूप से सच्चा निरहंकारी पुरुष ही दूसरे को अभिमान छोड़ने की सलाह देने का साहस कर सकता है।

लेकिन रावण जैसा अभिमानी पुरुष किसी की सच्ची सीख नहीं मान सकता। वह हनुमानजी से पलटकर कहता है-

**मिला हमहि कपि गुर बड़ ग्यानी।**

**(सुन्दरकाण्ड)**

समुद्र पर बाँध बाँधने के सन्दर्भ में भगवान श्रीराम भी ममता में फंसे हुए, लोभी, क्रोधी और कामी व्यक्ति के विषय में कहते हैं-

**क्रोधिहि सम कामिहि हरिकथा। ऊसर बीज बएँ फल जथा॥**

**(सुन्दरकाण्ड)**

(क्रोधी से शम अर्थात् शान्ति की बात और कामी से भगवान की कथा, उनका वैसा ही फल होता है जैसा ऊसर में बीज बोने से होता है।)

रावण परम क्रोधी और कामी (जगज्जननी सीताजी का अपहरण कर लंका ले जाने के कारण) है, अतः उस पर हनुमानजी के विनम्र वचनों का प्रभाव नही पड़ता है।

उनकी विनम्रता को कायरता न समझ लिया जाये, इसलिए हनुमानजी उसको दंड देने की ठान लेते हैं, और परिणामस्वरूप 'लंकादहन' होता है।

एक भिखारी को कोढ़ हो जाने पर उसने अपने इस महारोग का कारण पूर्व में किया हुआ अपना अहंकर बताया और एक जिज्ञासु को अपने जीवन में कभी भी अहंकार न करने की सीख दी-

एक आदमी को भयंकर कोढ़ हो गया था। वह अपने परिवार और समाज से तिरस्कृत होकर सड़क के किनारे पड़ा हुआ भीख माँगा करता था। दुर्भाग्य से उसकी आँखों की रोशनी भी चली गई थी, और उसका शरीर सूखकर पंजरमात्र रह गया था।

एक युवक का आना-जाना रोज उसी रास्ते से होता था। उस भिखारी को देखकर उसे बड़ी घिन आती थी। वह अक्सर सोचता था- "इसे अपने जीवन सं इतना मोह क्यों हैं? क्यों इतना कष्ट सहकर भी जिन्दा है? ये अपनी जीवन-लीला खत्म क्यों नहीं कर लेता?"

जब उससे रहा नहीं गया, तो एक दिन वह उस भिखारी के पास जाकर बोला- "बाबा! तुम आख़िर किसके लिए जी रहे हो? सभी ने तुम्हें तिरस्कृत कर दिया है। ऐसे नरक में जीने के बजाय भगवान से प्रार्थना क्यों नहीं करते कि वह तुम्हें इस दुनिया से उठा ले।"

भिखारी ने कुछ नहीं कहा। इस पर वह युवक खीझकर बोला- "बाबा! मेरी बात का जवाब नहीं है क्या तुम्हारे पास?"

अब भिखारी बोला- "बेटा! वास्तव में मैं अपने जीवन से तंग आ गया हूँ। मैं भी भगवान से हर समय प्रार्थना करता हूँ कि वो मुझे ऊपर उठा ले, लेकिन वो मेरी प्रार्थना सुनता ही नहीं! बताओ, ऐसे में मैं क्या करूँ?"

वह आगे बोला- "अपनी जवानी के दिनों में मैं बहुत अहंकारी था। किसी को कुछ समझता ही नहीं था। भगवान ने उसी घमंड का फल मुझे दिया है। मुझे जिन्दा रखकर वह लोगों को सीख देना चाहता है कि घमंड मत करो, नहीं तो अंजाम बुरा होता है। शायद इसी वजह से वो मुझे जिन्दा रखे हुए हैं।

लड़का सच्चाई को सुनकर अवाक् रह गया।

अपने जीवन में हम सभी के साथ भी ऐसा होता है कि हम विनम्रता को कायरता अथवा व्यक्तिविशेष की मज़बूरी समझ लेते हैं। कभी-कभी हम यह भी समझते हैं कि यह विनम्रता का ढोंग कर रहा है, जबकि यह बहुत शातिर और बदमाश है, जो वक्त पड़ने पर अपना खेल दिखाएगा। भारत के साथ उसका चिर शत्रु और प्रतिद्वंद्वी पाकिस्तान भी ऐसा ही समझता है। वह भारत की विनम्रता को उसकी कायरता और ढोंग समझकर उसके खिलाफ़ घोषित और अघोषित दोनों तरह के युद्ध जारी रखे हुए है। यद्यपि समय-समय पर उसकी गलतफहमियों पर तुषारापात भी होता है, लेकिन वह फिर भी नहीं मानता।

रावण भी हनुमानजी द्वारा लंका जलाए जाने की दुर्घटना से सबक नहीं लेता, और श्रीराम के विरुद्ध समूचे कुल का विनाश होने तक युद्ध जारी रखता है।

मेघनाद लक्ष्मणजी पर 'शक्ति'-प्रहार करता है। इससे उनके प्राण संकट में पड़ जाते हैं। लंका के प्रख्यात वैद्य सुषेण के परामर्श पर हनुमानजी हिमालय पर्वत पर संजीवनी बूटी लेने के लिए प्रस्थान करते हैं। रावण को जानकारी होने पर, वह कालनेमि नामक राक्षस को उनका वध करने भेजता है। कालनेमि कपट मुनि का वेश धारण कर हनुमानजी को मोहित करने का प्रयास करता है। वे उसके पास जाकर विनम्रतापूर्वक मस्तक नवाते हैं-

**राच्छस कपट वेष तहँ सोहा। मायापति दूतहि चह मोहा॥**
**जाइ पवनसुत नायउ माथा। लाग सो कहै राम गुन गाथा।**

(..............................। मारुति ने उसके पास जाकर मस्तक नवाया। वह श्रीराम के गुणों की कथा कहने लगा। वह मूर्ख उन्हें दीक्षा देने की बात कहता है। हनुमानजी का पैर स्नान करते समय जब एक मगरी पकड़ लेती है, तो वह उनके द्वारा मृत्यु को प्राप्त करने के बाद उस कपट मुनि के विषय में बताती है।

हनुमानजी कपटी लोगों को विनम्रता त्यागकर समुचित दंड देते हैं, यही नीति भी कहती है। वे मंत्र-दीक्षा से पहले ही उसे 'गुरु-दक्षिणा' देने की बात कहते हैं अर्थात उसका वध कर देते हैं-

**सिर लंगूर लपेटि पछारा।**

**(सुन्दरकाण्ड)**

(हनुमानजी ने उसके सिर को पूँछ में लपेटकर उसे पछाड़ दिया।)

सभी से विनम्रता से पेश आइए, लेकिन कोई आपके साथ, 'मुँह में राम, बगल में छुरी' जैसा व्यवहार करे, तो सक्षम और समर्थ होने पर उसे दंड दीजिए। यदि सामर्थ्य नहीं है, तो चुपके-से अपना अलग रास्ता चुन लीजिए; नीतिवान पुरुष ऐसा ही कहते हैं।

श्रीराम जब अपने सभी साथी मित्रों को छह महीने बीतने पर भेंट दे-देकर विदा कर रहे हैं; तब हनुमानजी का मन अपने प्रभु की सेवा करने को करता है, इसीलिए वे अयोध्या से जाना नहीं चाहते हैं। सुग्रीव के सचिव होने के नाते उनकी आज्ञा लेना आवश्यक है, अतः वे सुग्रीव के चरण पकड़कर उनसे निवेदन करते हैं-

**तब सुग्रीव चरन गहि नाना। भाँति बिनय कीन्हे हनुमाना॥**

**(उत्तरकाण्ड)**

(तब हनुमानजी ने सुग्रीव के चरण पकड़कर अनेक प्रकार से विनती की।)

सुग्रीव जब राज मिलने के बाद श्रीराम के 'सीता-खोज अभियान' की बात को भूल जाते हैं, तो हनुमानजी उनके चरणों में सिर नवाकर उन्हें साम, दान, दंड,

और भेद का प्रयोग करते हुए उन्हें 'रामकाज' की याद दिलाते हैं। उधर लक्ष्मणजी श्रीराम के आदेश पर सुग्रीव को सबक सिखाने सुग्रीव के किले पर आते हैं, तो क्रोध भरे लक्ष्मणजी को सुग्रीव के आदेश पर वे मनाने आते हैं, और अपनी अतिशय विनम्रता का प्रदर्शन करते हैं-

**तारा सहित जाइ हनुमाना। चरन बंदि प्रभु सुजस बखाना॥**

**(किष्किन्धाकाण्ड)**

(हनुमानजी ने तारासहित जाकर लक्ष्मणजी के चरणों की वन्दना की और प्रभु के सुन्दर यश का बखान किया।)

यहाँ यह बात उल्लेखनीय है कि हनुमानजी की दृष्टि में श्रीराम का जितना सम्मान है, उतना ही उनके अनुज- लक्ष्मणजी, भरतजी आदि का है। वे अपने स्वामी श्रीराम के समान ही उनकी चरण-वन्दना करते हैं। वास्तव में वे समूचे राम-परिवार के समक्ष विनत हैं।

जब वे संजीवनी बूटी पर्वत को समूचा उखाड़कर अयोध्या के ऊपर से उड़कर ज़ा रहे हैं, तभी तपस्यारत भरतजी उन्हें कोई राक्षस समझकर उन्हें बिना फल वाला बाण मार देते हैं। वे 'राम, राम, रघुपति' का उच्चारण करते हुए धरती पर गिरकर मूर्च्छित हो जाते हैं। मूर्च्छा से जागने पर वे संक्षेप में सारी बात बताते हैं, और वहाँ से प्रस्थान करते हैं-

**अस कहि आयसु पाइ पद बंदि चलेउ हनुमंत॥**

**(लंकाकाण्ड)**

(ऐसा कहकर आज्ञा पाकर और भरतजी के चरणों की वन्दना करके हनुमानजी चले।)

इसी प्रसंग में यहाँ एक बात उल्लेखनीय है। वैसे तो हनुमानजी में अहंकार शून्यता कूट-कूटकर भरी है, लेकिन यहाँ पर हनुमानजी क्षणमात्र को थोड़ा-सा अहंकार आया है।

भरतजी से जब वे कहते हैं कि मुझे सूर्योदय से पूर्व लंका पहुँचना है, तो उनसे कहते हैं कि तुम पर्वत सहित मेरे बाण पर चढ़ जाओ। यह तुम्हें श्रीराम के पास पहुँचा देगा।

**चढु मम सायक सैल समेता। पठवौं तोहि जहँ कृपानिकेता॥**

**(लंकाकाण्ड)**

तब हनुमानजी के मन में अपने भारी और विशाल शरीर तथा भरतजी के बाण की तुच्छता का विचार आ जाता है-

**सुनि कपि मन उपजा अभिमाना। मोरे भार चलिहि किमि बाना॥**

**(सुन्दरकाण्ड)**

(भरतजी की यह बात सुनकर एक बार तो हनुमानजी के मन में अभिमान उत्पन्न हुआ कि मेरे भार से यह बाण कैसे चलेगा?)

अभिमान आते ही वे अविलम्ब सँभल भी जाते हैं। वास्तव में सन्त पुरुषों की यह विशेषता होती है कि किसी प्रकार के विकार का बुलबुला मन में उठने पर वे तुरन्त सचेत भी हो जाते हैं, और हरि-स्मरण कर उस विकार को हमेशा के लिए नष्ट कर देते हैं।

अभिमान आते ही वे तुरन्त श्रीराम के प्रभाव का स्मरण करके उस विचार को दबा देने में सफल हो जाते हैं-

**राम प्रभाव बिचारि बहोरी। बंदि चरन कहि कपि कर जोरी॥**

**(लंकाकाण्ड)**

(फिर वे श्रीरामचन्द्रजी के प्रभाव का विचार करके भरतजी के चरणों की वन्दना करके हाथ जोड़कर बोले)-

**तब प्रभाव उर राखि प्रभु जैहउ नाथ तुरंत।**

**(सुन्दरकाण्ड)**

(हे नाथ! हे प्रभु! मैं आपका प्रताप हृदय में रखकर तुरन्त चला जाऊँगा।)

इस प्रकार हनुमानजी के सम्पूर्ण जीवन से हमें यह प्रेरणा मिलती है कि हमें अहंकार रहित और विनम्र होना चाहिए तथा हममें अपने जीवन में सच का सामना करने और उसे कहने का साहस होना चाहिए।

•

# 8

# कृतज्ञ और अधिकारी को श्रेय देने वाले

मनुष्य का अहंकार इतना बढ़ा हुआ है कि वह अपनी दृष्टि में दूसरों को तुच्छ और हीन तथा स्वयं को सर्वश्रेष्ठ समझता है। वह अपनी असफलता का ठीकरा तो दूसरों के सिर पर फोड़ देता है, लेकिन सफलता का सेहरा अपने सिर पर बाँधता है, वह इसका श्रेय स्वयं लेने के लिए तत्पर रहता है, यहाँ तक अपने पूर्ववर्तियों द्वारा किए गए उत्कृष्ट कार्यों का श्रेय भी लेने से नहीं चूकता। आम तौर पर हम यह प्रवृत्ति देखते हैं कि व्यक्ति कोई काम बन जाने पर कहता है कि यह मेरे परिश्रम का परिणाम है, लेकिन काम बिगड़ जाने पर दोषारोपण अपने भाग्य और भगवान पर करके अपना पिंड छुड़ाना चाहता है। अपने द्वारा किए गए कार्यों का श्रेय भगवान अथवा अधिकारी व्यक्ति को देने की प्रवृत्ति कुछ ही लोगों में पाई जाती है। ऐसे व्यक्ति देवतुल्य होते हैं, और उनकी सफलता प्रायः असंदिग्ध होती है। हमें उपकार करने वाले व्यक्ति के प्रति कृतज्ञ होना चाहिए, और उसके योगदान का श्रेय उसे अवश्य देना चाहिए।

हनुमानजी अधिकारी व्यक्ति को श्रेय देने में कभी कोताही नहीं करते। वे अपने प्रति उपकार करने वाले के प्रति समय-समय पर कृतज्ञता प्रदर्शित करते हैं।

वे विभीषण से भेंट करते हैं। विभीषणजी स्वयं को राक्षस बताकर अपनी हीनता प्रदर्शित करते हैं और उत्तर में हनुमानजी भी स्वयं को तुच्छ वानर बताते हैं, कहते हैं कि फिर भी श्रीराम ने मुझ पर अहेतुकी कृपा की है। वे श्रीराम की कृपा के लिए खुले मन से उनको श्रेय देते हैं-

**अस मैं अधम सखा सुनु मोहू पर रघुबीर।**
**कीन्ही कृपा सुमिरि गुन भरे बिलोचन नीर॥**

**(सुन्दरकाण्ड)**

(हे सखा! सुनिए, मैं ऐसा अधम हूँ, पर श्रीरामचन्द्र जी ने तो मुझ पर भी कृपा ही की है। भगवान के गुणों का स्मरण करके हनुमानजी के दोनों नेत्रों में प्रेमाश्रुओं का जल भर आया।)

श्रेय देते-देते उनकी आँखें आँसुओं से सराबोर हो जाती हैं। पवित्र हृदय से दूसरों को श्रेय देने वाले प्रेम से ऐसे ही पुलक उठते हैं।

अशोक वाटिका में वार्तालाप के दौरान जब हनुमानजी सीताजी से कहते हैं- **'कपिन्ह सहित अइहहिं रघुबीरा'**, तो सीताजी उनका रूप और आकार देखकर वानरों की शक्ति पर सन्देह प्रकट करती हैं, तब हनुमानजी उन्हें अपना **'कनक भूधराकार शरीर'** दिखाते हैं। सीताजी को विश्वास हो जाता है। इसके वे उन्हें परोक्ष रूप से अपनी शक्ति- **'समर भयंकर अतिबल बीरा'** और विशालकाया का श्रेय श्रीरामचन्द्रजी को देते हैं। वह इसमें प्रभु-प्रताप देखते हैं-

**सुनु माता साखामृग नहिं बल बुद्धि बिसाल।**
**प्रभु प्रताप तें गरुड़हिं खाइ परम लघु ब्याल॥**

**(सुन्दरकाण्ड)**

(हे माता! सुनो, वानरों में बहुत बल-बुद्धि नहीं होती। परन्तु प्रभु के प्रताप से बहुत छोटा सर्प भी गरुड़ को खा सकता है अर्थात् अत्यन्त निर्बल भी महान बलवान को मार सकता है।

सीताजी जब उन्हें प्रेमपूर्वक आशीर्वाद देते हुए कहती हैं-

**अजर अमर गुननिधि सुत होहू। करहुँ बहुत रघुनायक छोहू॥**

**(सुन्दरकाण्ड)**

(हे पुत्र! तुम अजर अर्थात् बुढ़ापे से रहित, अमर और गुणों के खजाने हो जाओ। श्री रघुनाथ जी तुम पर बहुत कृपा करें।)

तो हनुमानजी अपनी श्रेय-प्रवृत्ति के कारण कृतकृत्य हो उठते हैं। वे बार-बार सीताजी के चरण-कमलों में सिर नवाते हैं; क्योंकि उनका आशीर्वाद अमोघ है और हनुमानजी को विश्वास है कि माता सीता के कारण ही अब भविष्य में मुझे श्रीराम के चरण-कमलों में स्थान अवश्य मिलेगा-

**बार-बार नाएसि पद सीसा॥.........................॥**
**अब कृतकृत्य भयउँ मैं माता।........................॥**

**(सुन्दरकाण्ड)**

रावण की राजसभा में वे उसके द्वारा अर्जित शक्तियों का श्रेय श्रीराम को देते हैं; क्योंकि वे समस्त चराचर को अपने आराध्य का प्रतिरूप मानते हैं। रावण को अपना परिचय देते हुए कहते हैं-

**जाके बल लवलेस तें जितेहु चराचर झआरि।**
**तासु दूत मैं जा करि हरि आनेहु प्रिय नारि॥**

**(सुन्दरकाण्ड)**

(जिनके लेशमात्र बल से तुमने समस्त चराचर जगत को जीत लिया, और जिनकी प्रिय पत्नी को तुम चोरी से हर लाये हो, मैं उन्हीं का दूत हूँ।)

हनुमानजी सीताजी की खोज करके श्रीराम के पास आते हैं, और उनकी दीन-दशा का वर्णन प्रभु से करते हैं। वे सीताजी के द्वारा दी गई 'चूड़ामणि' उन्हें देते हैं। श्रीराम उन्हें अपने हृदय से लगा लेते हैं। श्रीराम उनसे लंका और रावण के मान के पददलन के विषय में पूछते हैं, तो हनुमानजी उन्हें पूरी घटना सविस्तार सुनाते हैं, और अपने इस अनूठे कृत्य का श्रेय श्रीराम को देते हुए कहते हैं-

**सो तव प्रताप रघुराई। नाथ न कछु मोरि प्रभुताई॥**

**(सुन्दरकाण्ड)**

(हे रघुनाथजी! यह सब तो आप ही का प्रताप है। हे नाथ! इसमें मेरी प्रभुता अर्थात बड़ाई कुछ भी नहीं है।)

इसके बाद वे कहते हैं कि हे प्रभु! आपके प्रताप से पूर्णतया असम्भव कार्य भी सम्भव हो सकता है-

**ता कहुँ प्रभु कछु अगम नहिं जापर तुम अनुकूल।**
**तव प्रभाव बड़वानलहि जारि सकइ खलु तूल॥**

**(सुन्दरकाण्ड)**

(हे प्रभु! जिस पर आप प्रसन्न हों, उसके लिए कुछ भी कठिन नहीं है। आपके प्रभाव से रूई, जो स्वयं बहुत जल्दी जल जाने वाली वस्तु है, बड़वानल को निश्चय ही जला सकती है अर्थात् असम्भव भी सम्भव हो सकता है।

हनुमानजी प्रकारान्तर से यह स्वीकार कर रहे हैं कि प्रभु श्रीराम की उन पर पूर्ण कृपा है, इसीलिए वे एक असम्भव कार्य को सम्भव करके वापस उनके पास आ गये हैं।

संजीवनी बूटी का पर्वत धारणकर हनुमानजी जब अयोध्या के ऊपर से गुजरते हैं, तो भरतजी उनको एक बिना फल वाला बाण मारते हैं। वे उनका विशाल आकार देखकर उनको राक्षस समझ लेते हैं। अन्त में जब जाने की बात आती है, तो भरतजी उन्हें अपने बाण पर चढ़ाकर श्रीराम के पास पहुँचाने की बात कहते हैं, तब वे अपनी शक्ति का श्रेय भरतजी के प्रताप को देते हैं-

**तब प्रताप उर राखि प्रभु जैहउँ नाथ तुरंत।**

(हे नाथ! हे प्रभो! मैं आपका प्रताप हृदय में रखकर तुरन्त चला जाऊंगा।)

हनुमानजी किसी के बाण लगने से अब तक मूर्च्छित नहीं होते हैं, लेकिन भरतजी की बाण-शक्ति ऐसा कर दिखाती है, इसलिए वे इसका श्रेय उनके

विजयनगर साम्राज्य के राजा कृष्णदेव राय भी अपने सचिव तेनालीराम को एक दुष्ट व्यक्ति से राजगुरु को छुटकारा दिलाने का श्रेय देते हैं- राजाकृष्णदेव राय का दरबारी गुणसुंदर तेनालीराम से बहुत नाराज था। हँसी-हँसी में तेनालीराम ने कुछ ऐसी बात कह दी थी, जो उसे बुरी लग गई थी। मन-ही-मन वह तेनालीराम से बदला लेने की योजनाएँ बनाया करता था।

राजगुरु से तो तेनालीराम की कभी पटती ही नहीं थी। गुणसुंदर और राजगुरु में दोस्ती हो गई। दोस्ती का कारण एक ही था कि उन दोनों का एक ही दुश्मन था- तेनालीराम!

गुणसुंदर को यह बात बहुत बुरी लगती थी कि राजा भी हर समय तेनालीराम की प्रशंसा किया करते थे। वह राजा को भी भला-बुरा कहा करता था। तेनालीराम को इस बात का पता था।

एक बार गुणसुंदर और राजगुरु दोनों ने मिलकर राजा से तेनालीराम की बहुत बुराई की और कहा- "महाराज! तेनालीराम पीठ-पीछे आपको भला-बुरा कहने से नहीं चूकता।"

महाराज को विश्वास तो नहीं हुआ, लेकिन फिर भी उन्होंने तेनालीराम से पूछा- "क्या तुम सचमुच मेरे लिए गलत शब्द कहा करते हो?"

तेनालीराम सारी बात समझ गया। उसने कहा- "महाराज! इस सवाल का उत्तर मैं आपको दूँगा, पर आपको मेरे साथ चलना होगा।"

अंधेरा होने पर तेनालीराम राजा को लेकर राजगुरु के घर के पिछवाड़े पहुँचा, और दोनों खिड़की के पास खड़े हो गये। अन्दर राजगुरु और गुणसुंदर आपस में बातें कर रहे थे।

"हमारे महाराज भी बस कान के कच्चे हैं; अब तक तेनालीराम जो कहता रहा, उसे ही वह सच मानते रहे, और आज हम दोनों की बातें सच मान लीं।" कहकर गुणसुंदर हँस पड़ा।

उसने राजा को लेकर और भी कुछ उलटी-सीधी बातें कहीं। राजगुरु कुछ नहीं बोला, लेकिन उसने अपने दोस्त की बात को काटा भी नहीं!

राजा कृष्णदेवराय ने अपने कानों से सब-कुछ सुना।

तेनालीराम बोला- "महाराज! अब तो आपको अपने सवाल का जवाब मिल गया?"

"हाँ, तेनालीराम! पर राजगुरु के लिए हमारे मन में अब भी सम्मान है, लगता है, तुमसे ईर्ष्या के कारण राजगुरु भटक गये हैं, और गलत आदमी की दोस्ती में फँस गये हैं। जैसे भी हो, इस दुष्ट गुणसुंदर के जाल से राजगुरु को निकालना तुम्हारा काम है।" राजा बोले।

"आप चिन्ता मत कीजिए महाराज! यह कोई मुश्किल काम नहीं है। बस, कुछ दिनों तक इन्तज़ार करना पड़ेगा। "तेनालीराम ने कहा। कुछ दिन बाद तेनालीराम ने एक दावत दी। उसमें राजा भी पधारे। सभी दरबारी भी थे। राजगुरु

और गुणसुंदर भी! तेनालीराम ने राजगुरु की विशेष आवभगत की। बड़ी देर तक गपशप चलती रही।

एकाएक तेनालीराम ने अपना मुँह गुणसुंदर के कान के पास ले जाकर कुछ कहा। उस समय तेनालीराम की निगाह राजगुरु पर टिकी थी। तेनालीराम ने क्या कहा, यह गुणसुंदर की समझ में कुछ न कहीं आया; क्योंकि तेनालीराम ने यों ही उसके कान में कुछ ऊटपटांग शब्द कह डाले थे।

उधर राजगुरु के मन में खटका हुआ। उसने सोचा; अवश्य कोई बात मेरे विषय में कही गई है।

राजगुरु ने पूछा, "क्या कह रहा था तेनालीराम, गुणसुंदर?

"कुछ नहीं। मेरे कान में कुछ बोला तो सही वह, पर मुझे कुछ समझ में नहीं आया। बस, यों ही कुछ कह गया बेकार-से शब्द!"

राजगुरु ने सोचा कि गुणसुंदर मुझसे कुछ छिपा रहा है। दोस्त होकर भी अगर वह ऐसा कर रहा है, तो ऐसी दोस्ती किस काम की? अवश्य तेनालीराम और वह मिलकर मेरा मज़ाक उड़ाते होंगे। मैं तो अब तक समझ रहा था कि गुणसुंदर मेरा सच्चा दोस्त है।

उसके बाद राजगुरु ने गुणसुंदर से मिलना-जुलना बन्द कर दिया। दोनों की दोस्ती कुछ ही दिनों में बीती हुई कहानी बनकर रह गई।

राजा ने तेनालीराम से कहा- "राजगुरु को गुणसुंदर से अलग करवाने का पूरा श्रेय तुम्हें जाता है, तेनालीराम! सचमुच मुश्किलों को सुलझाने में तुम्हारा कोई जोड़ नहीं। ऐसा काम किया है तुमने कि साँप भी मर गया और लाठी भी नहीं टूटी।"

बाहुबल को देते हुए उनके शील, गुण और प्रभु श्रीराम में अनन्य आस्था के प्रति कृतज्ञता ज्ञापित करते हैं, और बार-बार उनकी सराहना करते हैं-

**भरत बाहुबल सील गुन प्रभु पद प्रीति अपार।**
**मन महुँ जात सराहत पुनि पुनि पवन कुमार॥**

**( सुन्दरकाण्ड )**

जो व्यक्ति अपनी सफलता का श्रेय भगवान अथवा किसी अधिकारी मनुष्य को देता है और उसका आजीवन कृतज्ञ रहता है, वह महान होता है। यदि प्रकृति का कोई भी कण आपके किसी कार्य में सहायक सिद्ध हुआ है, तो आपको उसका ऋणी होना चाहिए। उसकी सहायता के लिए हर समय तैयार रहना चाहिए और यदि वह किसी बात पर क्रोधित या उत्तेजित भी हो जाता है, तो उसके आवेगों को सहन करना चाहिए; क्योंकि आप उसके ऋण के बोझ तले दबे हैं। यही सच्ची मनुष्यता है। कृतघ्न व्यक्ति से न तो समाज प्रसन्न होता है और न भगवान! कृतघ्नता दैवीय गुण नहीं, राक्षसी दुर्गुण है।

•

# 9

# आत्मविश्वासी

आत्मविश्वास सफलता की कुंजी है। आत्मविश्वास का सन्धि रूप है- आत्म+विश्वास अर्थात् स्वयं में विश्वास। जिस व्यक्ति में स्वयं की शक्तियों में विश्वास होता है, वह कठिन-से-कठिन काम करने से नहीं घबराता। सफलता और असफलता तो जीवनरूपी सिक्के के दो छोर हैं। आत्मविश्वासी व्यक्ति इनसे तटस्थ रहता है। यदि आत्मविश्वास के साथ ईश्वरीय शक्ति में विश्वास करके कार्य किया जाए, तो व्यक्ति की शक्ति बहुगुणित हो जाती है। वह कार्यविशेष में अपनी पूरी ताकत झोंक देता है और परिणाम ईश्वर पर छोड़ देता है- 'यथायोग्यं तथा कुरु' (हे प्रभु! जो मेरे लिए उचित हो; वही करिए।), वह प्रभु से यही कहता है।

हनुमानजी के चरित्र का आकलन करने पर यह ज्ञात होता है कि उनमें आत्मविश्वास कूट-कूटकर भरा हुआ है। उन्हें इधर कार्य सौंपा नहीं कि वे उधर अविलम्ब क्रियाशील हो जाते हैं। ये उनके प्रबल आत्मविश्वास का परिचायक है।

हनुमानजी अंगद और अन्य वानर वीरों के साथ सीताजी की खोज में दक्षिण दिशा की ओर निकल पड़े हैं। सब वानरवीर समुद्र के किनारे असमंजस की स्थिति में खड़े हुए हैं कि सौ योजन (चार सौ कोस) लम्बे-चौड़े समुद्र को पार करके लंका को कैसे पहुँचा जाये! सभी वानर अपना-अपना बल बखान रहे हैं, लेकिन हनुमानजी सिर नीचा किए चुपचाप खड़े हैं कि तभी ऋक्षराज जाम्बवान् उन्हें उनका 'सुषुप्त बल' याद दिलाते हैं और कहते हैं कि 'रामकाज' के लिए ही तुम्हारा अवतार हुआ है। यह बात सुनते ही वे विशाल आकार ग्रहण कर लेते हैं। उनका सम्पूर्ण शरीर अनुपम तेजयुक्त है-

**कनक बरन तन तेज बिराजा। मानहुँ अपर गिरिन्ह कर राजा॥**

**(किष्किन्धाकाण्ड)**

(उनका सोने का-सा रंग है, शरीर पर तेज सुशोभित है, मानो दूसरा पर्वतों का राज सुमेरू हो।)

यहाँ पर पर्वताकार हो जाना और ऐसे प्रतीत होना, मानों दूसरा पर्वतों का राजा सुमेरु साक्षात् प्रकट हो गया हो- ये तथ्य तुलसीदासजी ने उनकी अदम्य शक्ति के प्रतीक के रूप में दर्शाए हैं। 'पर्वताकार हो जाना' हनुमानजी के प्रबल आत्मविश्वास का प्रतीक है। उनका आत्मविश्वास सुमेरू के समान है; यह प्रदर्शित करने के लिए कि ऋक्षराज जाम्बवान् ने उनके बल के विषय में कोई अतिशयोक्ति नहीं की थी, वरन् सत्य का ही उद्घाटन किया था।

अब आगे उनका आत्मविश्वास देखिए, हनुमानजी बार-बार गर्जना करते हुए कहते हैं-

**सिंहनाद करि बारहिं बारा। लीलहिं नाघउँ जलनिधि खारा॥**

**(किष्किन्धाकाण्ड)**

(हनुमानजी ने बार-बार सिंहनाद करके कहा- मैं इस खारे समुद्र को खेल-खेल में ही लाँघ सकता हूँ।)

अर्थात् मुझमें इतनी शक्ति है कि मुझे इस लवण सागर को लांघने में कोई विशेष प्रयत्न नहीं करना पड़ेगा। इसे लांघना तो मेरे लिए बच्चों का खेल है। वे आगे कहते हैं-

**सहित सहाय रावनहि मारी। आनउँ इहाँ त्रिकूट उपारी॥**

**(किष्किन्धाकाण्ड)**

(और सहायकों सहित रावण को मारकर त्रिकूट पर्वत को उखाड़कर यहाँ ला सकता हूँ।)

उन्हें स्वयं पर इतना विश्वास है कि त्रिलोक विजयी रावण को उसके सहायकों के साथ मारकर समूचा त्रिकूट पर्वत, जिस पर लंका स्थित है; को उखाड़कर लाने की क्षमता रखते हैं। यहाँ उन्होंने 'सहायकों सहित' वाक्यांश का प्रयोग किया है। इससे प्रतीत होता है, वे 'संघ-शक्ति' में विश्वास रखते हैं। अद्भुत और प्रशंसनीय है उनका आत्मविश्वास! ये रावण की अडिग सत्ता और उसके बल को सीधी-सीधी चुनौती है।

रावण को ऐसी ही परोक्ष चुनौती वे अशोक वाटिका में सीताजी के समक्ष देते हैं। जब सीताजी अपनी दीन दशा के विषय में सोच-सोचकर बहुत विकल होती हैं, तो वे उन्हें धैर्य धारण करने की सलाह देते हैं। आत्मविश्वासपूर्वक अपने अतुलित बल और अदम्य साहस का प्रदर्शन करते हुए कहते हैं -

**अबहिं मातु मैं जाउँ लवाई। प्रभु आयसु नहिं राम दोहाई॥**

**(सुन्दरकाण्ड)**

राजाकृष्ण देव राय अपने सचिव तेनालीराम के आत्मविश्वास से भरे एक उत्तर के कायल होकर उसकी दिल से प्रशंसा करते हैं।

राजाकृष्ण देव राय कभी-कभी तेनालीराम को छकाने के लिए बड़े अटपटे प्रश्न पूछ लिया करते थे।

एक दिन उन्होंने भरे दरबार में उससे पूछ लिया- "तेनालीराम! क्या तुम बता सकते हो कि हमारे राज्य में कुल कितने पक्षी हैं?"

"अवश्य बता सकता हूँ महाराज! लेकिन मुझसे भी अधिक विद्वान् इस दरबार में बैठे हैं; उनके होते हुए मैं इस प्रश्न का उत्तर देने की धृष्टता कैसे कर सकता हूँ?" तेनालीराम बोला।

राजा ने दरबारियों की ओर देखा, लेकिन इस विचित्र प्रश्न का उत्तर भला कौन देता?

उड़ने वाले पक्षियों की गिनती कैसे की जा सकती है; यह सोचकर सभी ने अपने-अपने सिर झुका लिये।

राजा ने कहा- "तेनालीराम! अब तो इस प्रश्न का उत्तर तुम्हीं दे सकते हो। तुम देख ही रहे हो, इसका उत्तर देना और किसी के बूते की बात नहीं है।"

"महाराज! हमारे राज्य में उतने ही पक्षी हैं, जितने आपके सिर के बाल हैं।" तेनालीराम बोला।

"ठीक-ठीक बताओ, पक्षियों की संख्या कितनी है? हम नहीं जानते, हमारे सिर पर कितने बाल हैं?" राजा ने कहा।

तेनालीराम ने कहा- "महाराज! राज्य में पक्षियों की कुल संख्या है- एक लाख, ग्यारह हजार, एक सौ ग्यारह! आप चाहें तो गिनवाकर देख लीजिए।"

"बड़े आत्मविश्वास से पक्षियों की एकदम सटीक संख्या बता रहे हो? और अगर गिनवाने पर पक्षियों की संख्या कम निकली तो? महाराज कृष्णदेवराय बोले।

"महाराज! मैं हर बात आत्मविश्वास पूर्वक ही कहता हूँ। पक्षियों की संख्या पूरे राज्य में इतनी ही है। अगर संख्या कम निकली तो इसका मतलब है कि शेष पक्षी अपने सम्बन्धियों से मिलने पास के दूसरे राज्यों में चले गये हैं।

"और अधिक हुई तो?"

"तो सीधी-सी बात है, दूसरे राज्यों के कुछ पक्षी अपने तातेदारों से मिलने यहाँ आये हुए हैं। यह कहते समय तेनालीराम के चेहरे पर आत्मविश्वास झलक रहा था।

राजा कृष्णदेवराय निरुत्तर हो गये।

(हे माता! मैं आपको अभी यहाँ से लिवा जाऊं, पर श्रीरामजी की शपथ है, मुझे प्रभु अर्थात् उनकी आज्ञा नहीं है।)

उनका अडिग आत्मविश्वास उनसे ऐसा कहलवा रहा है। वे रावण की शक्ति को तिनके के समान समझ रहे हैं, लेकिन उन्हें श्रीरामचन्द्रजी ने केवल सीता की खोज करने का कार्य सौंपा हैं, उन्हें बलपूर्वक से ले आने की आज्ञा नहीं दी है, इसलिए वे विवश हैं, अन्यथा सीता की दशा को देखकर वे यह काम निश्चित रूप से सम्पन्न कर सकते थे।

कुछ लोग उन्हें 'मियां मिट्ठू' भी समझने की भूल कर सकते हैं। वास्तव में वे आत्मप्रशंसक नहीं, आत्मशोधक हैं। 'रामचरितमानस' में उन्होंने जो भी कथन कहे हैं, उनको प्रायोगिक स्तर पर सफल करके दिखाया है। 'मियां मिट्ठू' ऐसा व्यक्ति होता है, जो लम्बी-चौड़ी तो हांकेगा लेकिन समय आने पर खींसे निपोर देगा। वे उस तरह के 'महामानव' नहीं हैं। वे जो-कुछ कहते हैं, वे करके दिखाते हैं। वे वचन के पक्के हैं।

अशोक वाटिका में वे सीताजी से भेंट करते हैं, और भूख लगने पर वे उनसे वाटिका के फलों को खाने की आज्ञा माँगते हैं, तो सीताजी अशोक वाटिका की रखवाली करने वाले विकट राक्षसों के बारे में उन्हें बताती हैं-

**सुनु सुत करहिं बिपिन रखवारी। परम सुभट रजनीचर भारी॥**

**(सुन्दरकाण्ड)**

(हे बेटा! सुनो, बड़े भारी योद्धा राक्षस उस वन की रखवाली करते हैं।) यद्यपि हनुमानजी ने उन्हें अपना विशालकाय रूप दिखा दिया है, उसे देखकर उनके मन में हनुमानजी व अन्य वानरों के प्रति विश्वास भी पैदा हो गया है, फिर भी मन के किसी कोने में दबी हुई शंका अभी शेष हैं, इसीलिए वे उन्हें विकट रजनीचरों का भय दिखाती हैं, हनुमानजी उनके समक्ष एक बार पुनः अपने आत्मविश्वास का प्रदर्शन करते हैं-

**तिन्ह कर भय माता मोहि नाहीं। जौं तुम्ह सुख मानहु मन माहीं॥**

**(सुन्दरकाण्ड)**

(हनुमानजी ने कहा- हे माता! यदि आप मन में सुख मानें अर्थात् प्रसन्न होकर आज्ञा दें, तो मुझे उनका भय तो बिल्कुल नहीं है।)

जब वे सीताजी को रावण की लंका से उन्हें ले जाने का साहस रखते हैं, तो ये राक्षस तो उनके सामने शक्ति में नगण्य हैं। बाद में वे राक्षसों को मारकर अपने आत्मविश्वास को सिद्ध करते हैं।

अक्षय कुमार को हनुमानजी स्वर्गलोक भेज देते हैं। मेघनाद उनसे युद्ध करने आता है, लेकिन परास्त हो जाता है। इसके बाद विवश होकर वह ब्रह्मास्त्र का

सन्धान करता है। उस विशिष्टातिविशिष्ट अस्त्र को देखकर हनुमानजी मन में विचार करते हैं कि यदि मैं इसे नहीं मानता हूँ, तो इसकी महिमा घट जाएगी। अतः वे सन्धान हो जाने देते हैं। उनका आत्मविश्वास ही है यह कि वे ब्रह्मास्त्र को न मानने की बात कहते हैं। वे ब्रह्मास्त्र की भी उपेक्षा करने का साहस रखते हैं-

**ब्रह्म अस्त्र तेहि साँधा। कपि मन कीन्ह विचार।**
**जौं न ब्रह्मसर मानउँ। महिमा मिटइ अपार॥**

**(सुन्दरकाण्ड)**

(अन्त में उसने अर्थात् मेघनाद ने ब्रह्मास्त्र का प्रयोग किया, तब हनुमानजी ने मन में विचार किया कि यदि ब्रह्मास्त्र को नहीं मानता हूँ, तो उसकी अपार महिमा मिट जाएगी।)

रावण की राजसभा में श्रीराम के दूत के रूप में उससे वार्तालाप करते समय जब हनुमानजी उसे ज्ञान देते हैं, तो 'वानर-बात' कहकर अभिमानवश वह उनकी सीख को हवा में उड़ा देता है। वह आगे कहता है- **'मृत्यु निकट आई खल तो ही'** कहता है- देखो तो ये अधम मुझे..... मुझे शिक्षा देने चला है। तब हनुमानजी भगवान श्रीराम की शक्ति के बल पर करते हुए कहते हैं-

**उलटा होइहि कह हनुमाना।**

**(सुन्दरकाण्ड)**

और वास्तव में कालान्तर में यही होता है कि हनुमानजी चिरजीवी हो जाते हैं और रावण, श्रीराम के हाथों मारा जाता है।

लंका को जलाकर और सीताजी कीं 'चूड़ामणि' लेकर जब हनुमानजी उनसे आज्ञा लेकर चलने के लिए तैयार होते हैं, तो वे आत्मविश्वासपूर्वक गर्जना करते हैं-

**चलत महाधुनि गर्जेसि भारी। गर्भ स्रवहि सुनि निसिचर नारी॥**

**(सुन्दरकाण्ड)**

(चलते समय उन्होंने महाध्वनि से गर्जन किया, जिसे सुनकर राक्षसों की स्त्रियों के गर्भ गिरने लगे।)

ये 'महाधुनि' कार्य पूरा होने के विश्वास का प्रतीक है। समुद्र को पुनः पारकर जब वे प्रतीक्षारत वानरों के पास आते हैं, तो फिर 'महाधुनि' करते हैं-

**नाघि सिंधु एहि पारहि आवा। सबद किलकिला कपिन्ह सुनावा॥**

**(सुन्दरकाण्ड)**

(समुद्र लांघकर वे इस पार आये और उन्होंने वानरों को 'किलकिला' शब्द अर्थात् हर्षध्वनि सुनायी।)

'किलकिला' शब्द वानरों को यह संकेत देता है कि हनुमानजी ने पूर्वक सीताजी की खोज का कार्य सम्पन्न कर लिया है।

मेघनाद; शेषावतार लक्ष्मणजी पर वीरघातिनी शक्ति का प्रहार कर देता है, वे उस शक्ति से मूर्च्छित हो जाते हैं। वे मरणासन्न हैं। जाम्बवान् हनुमानजी को लंका के वैद्य सुषेण को बुला लाने का परामर्श देते हैं। हनुमानजी वैद्यजी को उनके घर सहित श्रीराम के पास ले आते हैं। वैद्यजी जब हनुमानजी से पर्वत का पता बताकर औषधविशेष अर्थात् संजीवनी बूटी का नाम बताकर उसे लाने के लिए कहते हैं। तो हनुमानजी उस समय अपने बल का बखान करते हैं। वे आत्मविश्वासपूर्वक कहते हैं कि वह औषध अभी लिए आता हूँ-

**रामचरन सरसिज उर राखी। चला प्रभंजन सुत बल भाषी।**

**( लंकाकाण्ड )**

(श्रीरामजी के चरणकमलों को हृदय में रखकर पवनपुत्र हनुमानजी अपना बल बखानकर अर्थात् 'मैं अभी लिए आता हूँ?' ऐसा कहकर तुरन्त चल पड़े।)

वे आत्मविश्वासपूर्वक अपनी शक्ति का परिचय देते हैं, और इस दुष्कर कार्य को सफलतापूर्वक सम्पन्न भी करते हैं। यहाँ हनुमानजी के लिए तुलसीदास जी ने 'प्रभंजन सुत' शब्द-युग्म का प्रयोग किया है। वास्तव में उन्हें दूसरे दिन के सूर्योदय से पूर्व श्रीराम के पास पहुँचना था। इसलिए 'प्रभंजन' (आंधी-तूफान) का प्रयोग करते हैं। वे औषध लेने चक्रवाक की गति से जाते हैं और उस गति से वापस लौटते हैं।

जब पर्वत पर उनको औषध की पहचान नहीं हो पाती है, तो वे आत्मविश्वास से यह सोचकर समूचे पर्वत को ही उखाड़ लेते हैं कि अवश्य ही इस पर कहीं-न-कहीं संजीवनी बूटी होगी!

भरतजी अयोध्या के ऊपर से उड़ते हुए हनुमानजी जी को देखकर उन्हें कोई विशालकाय राक्षस समझ बैठते हैं वे उन्हें बिना फल वाला बाण मार देते हैं। सारी बात मालूम होने पर वे उनसे अपने बाण पर चढ़कर लंका पहुँचने की बात कहते हैं, तब हनुमानजी उनसे आत्मविश्वास पूर्वक कहते हैं कि इसकी कोई आवश्यकता नहीं हैं, मैं आपके प्रताप को हृदय में रखकर तुरन्त-चला जाऊँगा।

युद्धभूमि में जब रावण लक्ष्मणजी पर ब्रह्मशक्ति का सन्धान करता है, तो वे व्याकुल होकर पृथ्वी पर गिर पड़ते हैं। रावण उन्हें उठाकर लंका ले जाना चाहता है, लेकिन वे शेषावतार होने के कारण उठते नहीं है। उसी समय हनुमानजी आते हैं। वह हनुमानजी पर मुष्टि-प्रहार करता है, पलटकर वे भी उसे घूंसा मारते हैं, जिससे वह मूर्च्छित हो जाता है। बाद में वह मूर्च्छा से जागकर हनुमानजी के अतुलित बल को सराहने लगता है। तब हनुमानजी कहते हैं-

**धिग धिग मम पौरुष धिग मोही। जौं तै जिअत रहेसि सुर द्रोही॥**

**( लंकाकाण्ड )**

(मेरे पौरुष को धिक्कार है, और मुझे भी धिक्कार है, हे देवद्रोही, तू अब भी जीता रह गया।)

हनुमानजी को अपने पौरुष पर बहुत विश्वास है, इसीलिए वे रावण को न मार पाने के कारण स्वयं को धिक्कारते हैं। उनके अचेतन मन में रावणवध के लिए श्रीरामचन्द्रजी की आज्ञा न होने की बात गहरे तक पैठी हुई है, इसीलिए उन्हें बार-बार इस बात का पश्चात्ताप होता है।

आत्मविश्वास से ही हर कार्य सधता है। इसलिए व्यक्ति को अपने अन्दर छिपी हुई शक्तियों को पहचानकर उनका अवलोकन और आकलन कर अपने कार्य में जुट जाना चाहिए। यदि हम किसी कार्य को कठिन समझकर पहले से ही हथियार डाल देंगे, तो असफल तो होंगे ही! फिर यह हमारी आदत बन जाएगी और हम अकर्मण्य और भाग्यवादी होते चले जाएँगे।

इसलिए अपना आत्मविश्वास बनाए रहिए और सफलता के सोपानों पर चढ़ते रहिए। हनुमानजी का आत्मविश्वास आपके जीवन के अंधेरे में दिव्य दीपक का कार्य करेगा।

•

# 10

# गुणग्राहक

मनुष्य को धरती पर भेजते समय भगवान ने उसे दो थैले दिये- एक में उसके अवगुण थे, और दूसरे में दूसरों के गुण। चलते समय भगवान ने उससे कहा था कि तुम अपने अवगुणों वाले थैले का मुँह तो खोल लेना और दूसरों के अवगुणों वाले थैले का मुँह कसकर बन्द कर देना, तब तुम पर मेरी कृपा हमेशा बनी रहेगी। उसने हामी भर दी और अपने थैले का मुँह कसकर बन्द करके दूसरों वाले थैले को खोल लिया और बार-बार उसमें झाँक-झाँककर दूसरों की निन्दा करने लगा। तभी से वह ऐसा करता आ रहा है। वह अपने अवगुणों को तो नहीं देखता, दूसरों के 'थैले' में झाँकता रहता है, ताकि उनकी दुःखती रग का पता लगाकर उनको नीचा दिखा सके। वास्तव में कानी को अपना 'टैंट' नहीं दिखाई तो देता, लेकिन वह दूसरे की 'फुल्ली' देखकर उसकी बदसूरती का बखान करती रहती है।

वह व्यक्ति महान होता है, जो दूसरों के गुणों को देखकर उनकी समय-समय पर प्रशंसा करता है। वह गुणग्राहक होता है, उनका पारखी होता है। वह शक्ति सम्पन्न होते हुए भी अपनी शक्ति का प्रदर्शन नहीं करता, लेक़िन किसी व्यक्ति द्वारा अच्छा कार्य करने पर उसकी प्रशंसा अवश्य करता है।

हनुमानजी गुणग्राहक हैं। वे दूसरों के गुणों की खुलकर प्रशंसा करते हैं। वास्तव में एक गुणी व्यक्ति में ही दूसरों की प्रशंसा का साहस होता है, माद्दा होता है। वरना आजकल तो लोग खुद ही की प्रशंसा करते नहीं अघाते। रावण जैसे राक्षस जाति के लोग भी हैं, जो हनुमानजी, अंगद, स्वयं भगवान श्रीराम, लक्ष्मण जी, अपने भाइयों और दरबारियों के समझ में अपनी शक्ति का बखान करते हैं भयभीत होने पर कभी-कभी दूसरों की शक्ति का भी उल्लेखमात्र कर देते हैं, लेकिन खुलकर प्रशंसा नहीं करते। दूसरी ओर हनुमानजी जैसे गुणी महापुरुष भी हैं, जो दूसरों की प्रशंसा तो करते ही हैं, परमगुणी होते हुए भी स्वयं को अवगुणी बताने में भी चूक नहीं करते-

एक दिन घर की मालकिन जब कोठरी में घुसी, तो अनायास ही उसका पैर आटा छानने वाली छलनी पर पड़ गया। अपने अपमान से आहत छलनी चीखने लगी- "मालकिन! ज़रा नीचे देखकर चला करो। और हाँ, तुम बहुत अन्याय करती हो। सरकंडे से बने सूप को तो तुमने ऊपर टांग रखा है और मुझे नीचे पटक दिया है, जबकि मैं पीतल से बनी हूँ।"

मालकिन कुछ कहने के लिए विचार करने लगी कि तभी सूप बोल उठा- ओरी छलनी! बड़ी बड़बोली बन रही है। इतना मत बोल। आदमी के अन्दर एक छिद्र होने पर समाज उसे तिरस्कृत कर देता है और तू अपनी ओर देख, तेरे अन्दर तो सैकड़ों छिद्र हैं और फिर तू तो सार को निकालकर कूड़ा-करकट और कंकड-पत्थर सहज लेती है।"

वह आगे बोला- "इतने दुर्गुण होते हुए भी तू मुझसे अपनी तुलना कर रही है। भला मेरा-तेरा क्या मुकाबला! मैं तो तेरे स्वभाव के बिल्कुल विपरीत हूँ। मैं सार-सार को सहेजकर कूड़ा-करकट दूर फेंक देता हूँ।

सूप ने सीख देते हुए छलनी से कहा- "याद रख, जो दुर्गुणों को दूर कर सद्गुणों को अपने जीवन में आत्मसात कर लेते हैं, वे ही ऊँचे स्थान के अधिकारी होते हैं।

### जदपि नाथ बहु अवगुन मोरे

**( किष्किन्धाकाण्ड )**

यह कथन श्रीरामजी से प्रथम मिलन का है। इस अवसर पर वह भगवान श्रीराम की अनेक प्रकार से स्तुति करते हैं और उनकी प्रशंसा करते हुए कहते हैं-

**नाथ जीव तव मायाँ मोहा। सो निस्तरइ तुम्हारेहिं छोहा॥**

**( किष्किन्धाकाण्ड )**

(हे नाथ! जीव आपकी माया से मोहित है। वह आपकी ही कृपा से विस्तार पा सकता है।)

सुग्रीव को उसकी करनी का दंड देने के लिए लक्ष्मणजी किष्किन्धा आते हैं और अपना रौद्र रूप दिखाते हैं; तब हनुमानजी उनके पास जाकर उनकी अक्षय कीर्ति का बखान करते हैं-

**चरन बंदि प्रभु सुजसु बखाना॥**

**( किष्किन्धाकाण्ड )**

अधिकारी का गुणानुवाद करने में हनुमानजी कभी पीछे नहीं रहते। वे मन और वचन से उसकी प्रशंसा करते हैं। जब मैनाक पर्वत उनसे अपने ऊपर विश्राम

करने की प्रार्थना करता है, तो वे अपने हाथ से उसका स्पर्श कर उसकी सदाशयता की परोक्ष प्रशंसा करते हैं।

विभीषण से भेंट करने और एक-दूसरे का परिचय जानने के बाद दोनों ही महापुरुष श्रीराम के गुण समूहों का स्मरण कर आनन्दित होते हैं-

**तब हनुमंत कही सब राम कथा निज नाम।**
**सुनत जुगल तन पुलक मन मगन सुमिरि गुन ग्राम॥**

**( सुन्दरकाण्ड )**

(तब हनुमानजी ने श्रीरामचन्द्रजी की सारी कथा कहकर अपना नाम बताया। सुनते ही दोनों के शरीर पुलकित हो गये, और श्रीरामजी के गुण समूहों का स्मरण करके दोनों के मन प्रेम और आनन्द में मग्न हो गये।)

जब सीताजी उन्हें प्रेमपूर्वक अनेक आशीर्वाद देती हैं, तो वे उनके आशीर्वाद को 'रामबाण' बताकर उसकी प्रशंसा करते हैं।

**आसिष तव अमोघ विख्याता॥**

**( सुन्दरकाण्ड )**

साथ ही कहते हैं कि आपका आशीर्वाद अचूक है, यह बात जगप्रसिद्ध है।

वे रावण से वार्तालाप करते समय उसके कुल की प्रशंसा करते हैं, और कहते हैं-

**देखहु तुम्ह निज कुलहि बिचारी**

**( सुन्दरकाण्ड )**

(अपने पवित्र कुल का विचार करके देखो।)

रावण ऋषि पुलस्ति का वंशज है। ऋषिवर महातपस्वी थे। अतः उस कुल का होने के नाते वे रावण को सचेत करते हुए कहते हैं-

**रिषि पुलस्ति जसु बिमल मयंका। तेहि ससि महुँ जनि होहु कलंका॥**

**( सुन्दरकाण्ड )**

(ऋषि पुलस्तिजी का यश निर्मल चन्द्रमा के समान है। उस चन्द्रमा में तुम कलंक न बनो।)

समुद्र के किनारे खड़े हुए उस पर बाँध बाँधने की आशा लेंकर रामादल के सभी जन चिन्तामग्न हैं, तब हनुमानजी श्रीराम के प्रताप की प्रशंसा करते हुए कहते हैं-

**प्रभु प्रताप बड़वानल भारी।**

**( लंकाकाण्ड )**

(प्रभु का प्रताप भारी बड़वानल अर्थात् समुद्र की आग के समान है।)

वे कहते हैं कि आपके लिए इस पर सेतु बनाना कौन-सा दुष्कर कार्य है अर्थात आपके प्रताप की आग से ही यह सूख जाएगा।

संजीवनी बूटी पर्वत लाते समय जब उनकी भरतजी से भेंट होती है, तो श्रीराम के पास लौटते समय वे भरतजी के गुणों की स्वस्थ मन से प्रशंसा करते हुए कहते हैं-

**भरत बाहुबल सील गुन प्रभु पद प्रीति अपार।**
**मन महुँ जात सराहत पुनि पुनि पवन कुमार।।**

**( सुन्दरकाण्ड )**

(भरतजी के बाहुबल, शील अर्थात् सुन्दर स्वभाव, गुण और प्रभु के चरणों के अपार प्रेम की मन-ही-मन बारम्बार सराहना करते हुए मारुति श्री हनुमानजी चले जा रहे हैं।)

उन दिनों की बात है, जब गांधीजी दक्षिण अफ्रीका से लौटे थे। लौटने पर उन्होंने मद्रास का दौरा किया। मद्रास-प्रवास के दौरान उनके सम्मान में एक समारोह आयोजित किया गया। वहाँ उन्हें एक मानपत्र भेंट किया गया, जिसमें उनकी व उनकी धर्मपत्नी कस्तूरबा गांधी की भूरि-भूरि प्रशंसा की गई थी।

गांधीजी ने अपने भाषण में उस मान-पत्र का विस्तार में ज़िक्र करते हुए अपने सम्मान में प्रयुक्त भाषा व शब्दों पर टिप्पणी की। उनका भाषण बहुत ही प्रेरणादायक है। उसके कुछ अंश दृष्टव्य हैं-

"इस मान-पत्र में मेरी और मेरी पत्नी के प्रति जिस भाषा का प्रयोग किया गया है, यदि हम उसके दसवें हिस्से के भी हकदार हैं, तो मैं नहीं जानता, आप उन लोगों के लिए किस भाषा का प्रयोग करेंगे, जिन्होंने अपने पीड़ित देशवासियों के लिए अपने प्राणों की भी चिन्ता नहीं की। नागप्पन और नारायण स्वामी जैसे सत्रह-अट्ठारह वर्ष के लड़कों को आप किस भाषा में याद करेंगे? इन छोटी उम्र के लड़कों ने अपनी मातृभूमि की प्रतिष्ठा के लिए निश्छल श्रद्धा प्रकट की और सभी अपमान और कष्ट सहे। एक लड़की थी– वलीअम्मा, बड़ी प्यारी-सी और विचारशील उस सत्रह वर्ष की लड़की के लिए कौन-सी भाषा काम में लावेंगे, जो मैरित्सबर्ग के जेल में हड्डियों का ढांचामात्र रह गई थी और जेल से छूटकर एक महीने के भीतर चल बसी।

उन्होंने आगे कहा- "बड़े दुर्भाग्य की बात है कि मेरी और मेरी पत्नी के काम के बारे में सब जानते हैं। फर्क सिर्फ़ इतना है कि हमारे काम का प्रचार अधिक हो गया था। आपने हमारे काम का बेहद बढ़ा-चढ़ाकर वर्णन किया है, लेकिन हमारे सिर पर रखे जा रहे ताज के असली हकदार तो नागप्पन, नारायणस्वामी और वलीअम्मा जैसे नौजवान हैं।"

सबसे अच्छी प्रशंसा होती है- मन-ही-मन किसी व्यक्ति के गुणों की सराहना और दूसरे लोगों से उसके पीठ-पीछे प्रशंसा करना। लेकिन लोग मुँह-देखी प्रशंसा करते हैं, और पीठ-पीछे बुराई करते हैं। ऐसे लोगों से सावधान रहने के लिए भगवान श्रीराम कहते हैं। वास्तव में अपना स्वार्थ सिद्ध करने के लिए लोग दूसरों की मुँह पर प्रशंसा करते हैं। ये प्रशंसा चापलूसी की श्रेणी में आती है। ऐसे व्यक्ति स्वार्थ सिद्ध न होने पर निन्दा करने से भी बाज नहीं आते। जो व्यक्ति पारदर्शी होगा, जिसका मन, वचन और कर्म एक होंगे, वह ही सच्चा और निःस्वार्थ प्रशंसक हो सकता है।

इससे पूर्व वाले प्रसंग में जब कालनेमि मरते समय अपनी राक्षसी देह को प्रकट करके 'राम-राम कहकर प्राण त्यागता है, तो हनुमानजी प्रसन्न हो जाते हैं, और उसकी प्रशंसा करते हैं-

**राम राम कहि छाड़ेसि प्राना। सुनि मन हरषि चलेउ हनुमाना॥**

**(लंकाकाण्ड)**

जब बहुत प्रयास करने के बाद लक्ष्मणजी मेघनाद को मार देते हैं, तो वह मरते समय श्रीराम और लक्ष्मणजी का नाम लेता है। हनुमानजी उस वीर को देखकर बहुत प्रसन्न होते हैं, और उसकी तथा उसकी माता मन्दोदरी की प्रशंसा करते हुए कहते हैं-

**रामानुज कहँ राम कहहँ अस कहि छाँड़ेसि**
**प्रान।धन्य धन्य तव जननी कह अंगद हनुमान॥**

**(लंकाकाण्ड)**

(राम के छोटे भाई लक्ष्मण कहाँ हैं? राम कहाँ हैं? ऐसा कहकर उसने प्राण छोड़ दिए। अंगद और हनुमान कहने लगे- तेरी माता धन्य है, धन्य है, जो तू लक्ष्मणजी के हाथों मरा और मरते समय श्रीराम-लक्ष्मण का स्मरण करके तूने उनके नामों का उच्चारण किया।)

हनुमानजी में यह विशेषता है कि वे अपने शत्रुओं की प्रशंसा करने से भी नहीं चूकते। कालनेमि और मेघनाद के उदाहरणों से यह बात पूरी तरह स्पष्ट है।

इससे पूर्व के प्रसंग में जब लंकापति रावण के भाई विभीषण प्रभु श्रीराम की शरण में आते हैं, तो सुग्रीव श्रीराम को सलाह देते हैं कि इसे बाँध लिया जाये, क्योंकि निशाचरों की माया जानी नहीं जा सकती है। ये हमारा भेद लेने आया है। श्रीराम उनकी बात सुनकर कहते हैं-

**''मम पन सरनागत भयहारी॥**

**(सुन्दरकाण्ड)**

(परन्तु मेरा तो प्रण है- शरणागत के भय को हर लेना।)

श्रीराम की शरणागतवत्सलता को जानकर हनुमानजी अंगद और सुग्रीव के साथ उसे सादर बुलाने चल पड़ते हैं। वे 'कृपालु श्रीराम की जय हो' का प्रशंसा से सराबोर उद्घोष करते हैं-

**उभय भाँति तेहि आनहु हँसि कह कृपानिकेत।**
**जय कृपाल कहि कपि चले अंगद हनु समेत॥**

**(सुन्दरकाण्ड)**

(कृपा के धाम श्रीरामजी ने हँसकर कहा- दोनों ही स्थितियों में उसे ले आओ। तब अंगद और हनुमानजी सहित सुग्रीव 'कृपालु श्रीराम की जय हो' कहते हुए चले।)

अपने गुणों और अवगुणों को तटस्थ भाव से देखिए। गुणों पर अधिक इतराइए मत, लेकिन दुर्गुणों को दूर करने का प्रयास करिए। प्रयास से क्या नहीं किया जा सकता है। दूसरों के गुणों की स्वस्थ और खुले मन से प्रशंसा कीजिए। उन्हें सराहिए और हो सके तो पुरस्कृत कीजिए। आपकी कुंठाएं दूर हो जाएँगी और आपके व्यक्तित्व में चार-चांद लग जाएँगे।

•

# 11

## मानदा

किसी 'भलेमानुस' की सच्ची पहचान यह है कि वह स्वयं अमानी रहते हुए दूसरों को यथायोग्य मान देता है। ऐसा व्यक्ति अहंकारशून्य होता है, और दूसरों को मान देकर गौरवान्वित और प्रतिष्ठित होता है तथा प्रशंसा का पात्र बनता है।

जो लोग 'मानदा' होते हैं, वे अपकार करने वाले व्यक्ति को भी मान देते हैं। हनुमानजी सभी को यथायोग्य मान देते हैं; चाहे वह छोटा हो अथवा बड़ा, इसलिए वे वानर से 'महामानव' तक की यात्रा करते हुए देवताओं के राजा हो जाते हैं, साक्षात् भगवान बन जाते हैं।

श्रीराम से प्रथम भेंट होने पर और उनका वास्तविक परिचय प्राप्त करने के बाद वे उनको साष्टांग प्रणाम करते हैं-

भृगु ऋषि विष्णुलोक जाते हैं। वहाँ उन्हें भगवान शेषशय्या पर विराजमान दिखाई देते हैं। लक्ष्मीजी उनके चरण दबा रही हैं। वे उनको भूलवश कामी समझ लेते हैं। कहते हैं- ''जिसकी मैं पूजा करता हूँ, वह तो कामी निकला, और उनकी छाती पर लात मारते हैं-

छमा बड़ेन को चाहिए छोटन को उत्पात।
का रहीम हरि को घट्यो जो भृगु मारी लात।।

विष्णु भगवान उनके चरण पकड़कर कहते हैं- "ऋषिवर! आपको चोट तो नहीं आई, क्योंकि मेरा हृदय वज्र से भी कठोर है, और आपके चरण अति कोमल हैं।"

ऋषि उनकी छाती पर प्रहार कर रहे हैं, और वे उनके चरण पकड़ रहे हैं। यही है सच्ची मानदा प्रवृत्ति। भृगु के लात मारने से भगवान श्री हरि का कुछ घट गया क्या? वरन् इससे उनका बड़प्पन ही प्रदर्शित हुआ। 'श्री विष्णुसहस्रनाम' में भगवान का एक नाम 'मानदा' भी है।

**प्रभु पहिचानि परेउ गहि चरना।**

**( किष्किन्धाकाण्ड )**

(प्रभु को पहचानकर हनुमानजी उनके चरण पकड़कर पृथ्वी पर गिर पड़े अर्थात् उन्होंने साष्टांग दण्डवत प्रणाम किया।) और–

**पुनि धीरजु धरि अस्तुति कीन्ही।**

**( किष्किन्धाकाण्ड )**

(फिर धीरज धरकर स्तुति की।)

वे सुग्रीव के सचिव हैं और उनका भला चाहते हैं। वे उनका बहुत सम्मान करते हैं। 'रामकाज' बिसरा देने पर वे सुग्रीव के पास आकर सबसे पहले उनके चरणों में सिर नवाते हैं–

**निकट जाइ चरनन्हि सिरु नावा।**

**( किष्किन्धाकाण्ड )**

(उन्होंने सुग्रीव के पास जाकर चरणों में सिर नवाया।)

और बाद में साम, दान, दंड और भेद रीतियों से उन्हें समझाते हैं।

जब सुग्रीव उन्हें राज्य के समस्त वानर वीरों को बुलाकर उन्हें 'रामकाज' के विषय में बताने की आज्ञा देते हैं, तो वे सभी को यथायोग्य मान देते हुए उन्हें समझाते हैं–

**तब हनुमंत बोलाए दूता। सबकर करि सनमान बहूता।।**

**( किष्किन्धाकाण्ड )**

(तब हनुमानजी ने दूतों को बुलाया और सबका बहुत सम्मान करके–

**भय अरु प्रीति नीति देखराई।**

**( किष्किन्धाकाण्ड )**

(सबको भय, प्रीति और नीति दिखलाई।)

इस प्रकार वे अपने अधीनस्थों अथवा छोटों का भी सम्मान करते हैं।

एक अन्य प्रसंग में किष्किन्धा में लक्ष्मणजी का पदार्पण होता है तब लक्ष्मण जी सुग्रीव को दंड देने के लिए उद्यत दिखते हैं, कहते हैं; अभी नगर को जलाकर राख कर दूँगा। लक्ष्मण जी को मनाने के लिए सुग्रीव के आदेश पर हनुमानजी तारा को लेकर लक्ष्मण जी के पास जाते हैं। वे उनकी चरणवन्दना करते हैं और उनके सुयश को बखानते हैं–

इसके बाद उनकी विनती करके उन्हें महल में ले आते हैं और उनके चरणों को धोकर उन्हें पलंग पर बैठाते हैं।

**करि बिनती मंदिर लै आए। चरन पखारि पलंग बैठाए।।**

**( किष्किन्धाकाण्ड )**

> उत्तरप्रदेश के पूर्व मुख्यमंत्री और उद्भट विद्वान् स्व. डॉ. सम्पूर्णानन्द सभी को यथायोग्य सम्मान देते थे। उनके एक कुल विप्र थे, जो यजमान परम्परा के कारण उनके यहाँ पूजा-पाठ और अनुष्ठान कराने आते थे।
>
> एक बार पूजा-पाठ के लिए जब पंडितजी उनके घर आये, तो वे पूजा-पाठ कराने में हिचकने लगे कि कहीं कोई गलती न हो जाये और डॉ. सम्पूर्णानन्द जैसे इतने बड़े विद्वान उसको पहचानकर कहीं बुरा न मान जाये! डॉ. सम्पूर्णानन्द ने उनके असमंजस को ताड़ लिया। वे बोले- "पंडितजी! आप हमारे कुलगुरु ही रहेंगे, चाहे हम कितने भी बड़े पद पर क्यों न पहुँच जायें और कितने भी पढ़-लिख क्यों न जाएं, आपका स्थान सदैव ऊँचा ही रहेगा।"
>
> फिर पंडितजी ने स्वतन्त्र होकर अनुष्ठान करवाया और गद्गद होकर उन्हें आशीर्वाद दिया।

जब सीताजी की खोज के अभियान पर निकलते समय भूख-प्यास से व्याकुल होकर वे अन्य वानरों के साथ एक गुफा में प्रवेश करते हैं, तो उन्हें एक तपस्विनी नारी दिखाई पड़ती है। उसकी तपश्चर्या में विघ्न पैदा न हो, इसलिए वे बिना कुछ कहे ही उसको प्रणाम करते हैं-

**दूरि ते ताहि सबन्हि सिरु नावा। पूछें निज वृत्तांत सुनावा।।**

**(सुन्दरकाण्ड)**

(दूर से ही सबने उसे सिर नवाया और पूछने पर अपना सब वृत्तांत कह सुनाया।)

वे उसे यथायोग्य सम्मान देते हैं, और जब वह पूछती हैं, तब उससे वार्तालाप करते हैं। वह तपस्विनी 'स्वयंप्रभा' थी, जो बाद में श्रीराम के दर्शन कर बद्रिकाश्रम चली गयीं।

बाद में वे समुद्र के पार जाने से पहले सभी वानरों को समवेत रूप से प्रणाम करते हैं। प्रणाम ही नहीं करते, अपितु मस्तक नवाते हैं-

**यह कहि नाइ सबन्हि कहुँ माथा।**

**(सुन्दरकाण्ड)**

मैनाक पर्वत के समुद्र के जल से उभर आने पर वे उसको भी प्रणाम करते हैं और अपने हाथ से उसका स्पर्श करते हैं।

सुरसा से द्वन्द्वयुद्ध लड़कर वे उससे सिर नवाकर विदा माँगते हैं-

**मांगा बिदा ताहि सिरु नावा**

**(सुन्दरकाण्ड)**

विभीषण को सन्त पुरुष समझकर उन्हें सम्मान देते हैं और कहते हैं कि इनसे हठ करके पहचान करूंगा-

**साधु तें होइ न कारज हानी**

**(सुन्दरकाण्ड)**

(साधु से कार्य की हानि नहीं होती, प्रत्युत लाभ ही होता है।)

जब वे अशोक वाटिका में सीताजी को परमदुःखी देखते हैं, तो उन्हें मन-ही-मन प्रणाम करके उन्हें समुचित आदर देते हैं-

**देखि मनहिं' मन कीन्ह प्रणाम।**

सीताजी से आशीर्वाद पाने के बाद वे कृतकृत्य होकर उनके चरणों में सिर नवाते हैं- **'बार बार नाएसि पद सीसा'** और जो-कुछ भी कहना होता है, वे हाथ जोड़कर कहते हैं- **'बोला बचन जोरि कर कीसा।'**

जब वे सीताजी की आज्ञा से फल खाने के लिए वाटिका में प्रवेश करते हैं, तो उन्हें सिर नवाते हैं-

भारतीय सन्त परम्परा में चैतन्य महाप्रभु का नाम अग्रणी है। एक बार चैतन्यजी नाव से गंगा पार जा रहे थे। उनके साथ उनके बचपन के मित्र एवं संस्कृत के प्रकाण्ड विद्वान रघुनाथ पंडित भी थे। महाप्रभु ने उन्हीं दिनों न्याय-दर्शन पर एक श्रेष्ठ ग्रन्थ लिखा था, जो उन्होंने पंडितजी को दिखाया, और उसके कुछ अंश पढ़कर भी सुनाये। काफी देर तक ध्यान से सुनने के बाद पंडितजी दुःखी हो गये और रोने लगे। महाप्रभु ने ग्रन्थ का पाठ बन्द कर दिया, और उनके रोने का कारण पूछा।

रघुनाथ पंडित बड़े करुण स्वर में बोले- "क्या बताऊँ? मैंने कई वर्षों के घोर परिश्रम के बाद न्याय-दर्शन पर एक ग्रन्थ लिखा था। सोचा था, उस बेजोड़ ग्रन्थ से मुझे बड़ा यश मिलेगा। परन्तु आज तो मेरी तपस्या ही निष्फल हो गई। तुम्हारे ग्रन्थ की श्रेष्ठता के आगे मेरे ग्रन्थ का तो कोई मूल्य ही नहीं रह गया। उसका सारा महत्त्व नष्ट हो गया। सूर्य के आगे भला दीपक की क्या महिमा?"

चैतन्य महाप्रभु ने बड़ी सरलता से हँसते हुए उसी समय अपने उस महत्त्वपूर्ण ग्रन्थ को फाड़कर गंगाजी में बहा दिया और बोले- 'मैं मित्रता को बहुत मान देता हूँ। इसके लिए चाहे मुझे कोई भी बलिदान क्यों न देना पड़े!"

उन्होंने आगे कहा- "अब दुःखी होने की आवश्यकता नहीं है मित्र! तुम्हारे ग्रन्थ का गौरव अब कभी कम न होगा।"

ऐसे मानदा थे, चैतन्य महाप्रभु! और इतने अनुदार कि उन्होंने मित्रता के सम्मान के लिए अपने अमूल्य ग्रन्थ की भेंट दे दी।

**चलेउ नाइ सिरु पैठेउ बागा।**

(वे सीताजी को सिर नवाकर चले, और बाग में घुस गये।)

ऐसे ही जब आप किसी कार्य को करने से पहले भगवान की आज्ञा लेंगे, तो आप पूरी तरह सुरक्षित रहकर अपना कार्य करके वापस लौट आयेंगे। हनुमानजी के साथ भी ऐसा ही होता है। वे अपनी भूख शान्त करने के लिए पराशक्ति की आज्ञा लेते हैं, और लंका-दहन करके सकुशल उनके पास लौट आते हैं।

रावण की सभा में उससे वार्तालाप करते समय वे उसके सम्मान का ध्यान रखते हैं और उसे 'प्रभु' और स्वामी' कहते हैं-

**खायउँ फल प्रभु लागी भूखा।**

और

**सबके देह परमप्रिय 'स्वामी'**

वैसे तो यहाँ हनुमानजी रावण को अतुलनीय वैभव सम्पन्न और उसे परम बलशाली मानते हुए 'प्रभु' और 'स्वामी' कहते हैं, लेकिन हम प्रकारान्तर से प्रभु (राक्षसों के स्वामी) और स्वामी- (निशाचरों के मालिक) कह सकते हैं।

हनुमानजी उसको अपनी बात समझाने के लिए उसके हाथ तक जोड़ते हैं। लेकिन जब वे पूर्णरूपेण यह समझ लेते हैं कि रावण महाअहंकारी है और ये, किसी भी सूरत में मेरी सीख नहीं मानेगा, तब वे 'शठे शाठ्यं समाचरेत्' की नीति अपनाकर उसे खरी-खोटी सुनाने से भी नहीं चूकते हैं।

लंका-दहन करके वे जब सीताजी से जाने की आज्ञा माँगते हैं, तो सिर नवाते हैं-

**चरन कमल सिरु नाइ कपि गवनु राम पहिं कीन्ह।**

(उनके चरण कमलों में सिर नवाकर श्रीरामजी के पास गमन किया।)

जब श्रीराम कहते हैं कि हे पुत्र! मैं तुझसे कभी उऋण नहीं हो सकता, तब वे 'हे भगवन! मेरी रक्षा करो, मेरी रक्षा करो' कहते हुए श्रीराम के चरणों में सम्मानपूर्वक गिर पड़ते हैं-

**चरन परेउ प्रेमाकुल त्राहि त्राहि भगवंत॥**

जब संजीवनी बूटी-प्रकरण में भरतजी से श्रीराम के पास वापस जाने के लिए विदा माँगते हैं, तो उनको श्रीराम के समान ही आदर देते हैं-

**अस कहि आयसु पाइ पद बंदि चलेउ हनुमंत॥**

**(लंकाकाण्ड)**

(ऐसा कहकर आज्ञा पाकर और भरतजी के चरणों की वन्दना करके हनुमानजी जी चले।)

लक्ष्मणजी के प्राण बचाने वाले सुषेण वैद्य को वे जिस प्रकार चोरी-चुपके लघु रूप धरकर लंका से ले आते हैं, लक्ष्मणजी के 'जीवित' होने पर उन्हें पूर्ण आदर सहित वापस लंका में पहुँचा आते हैं।

मेघनाद के मरने पर वे श्री राम-लक्ष्मण के नाम का उच्चारण करने पर उसकी व उसकी माता की प्रशंसा करते है, और बाद में उस वीर के शव को सम्मानपूर्वक लंका के दरवाज़े पर रख आते हैं-

**बिनु प्रयास हनुमान उठायो। लंका द्वार राखि पुनि आयो॥**

**(लंकाकाण्ड)**

(हनुमानजी ने उसको बिना परिश्रम के ही उठा लिया, और लंका के दरवाजे पर रखकर वे लौट आये।)

मेघनाद जब लक्ष्मणजी पर वीरघातिनी शक्ति का प्रहार करता है, तो वे मूर्च्छित हो जाते हैं। तब मेघनाथ भय छोड़कर उनके पास चला जाता है और अपने समान बल वाले सौ करोड़ योद्धाओं सहित वह उन्हें उठाकर ले जाने का प्रयास करता है। जब वे नहीं उठते, तो सभी योद्धा लज्जित हो जाते हैं। बाद में परमवीर शेषावतार लक्ष्मणजी को हनुमानजी ससम्मान श्रीराम के पास ले आते हैं-

**'तब लगि लै आयउ हनुमाना।'**

**(लंकाकाण्ड)**

(तब तक हनुमान उन्हें ले आंये।)

जब रावण; युद्ध में लक्ष्मणजी से पार न पाने के कारण उन पर ब्रह्माजी की शक्ति चलाकर, उन्हें मूर्च्छित कर उठाने का प्रयास करता है, तो मेघनाद की तरह वह भी उन्हें नहीं उठा पाता। हनुमानजी उसके पास दौड़कर जाते हैं और उस पर घूंसे से प्रहार करते हैं और लक्ष्मणजी को एक बार फिर आदर सहित श्रीराम के पास तक ले आते हैं-

**अस कहि लछिमन कहुँ कपि ल्यायो। देखि दसानन बिसमय पायो॥**

**(लंकाकाण्ड)**

(ऐसा कहकर और लक्ष्मणजी को उठाकर, हनुमानजी श्री रघुनाथ जी के पास ले आये। यह देखकर रावण को आश्चर्य हुआ।)

विभीषण का राजतिलक करने वे लक्ष्मणजी के साथ लंका जाते हैं। वे सभी वानरों सहित उनकी स्तुति करते हैं और उनका सादर अभिवादन करते हैं-

**सादर सिंहासन बैठारी। तिलक सारि अस्तुति अनुसारी॥**

**(लंकाकाण्ड)**

(आदर के साथ विभीषण को सिंहासन पर बैठाकर राजतिलक किया और स्तुति की।)

इसके बाद

**जोरि पानि सबही सिर नाए।**

**(लंकाकाण्ड)**

(सभी ने हाथ जोड़कर उन्हें सिर नवाया।)

श्रीराम के आदेश पर हनुमानजी भरतजी को उनके अयोध्या पुनरागमन का समाचार सुनाने जाते हैं। वे अपना परिचय देकर उनको श्रीराम की गुण-गाथा सुनाते हैं-

**तब हनुमंत नाइ पद माथा। कहे सकल रघुपति गुन गाथा।**

**(उत्तरकाण्ड)**

(तब हनुमानजी ने भरतजी के चरणों में मस्तक नवाकर श्री रघुनाथ जी की सारी गुणगाथा कही।)

इस प्रकार वे अपने आराध्य देव श्री रामचन्द्रजी के समूचे परिवार को उनके समान ही आदर देते हैं और स्वयं को धन्य भाग मानते हैं तथा उनको आदर देते-देते स्वयं सम्मानीय हो जाते हैं, बाद में श्रीराम उन्हें अपने परिवार में शामिल कर लेते हैं। श्री राम-परिवार में हैं- श्रीराम, सीताजी, लक्ष्मणजी, भरत जी-शत्रुघ्न जी और हनुमानजी।

वे भरतजी के चरणों में सिर नवाकर पुनः श्री राम के पास चले जाते हैं।

श्रीरामजी के अयोध्या आगमन पर वे भी उनके साथ आते हैं और उनके आदेश पर गुरु वशिष्ठजी से परिचय होने पर वे उनके चरणों में मस्तक नवाते हैं-

**पुनि रघुपति सब सखा बोलाए। मुनि पद लागहु सकल सिखाए।।**

**(उत्तरकाण्ड)**

(फिर श्री रघुनाथजी ने सभी सखाओं को बुलाया और सबको सिखाया कि मुनि के चरणों में लगो।)

और फिर कौशल्याजी से भेंट होने पर उनकी चरण-वन्दना करते हैं-

**कौसल्या के चरनन्हि पुनि तिन्ह नायउ माथ।**

**(उत्तरकाण्ड)**

वे सनकादि मुनियों को भी साष्टांग दण्डवत करते हैं।

श्रीराम की शरण में आने पर वे अपने पूर्वकाल के स्वामी सुग्रीव की न तो उपेक्षा करते हैं, और न उनके सम्मान में कोई कमी करते हैं। वे श्रीराम की

'कुछ दिन' सेवा करने के लिए पूर्व की भाँति ही उनका निहोरा करते हैं, और उनको मस्तक नवाते हैं-

**तव सुग्रीव चरन गहि नाना। भाँति विनय कीन्हे हनुमाना॥**

**( उत्तरकाण्ड )**

यदि आप समाज में मान पाना चाहते हैं, तो दूसरों को यथायोग्य सम्मान देना सीखिए। जिस व्यवहार की अपेक्षा हम दूसरों से करते हैं, वही व्यवहार हमें भी करना चाहिए। कुएं की बोली जैसा होता है सामाजिक व्यवहार का नियम! जीवन में सम्मान पाने के लिए बहुत त्याग करना पड़ता है इसलिए आज से ही संकल्प कीजिए कि मैं सभी को यथायोग्य मान दूँगा और किसी का अपमान नहीं करूँगा।

•

# 12

# परमज्ञानी

सच्चाज्ञान प्राप्त होने पर मनुष्य में पात्रता आती है। वह पहले से अधिक विनम्र, अहंकारशून्य और नत हो जाता है। उसके भीतर का आनन्दस्त्रोत फूट पड़ता है, और वह मौन व्रत का पालन करना सीख जाता है। उसकी हर क्रिया आन्तरिक हो जाती है। वह संसार में रहते हुए भी नहीं रहता, उसको देखते हुए भी नहीं देखता। वह कमल के पत्ते के समान हो जाता है- जल में रहते हुए भी उससे अलग रहना, यही सच्चे ज्ञानी की पहचान है और हनुमानजी इस ज्ञान-कसौटी पर खरे उतरते हैं।

वे परमज्ञानी हैं। वे अपने ज्ञान का कभी का प्रदर्शन नहीं करते, अपितु समय आने पर उसका विवेकपूर्ण इस्तेमाल करते हैं। वे ज्ञान के आगार हैं। 'हनुमान चालीसा' में सर्वप्रथम जो दोहा है, उसमें हनुमानजी को 'ज्ञान का सागर' बताया गया है-

**जय हनुमान ज्ञान गुन सागर**

वे ज्ञान-गुण के सागर हैं, इसलिए कभी अपनी सीमा का अतिक्रमण नहीं करते। सागर भी अपनी मर्यादा में रहता है। उनका ज्ञान मर्यादित है और वह किसी को अपने ज्वार से हानि नहीं पहुँचाता, वरन् ज्ञान का ज्वार आने पर किनारों पर असंख्य बहुमूल्य रत्न छोड़ जाता है, जिसे लोग 'भाटा' आने पर अपने साथ उठा ले जाते हैं।

वास्तव में ज्ञान यदि मर्यादित है, उसमें दूसरों के समक्ष अपने को स्थापित करने की जिजीविषा नहीं है, तभी वह शोभा पा सकता है।

श्रीराम से प्रथम मिलन पर वे अनेक प्रकार से उनकी स्तुति करते हुए कहते हैं-

**नाथ जीव तव मायाँ मोहा। सो निस्तरइ तुम्हारेहिं छोहा॥**

**( किष्किन्धाकाण्ड )**

(हे नाथ! जीव आपकी माया से मोहित है। वह आपकी ही कृपा से निस्तार पा सकता है।)

वे कहते हैं कि आपकी माया के वशीभूत होकर ही मैं आपको पहचान नहीं पाया। यहाँ वे ये संदेश देते हैं कि जीव प्रभु की माया के वशीभूत होकर विवश हो जाता है, और वह जाने-अनजाने पाप कर बैठता है।

इसके बाद श्रीरामचन्द्रजी की दुहाई देते हुए वे कहते हैं कि मैं भजन-साधन कुछ नहीं जानता और आपके भरोसे निश्चिन्त रहता हूँ-

**सेवक सुत पति मातु भरोसे। रहइ असोच बनहिं प्रभु पोसे॥**

**(किष्किन्धाकाण्ड)**

(सेवक स्वामी के, और पुत्र माता के भरोसे निश्चिन्त रहता है। प्रभु को सेवक का पालन-पोषण करते ही बनता है अर्थात् करना ही पड़ता है।)

वास्तव में यदि प्रभु के समक्ष पूर्ण समर्पण कर दिया जाये, तो भगवान निश्चित रूप से अपने भक्त का योगक्षेम वहन करते हैं। वे अपने आराध्य के प्रति पूर्ण समर्पित भक्त हैं।

सन्त राबिया अपने समय की एक प्रसिद्ध मुस्लिम सन्त थीं। उनका सारा समय खुदा की इबादत में व्यतीत होता था। वे हर इन्सान को खुदा का बन्दा मानकर प्यार करती थीं, और उन्हें खुदा की बन्दगी करने की नेक सीख देती थीं।

एक बार की बात है कि उनकी कुटिया में एक चोर घुस आया। उसे बहुत खोजने पर जब कुछ नहीं मिला, तो उसने एक चादर को उठा लिया और लेकर चलने लगा, लेकिन उसका सिर चकराने लगा, और वह अन्धा-सा हो गया। वह अपना सिर पकड़कर वहीं बैठ गया। जैसे ही उसने चादर को एक ओर रखा, उसके चक्कर बन्द हो गए और उसको दोबारा दिखाई पड़ने लगा।

अब चोर ने उठकर दोबारा चादर अपने हाथ में ले ली और दरवाज़े की ओर बढ़ा कि उसकी दोबारा वैसी ही हालत हो गई। वह घबरा गया, और चादर को झटके से हाथ से नीचे फेंक दिया। वह फिर ठीक हो गया। उसने कई बार चादर उठाई और हर बार उसकी तबियत बिगड़ उठी।

वह असमंजस में खड़ा रहा। उसे कोई रास्ता नहीं सूझ रहा था। तभी उसे एक गम्भीर आवाज़ सुनाई दी- "अपने घर लौट जा। नहीं तो परेशानी में पड़ जाएगा। राबिया ने खुद को मेरे आगे समर्पित कर दिया है। वह तो सो रही है, लेकिन मैं जाग रहा हूँ। भला मेरे रहते उसकी किसी चीज़ को कोई चुरा सकता है? जा, अपने घर वापस लौट जा।"

चोर ने राबिया के आगे अपना सिर झुकाया और दरवाज़े से बाहर निकल गया। वह खाली आया था, लेकिन अब बहुत बड़ी सम्पदा लेकर जा रहा था।

वे इतने बड़े ज्ञानी हैं, लेकिन दूसरों की राय लेना नहीं भूलते और ऐसा करते समय उनमें लेशमात्र भी अहंकार नहीं आता। जाम्बवान् द्वारा उनके बल का बखान करने के बाद वे अपना असली स्वरूप दिखाकर उनसे पूछते हैं-

**जामवंत मैं पूँछउँ तोही। उचित सिखावनु दीजहु मोही॥**

**( किष्किन्धाकाण्ड )**

(जाम्बवान् मैं तुमसे पूछता हूँ, तुम मुझे उचित सीख देना कि मुझे क्या करना चाहिए?)

जाम्बवान् उन्हें सीताजी को देखकर वापस लौट आने को कहते हैं।

वास्तव में, किसी भी कार्य को करने से पहले अपने इष्ट-मित्रों और शुभचिन्तकों की राय अवश्य लेनी चाहिए। सबकी राय लेकर उन पर सम्यक् विचार करके फिर उचित निर्णय लेना चाहिए। कहा भी गया है- 'सुनिए सबकी, लेकिन करिए अपने मन की', यदि कार्य गुप्त है, तो अन्तरात्मा की आवाज़ सुननी चाहिए।

लंका में भ्रमण करने के दौरान जब वे विभीषण का देवगृह देखते हैं और उनके जागने पर उनके मुँह से 'रामनाम' सुनते हैं, तो वे उनसे अपनी ओर से पहचान करने की बात कहते हुए मन में विचार करते हैं-

**साधु तें होइ न कारज हानी॥**

**( सुन्दरकाण्ड )**

उनसे भेंट होने पर दोनों ही लोग अपनी-अपनी निष्कृटता और हीनता का बखान करते हैं। तब हनुमानजी विभीषण से कहते हैं-

**सुनहु विभीषण प्रभु कै रीती। करहिं सदा सेवक पर प्रीती॥**

**( सुन्दरकाण्ड )**

(हनुमानजी ने कहा- हे विभीषण जी! सुनिए, प्रभु की यह रीति है कि वे सेवक पर सदा ही प्रेम किया करते हैं।)

फिर वे षडविकारों से ग्रसित पापी मनुष्यों के विषय में कहते हैं-

**जानतहूँ अस स्वामि बिसारी। फिरहिं ते काहे न होहिं दुखारी।**

**( सुन्दरकाण्ड )**

जो मनुष्य भगवान को भूल जाता है, उस पर विपत्तियों का पहाड़ टूट पड़ता है, लेकिन लोग उलटी बात कहते हैं। कहते हैं कि जो मनुष्य अधिक पूजा-पाठ करते हैं, वे हमेशा दुःखी रहते हैं, और जो पूजा-पाठ नहीं करते, या कम करते हैं, वे संसार का हर सुख भोगते हैं। ऐसी बात नहीं हैं, जो भगवान का अनन्य भक्त होता है, भगवान उसकी परीक्षा लेकर उसे 'शुद्ध' करके अपने चरण कमलों में स्थान देते हैं। आज जो लोग नाना प्रकार के सुख भोग रहे हैं, ये उनके पूर्व जन्मों में किए गए पुण्यों का फल है। वे आज जो भी करेंगे, उसका दंड या पुरस्कार उन्हें आगे अवश्य मिलेगा।

वे ज्ञानी होने के साथ विवेकी भी हैं, और किसी बात पर सम्यक् विचार करने के बाद निर्णय लेते हैं। सीताजी को अत्यन्त दुःखी देख कर और उनको रावण द्वारा त्रास दिए जाने के बाद, वे अपने मन में गहन विचार करके श्रीराम की अंगूठी नीचे गिराने का निर्णय लेते हैं-

**कपि करि हृदयँ बिचार दीन्हि मुद्रिका डारि तब।**

(सुन्दरकाण्ड)

वे सीताजी से प्रभु के प्रताप के व्याज से अनहोनी को होनी बनाने की बात कहते हैं-

**प्रभु प्रताप ते गरुडहिं खाइ परम लघु व्याल।**

( )

रावण के दरबार में पहुँचकर वे उसको भाँति-भाँति से ज्ञान देते हैं, लेकिन कहा गया है- **'मूरख हृदय न चेत, जौं गुरु मिलइ बिरंचि सम'**

(यदि ब्रह्मजी के समान गुरु भी मिल जाएँ, फिर भी मूर्ख व्यक्ति चेतता नहीं है।)

वही स्थिति रावण की है। वह ज्ञान प्राप्त करने के बाद भी सचेत नहीं होता है और अहंकार से कहता है- **'मिला हमहिं कपि गुरु बड़ ग्यानी'** अस्तु!

जब रावण उनसे पूछता है कि तूने किस अपराध के कारण राक्षसों को मारा? तब हनुमानजी भगवान की अनन्त शक्तियों का उल्लेख करते हुए उसे ज्ञान देते हैं-

**सुनु रावन ब्रह्मांड निकाया। पाइ जासु बल विरचित माया॥**

(सुन्दरकाण्ड)

(हनुमानजी ने कहा- हे रावण! सुन, जिनका बल पाकर माया सम्पूर्ण ब्रह्माण्डों के समूहों की रचना करती है।)

**जाके बल बिरंचि हरि ईसा। पालत सृजत हरत दस सीसा॥**
**जब बल सीस धरत सहस्रानन। अंडकोस समेत गिरि कानन॥**

(जिनके बल से हे दशशीश! ब्रह्मा, विष्णु, महेश-सृष्टि का सृजन, पालन और संहार करते हैं, जिनके बल से सहस्र मुख अर्थात् हजार फणों वाले शेष जी पर्वत और वनसहित समस्त ब्रह्माण्ड को धारण करते हैं।

**धरइ जो बिबिध देह सुर त्राता। तुम्ह ते सठन्ह सिखावउ दाता॥**

(सुन्दरकाण्ड)

(जो देवताओं की रक्षा के लिए नाना प्रकार की देह धारण करते हैं।)

वे भगवान श्री राम की शक्ति का उल्लेख करते हुए कहते हैं-

**जाके डर अति काल डेराई। जो सुर असुर चराचर खाई।**

(सुन्दरकाण्ड)

(जो देवता, राक्षस और समस्त चराचर को खा जाता है, वह काल भी जिनके डर से अत्यन्त डरता है।)

वे उससे श्रीराम की शरण में जाने को कहते हैं, और प्रकारान्तर से उसे सचेत करते हैं कि तुम श्री राम से विमुख हो गये हो। श्रीराम से विमुख होने वाले की रक्षा कोई नहीं कर सकता-

**राम नाम बिनु गिरा न सोहा। देखु बिचारि त्यागि मद मोहा।।**

**(सुन्दरकाण्ड)**

रामनाम के बिना वाणी शोभा नहीं पाती, मद-मोह छोड़कर विचार करके देखो।

जीवन में रामनाम का महत्त्व प्रतिपादित करते हुए, वे आगे कहते हैं-

**राम बिमुख संपति प्रभुताई। जाइ रही पाई बिनु पाई।।**
**सजल मूल जिन्ह सरितन्ह नाहीं। बरषि गएँ पुनि तबहिसुखाहीं।।**

**(सुन्दरकाण्ड)**

(राम-विमुख पुरुष की सम्पत्ति और प्रभुता रही हुई भी चली जाती है और उसका पाना न पाने के समान है। जिन नदियों के मूल में कोई जलस्रोत नहीं है अर्थात् जिन्हें केवल बरसात का ही आसरा है, वे वर्षा बीत जाने पर फिर तुरन्त ही सूख जाती हैं।)

हनुमानजी अभिमान को मोह का मूल बताते हैं, और रावण से उसे त्यागने के लिए कहते हैं-

**मोहमूल बहु सुल प्रद। त्यागहु तम अभिमान।।**

**(सुन्दरकाण्ड)**

हनुमानजी रावण को अपनी बात का पूर्ण संज्ञान कराने के लिए प्रतिज्ञा करते हुए कहते हैं कि श्रीराम - विमुख कहीं भी चला जाये, कोई भी उसकी रक्षा नहीं कर सकता-

**सुनु दसकंठ कहउँ पन रोपी। बिमुख राम त्राता नहिं कोपी।**
**संकर सहस बिष्णु अज तोही। सकहिं न राखि रामकर द्रोही।।**

**(सुन्दरकाण्ड)**

(हे रावण! सुनो, मैं प्रतिज्ञा करके कहता हूँ कि रामविमुख की रक्षा करने वाला कोई भी नहीं है। हज़ारों शंकर, विष्णु और ब्रह्मा भी श्रीराम के साथ द्रोह करने वाले तुझको नहीं बचा सकते।)

सीताजी की खोजकर वापस आने पर वे सारे समाचार श्रीराम को सुनाते हैं। जब श्रीराम, सीताजी की करुण गाथा सुनकर कहते हैं कि मन, वचन और शरीर से जिसे मेरा ही आश्रय है, उसे क्या स्वप्न में भी विपत्ति हो सकती है, तब हनुमानजी जीवन की सबसे बड़ी विपत्ति का उल्लेख करते हैं-

**कह हनुमंत बिपति प्रभु सोई। जब तव सुमिरन भजन न होई॥**

**(सुन्दरकाण्ड)**

(हनुमानजी ने कहा- हे प्रभो! विपत्ति तो वही अर्थात् तभी है, जब आपका भजन-स्मरण न हो।)

कोई व्यक्ति, यदि किसी कारणवश, किसी दिन भगवान का नाम नहीं ले पाता, तो वह दिन उसके लिए विपत्ति भरा दिन है। उसने उस दिन विशेष को रामविमुख होकर पाप कर दिया। इसके प्रायश्चित्तस्वरूप उसे अगले दिन दोगुना जप-पाठ करना चाहिए। भगवान के नाम में कितनी शक्ति है और मन्त्र शुद्ध हृदय और पूर्ण श्रद्धा से जपे जाने पर कितने प्रभावशाली हैं, एक उदाहरण से समझना पर्याप्त है। तुलसीदास जी ने 'रामचरितमानस' में ही लिखा-

**मंत्र महामनि विषय ब्याल के। मेंटत कठिन कुअंक भाल के॥**

(मन्त्र, विषय रूपी सर्प की महामणि हैं। वे भाल के कुअंक अर्थात् कठिन को भी मिटा देते हैं।)

यह बात शत-प्रतिशत सच है और मैं इस घटना का साक्षी हूँ।

एक लड़का था; एम. कॉम प्रथम श्रेणी। ट्यूशन करके अपनी आजीविका चलाता था, और आदिशक्ति माँ चामुण्डा का उपासक था। "श्री दुर्गा सप्तशती में उल्लखित नवार्ण मन्त्र- 'ऊँ ऐं ह्रीं क्लीं चामुण्डायै विच्चे' का जप करता था और प्रतिदिन उनकी दिव्यमूर्ति के दर्शन करने जाता था।

उसने बैंक ऑफ बड़ौदा में क्लर्कों की भर्ती-परीक्षा का फार्म, भरा, और नियत तारीख पर परीक्षा देने पहुँचा। 'आन्सरशीट' आई, और उसने उसे खोलकर नवार्ण मन्त्र का बार-बार उच्चारण करते हुए सारी शीट दस मिनट में भर डाली। इस परीक्षा में प्रश्नों के चार विकल्प दिए होते हैं; उनमें से एक को टिक करना होता है। जब अन्त:परीक्षक ने उससे कहा कि तुमने काम पूरा कर लिया? वह बोला- "हाँ!" परीक्षक बोला- "एक बार जाँच लो।" वह बोला- "जाँचना क्या?" परिणााम घोषित हुआ और उसका चयन 'बैंक आव् बड़ौदा' के लिए हो गया। उसने एक-दो वर्ष नौकरी की, लेकिन वह 'स्टेट बैंक ऑव् इंडिया' में जाना चाहता था। उसे 'बैंक ऑव् बड़ौदा' पसन्द नहीं था।

स्टेट बैंक की रिक्तियां निकलीं, उसने फॉर्म भरा। एक बार फिर उसने नवार्णमन्त्र का जप करते हुए 'आन्सरशीट' दस मिनट में भर डाली। और......... उसका चयन 'स्टेट बैंक' में भी हो गया। आज वह सानन्द नौकरी कर रहा है।

ऐसा एक बार नहीं, बल्कि दो-बार हुआ। इसलिए हनुमानजी द्वारा राम-नाम की शक्ति का बार-बार रावण के समक्ष उल्लेख करना महत्त्वपूर्ण, प्रासंगिक और समीचीन है।

प्रभु श्रीराम के समक्ष उनकी ही शक्तियों और उनकी अनुकूलता का उल्लेख करते हुए वे कहते हैं-

**ता कहुँ प्रभु कछु अगम नहिं जापर तुम्ह अनुकूल।**

**(सुन्दरकाण्ड)**

वास्तव में भगवान की अनुकूलता होने पर असम्भव कार्य भी सम्भव हो जाता है। हनुमानजी के सारे कर्म ज्ञान के अनुसार हैं। उनके मन, वचन और कर्म में एकरूपता है, इसलिए वे सदैव सफल रहते हैं।

भगवान बुद्ध भी अपने एक शिष्य को ज्ञान को जीवन में उतारने की प्रेरणा देकर उसमें क्रान्तिकारी परिवर्तन कर देते हैं-

भगवान बुद्ध किसी स्थान पर धर्म-सभा में प्रवचन कर रहे थे। उनकी सभा में एक व्यक्ति रोजाना आता था, और प्रवचन सुनकर चला जाता था। वे उपस्थित लोगों को बार-बार समझाते थे- ''मोह, लोभ और राग-द्वेष का त्याग कर देना चाहिए, क्योंकि ये पाप के मूल हैं।" वे कहते थे- ''क्रोध का प्रत्युत्तर क्रोध नहीं है। क्रोधी व्यक्ति अपना अहित करता है। क्रोध न करने वाला जीवन का बड़ा भारी युद्ध जीत लेता है।"

लेकिन एक महीने प्रवचन सुनने के बाद भी उस व्यक्ति पर उसका कोई असर नहीं हुआ। वह इन सभी बुराइयों के दलदल में फंसता ही चला गया। परेशान होकर वह एक दिन प्रवचन पूर्ण होने के बाद बुद्ध के पास जाकर बोला- ''भन्ते! आपके प्रवचनों का मुझ पर लेशमात्र भी असर नहीं पड़ा। मेरा मार्गदर्शन कीजिए।''

बुद्ध ने उसकी ओर प्रेम से निहारा और बोले- ''निवास कहाँ है तुम्हारा''

''श्रावस्ती''

''वहाँ से कैसे आते-जाते हो?''

''सवारी से।''

उन्होंने समय के विषय में पूछा, तो उसने बता दिया।

बुद्ध बोले- ''अच्छा यह बताओ कि अपने घर से यहाँ कल्पना करते-करते पहुँच गए?''

वह बोला- ''ऐसा कैसे हो सकता है? श्रावस्ती से प्रवचन स्थल तक पहुँचने के लिए तो चलना पड़ता है।''

**बुद्ध ने उसे बड़े प्यार से समझाते हुए कहा- "तुम्हारी बात का समाधान तुमने स्वयं प्रस्तुत कर दिया। बिना चले भला कहीं मंज़िल पर पहुँचा जा सकता है? इसी प्रकार जीवन में अच्छी बातों को उतारने के लिए उन पर अमल करना पड़ता है।**

**कुछ क्षण रुककर वे फिर बोले- "वत्स! ज्ञान के अनुसार यदि कर्म न हो; तो सब व्यर्थ हो जाता है।"**

**उसके बाद उस व्यक्ति के जीवन में आमूलचूल परिवर्तन आ गया और वह संघ का भिक्षु बन गया।**

संसार में एक-से-एक बड़े ज्ञानी हुए हैं। उनकी तुलना में हम उनके पासंग के बराबर भी नहीं हैं। किताबें पढ़ने और इधर-उधर से दो-चार बातें सुनकर दूसरों के सामने प्रदर्शन करने से कोई ज्ञानी नहीं हो जाता है। ज्ञानी वह है, जो विस्तृत अध्ययन-मनन-चिन्तन के बाद भी विनम्र है; दूसरों के समक्ष अहंकार शून्य बनकर नत होता है और प्रदर्शनप्रिय नहीं है। हमें सच्चा ज्ञानी बनकर हनुमानजी की स्वस्थ परम्परा का अनुसरण करना चाहिए।

•

# 13

# अयाचक

अपने से बड़े, बुजुर्ग, सम्माननीय और अधिकारी द्वारा सौंपे गए किसी भी कार्य को निष्ठा और ईमानदारी से करना; उनकी आज्ञा का बिना तर्क किए पालन करने में हर क्षण तत्पर रहना; अधीनस्थ और छोटों का सबसे बड़ा गुण होता है। इससे भी बड़ी बात होती है कि बदले में कुछ भी न माँगना, किसी पुरस्कार की आशा न रखना। ऐसा व्यक्ति निःस्वार्थ सेवा करने में विश्वास करता है। यदि आपने बदले में किसी चीज़ की आशा की, तो आपके अब तक के सब किए- कराए पर पानी फिर जाएगा।

वास्तव में किसी से कुछ माँगने से मान घटता है। व्यक्ति पहले जितना सम्मान नहीं करता और न आपको अधिक महत्त्व देता है। कहा भी है-
**माँगत-माँगत मान घटै अरू प्रीति घटे नित के घर जाई।**

(यदि आप हर समय किसी से कुछ-न-कुछ माँगते ही रहेंगे, तो आपका मान घट जाएगा और यदि आप किसी के घर प्रतिदिन जाएंगे, तो आपसी प्रेम घट जाएगा।)

अक्सर ऐसा करने पर पहले तो व्यक्ति न देने के लिए बहाना बनाएगा और एक दिन वह स्पष्ट रूप से मना कर देगा। भगवान के सम्बन्ध में भी यही स्थिति है। जो लोग थोड़ी-सी भक्ति का प्रदर्शन कर अथवा 'धन से भगवान को प्रसन्न कर' उनसे बदले में कोई-न-कोई वस्तु माँगते रहते हैं; उनकी मुरादें पूरी नहीं होतीं; क्योंकि भगवान 'रिश्वत' से प्रसन्न नहीं होते हैं, अपितु सच्ची भक्ति और प्रेम से भक्त के वश में हो जाते हैं।

आपने भी देखा होगा कि जो भिखारी रोजाना एक ही मोहल्ले में भिक्षा माँगने आता है, उसे लोग दुत्कार देते हैं और जो भिखारी किसी विशेष अवसर जैसे संक्रान्ति, अमावस्या, पूर्णिमा इत्यादि पर आता है, उसे लोग बुला-बुलाकर भिक्षा देते हैं।

स्वामी रामकृष्ण परमहंस को कैंसर था, लेकिन वे माँ काली से उसे दूर करने की प्रार्थना नहीं करते थे। यद्यपि माँ काली उनके साथ गंगा नदी में नौका-विहार करते हुए स्वयं नाव खेती थी, और उन्हें अपने हाथों से खाना खिलाती थीं। लोग कहते थे- "स्वामीजी! आप इतना कष्ट क्यों सह रहे हैं, माँ से प्रार्थना करिए, वे आपकी बीमारी अविलम्ब दूर कर देंगी, तो परमहंस जी का जवाब होता था- "माँ को जो मेरे कल्याण के लिए उचित लग रहा है, वे कर रही हैं। मैं उनसे क्या कहूँ?"

जब परमहंसजी, विवेकानन्द जी से कहते थे कि जा माँ से जो चाहे वो माँग ले, माँ तेरी हर इच्छा पूरी कर देंगी, तो वे बड़े उत्साह से उनके पास जाते थे, लेकिन उनके समक्ष जाकर उनके मुँह से मात्र इतना निकलता था- "माँ ज्ञान दो, अपनी अचल भक्ति दो, शक्ति दो, कृपा करो।"

वास्तव में सच्चे भक्त की इच्छा ही समाप्त हो जाती है। वह तो बस इतनी-सी इच्छा करता है-

**साईं इतना दीजिए जामैं कुटुम समाय।**
**मैं भी भूखा ना रहूँ साधु न भूखाजाय॥**

हनुमानजी उसी श्रेणी के भक्त हैं, जो अपने आराध्य भगवान श्रीराम से कभी कुछ भी नहीं माँगते। वे अयाचक हैं। लेकिन उनका कार्य अर्थात् 'रामकाज' करने के लिए प्रतिपल तैयार रहते हैं। श्रीराम की शक्ति ही उनका सम्बल है, उनके जीवन का मूलाधार है। जो भक्त भगवान का स्वभाव पहचान जाता है, वह उनसे तदाकार हो जाता है, और उसकी सांसरिक इच्छाएँ समाप्त हो जाती हैं। भगवान शंकर, पार्वतीजी को समझाते हुए कहते हैं-

**उमा राम सुभाउ जेहिं जाना। ताहि भजनु तजि भाव न आना।**

**(सुन्दरकाण्ड)**

(हे उमा! जिसने श्री राम का स्वभाव जान लिया, उसे भजन छोड़कर दूसरी बात ही नहीं सुहाती।)

लंका से लौटने पर जब हनुमानजी श्रीराम के समक्ष आकर अपनी अकिंचनता को बताते हुए उनके हर कार्य में प्रभु-प्रताप को देखते हैं, तो वे बहुत प्रसन्न होते हैं।

हनुमानजी ने पूरी 'मानस' में इस एक ही स्थल पर उनसे एक चीज़ माँगी है। वे कहते हैं-

**नाथ भगति अति सुखदायनी। देहु कृपा करि अनपायनी॥**

**(सुन्दरकाण्ड)**

प्रसिद्ध सूफी सन्त राबिया ने भी खुदा से ऐश-ओ-आराम की जगह उनकी सतत भक्ति माँगी।

इस्लाम में सन्त राबिया का स्थान बहुत ऊँचा है। वे निष्काम भक्ति की साक्षात् उदाहरण हैं। वे रमजान के पाक महीने में रोजा रखती थीं, और रात-दिन अल्लाह के नाम की माला फेरतीं रहती थीं।

एक बार उन्होंने रोजा रखा। सात दिनों तक अन्न का एक दाना उनके मुँह में नहीं गया। आठवें दिन उन्हें बड़े ज़ोर की भूख लगी, तो एक व्यक्ति उनके सामने एक प्याले में शोरबा रख गया। राबिया ने सोचा कि चिराग़ जलाने के बाद रोजा खोलूंगी। ज्यों ही वे उठीं कि एक बिल्ली ने आकर प्याले का शोरबा फैला दिया।

राबिया ने चिराग़ जलाते समय सोचा- "बिल्ली ने प्याला उलट दिया, तो क्या, मैं पानी से रोजा खोल लूंगी।"

जैसे ही वे रोजा खोलने को उठीं कि चिराग बुझ गया और आब खोरा उनके हाथ से गिरकर टूट गया।

अब राबिया के सब्र का बाँध टूट गया। वे रोकर बोलीं- "या खुदा! तू मेरे साथ ये क्या कर रहा है?"

तभी कहीं से आवाज़ आई- "राबिया! अगर तू चाहती है कि मैं दुनिया-भर की नियामतें तुझे बख्शूं, तो थोड़ा-सा ठहर! पहले मुझे अपना ग़म तेरे दिल से निकाल लेने दे।"

राबिया आवाज़ सुनकर स्तब्ध रह गईं। उनके मुँह से एक भी लफ्ज़ नहीं फूटा।

वही आवाज़ फिर बोली- "राबिया! देख तेरी और मेरी- दोनों की मुरादें एक साथ नहीं रह सकतीं। मेरा गम और तेरी नियामतें एक ही दिल में नहीं रह सकतीं।

उसी दिन से राबिया में बड़ा भारी परिवर्तन आ गया। उन्होंने दुनियादारी से अपना दिल पूरी तरह हटा लिया। वह हर पल अल्लाह से यही भीख माँगतीं- "ऐ खुदा! मेरा दिल तेरी तरफ हर घड़ी लगा रहे, जिसके कि दुनिया की ओर वह मुड़ ही न सके।"

(हे नाथ! मुझे अत्यन्त सुख देने वाली अपनी निश्चल भक्ति कृपा कर दीजिए।)

और प्रभु श्रीराम उन्हें अविलम्ब अचल भक्ति देने की हामी भर देते हैं-

**सुनि प्रभु परम सरल कपि बानी। एवमस्तु तब कहेउ भवानी॥**

**(वही)**

(हनुमानजी की अत्यन्त सरल वाणी सुनकर, हे भवानी! तब प्रभु श्रीरामचन्द्रजी ने **'एवमस्तु'** अर्थात् ऐसा ही हो, कहा।)

ब्रह्मलीन सन्तप्रवन रामचन्द्र केशव डोंगरेजी महाराज कहते थे- "भगवान से किसी सांसारिक वस्तु को मत माँगिए। यदि माँगना ही है, तो भगवान से भगवान को माँगिए।"

सांसारिक वस्तुएँ नश्वर हैं, लेकिन भक्ति शाश्वत है। सन्त कबीरदास कहते हैं-

**का माँगू कछु थिर न रहाई**
**देखत नैन चल्या जग जाई**

**( कबीर ग्रन्थावली )**

(संसार की कोई वस्तु स्थिर नहीं है, तो मैं भगवान से क्या माँगूं? मेरे देखते-ही-देखते ये संसार चलता जाता है अर्थात् इसमें निरन्तर परिवर्तन होता रहता है।)

और देखिए, विचित्र बात यह है कि न तो हनुमानजी कुछ माँगते हैं, न श्री राम ही उन्हें कुछ देते हैं। देने का अवसर आता है, फिर भी नहीं देते। श्रीराम के संकट के समय के साथियों को अयोध्या में रहते हुए छः महीने हो गये हैं। ये सभी लोग यहाँ रहते हुए श्रीराम का निर्बाध और सतत सान्निध्य चाहते हैं, लेकिन श्रीराम उन्हें कहते हैं-

**'अब गृह जाहु सखा सब'।**

**( उत्तरकाण्ड )**

वे एक-एक मित्र को बुलाकर उन्हें स्वयं गहने-कपड़े पहनाते और अपने अनुजों से पहनवाते हैं। इस क्रम में विभीषण, सुग्रीव, अंगद और निषादराज की ससम्मान विदाई होती है, लेकिन वे हनुमानजी से अयोध्या से जाने की बात नहीं कहते है; और न उनकी गहनों-कपड़ों से पहनाई करते-करवाते हैं। हनुमानजी ही सुग्रीव से दस दिन अर्थात् कुछ दिन रुककर श्रीरामजी की सेवा करने की विनयपूर्वक आज्ञा लेते हैं, और वे उन्हें सहर्ष अनुमति देते हुए उन्हें 'पुण्यपुंज' कहकर पुकारते हैं। कालान्तर में हम हनुमानजी को श्रीराम की सतत सेवा करते हुए पाते हैं।

लेकिन श्रीराम उन्हें वह स्थान देते हैं, जिसकी कल्पना करना कठिन है। श्रीराम उन्हें अपने परिवार का सदस्य बनाते हैं, उन्हें अपने हृदय-कमल में स्थान देते हैं। आप श्रीराम परिवार के किसी भी चित्र को देख लीजिए, उसमें हनुमानजी उनकी चरण-सेवा करते हुए अवश्य विराजमान होंगे। हनुमानजी के उदाहरण से हमें प्रेरणा लेनी चाहिए। यदि हम अपने संस्थान में अपने अधिकारी के निर्देशों का ईमानदारी, समर्पण, निष्ठा और उसे अपना निजी कार्य समझकर पालन करेंगे। दूसरों की आलोचनाओं और उपेक्षाओं पर ध्यान देते हुए कार्य में शिथिलता नहीं आने देंगे, तो एक-न-एक दिन वह अधिकारी हमारे विषय में सोचने पर विवश हो जाएगा।

भगवान बुद्ध चातुर्मास में एक स्थान पर ही निवास थे। चार महीने वही साधना करते और प्रवचन देते थे। उनके प्रवचन सुनने अनेक लोग आते थे।

एक दिन प्रवचन के बीच में ही उनके परमप्रिय शिष्य आनन्द उनसे पूछ बैठे- "भन्ते! प्रवचन सुनने के लिए इतना बड़ा जन समुदाय यहाँ उपस्थित है। बताइएगा कि इनमें से सबसे सुखी कौन है?"

बुद्ध बोले- "आनन्द! तुमने अच्छा प्रश्न किया। इस भीड़ में जो सबसे पीछे फटेहाल भिखारी-सा दिखने वाला व्यक्ति बैठा हुआ है, वही सबसे ज्यादा सुखी है।"

आनन्द उनकी ओर संशय से देखते हुए बोले- "ऐसा कैसे हो सकता है भन्ते! ये तो बिल्कुल असम्भव है।'

बुद्ध ने कहा- "तुम्हारी शंका का समाधान अभी करता हूँ।" उन्होंने बारी-बारी से उपस्थित लोगों से उनकी इच्छाओं के विषय में प्रश्न किया।

उपस्थित लोगों में से प्रत्येक ने कुछ-न-कुछ इच्छा प्रकट की। किसी ने धन, किसी ने शक्ति, किसी ने रोगों का निवारण, किसी ने शत्रुओं पर विजय..........

सभी ने कुछ-न-कुछ माँगा। उनमें से कोई भी व्यक्ति ऐसा नहीं था, जो इच्छा रहित हो। वे सभी दुःखी थे।

अन्त में भगवान बुद्ध उस 'गरीब' व्यक्ति की ओर घूमे और पूछा- "कहो भाई! तुम्हें क्या चाहिए?"

'भिखारी' बोला- "प्रभु! मुझे कुछ नहीं चाहिए। आपकी कृपा से मेरा जीवन-निर्वाह अच्छी तरह हो रहा है। यदि कुछ देना ही है, तो बस इतना दे दीजिए कि मेरे भीतर किसी चीज़ की चाह ही पैदा न हो।"

भगवान बुद्ध ने उस व्यक्ति को आशीर्वाद दिया, और आनन्द की ओर देखकर कहा- "देखा! यही व्यक्ति सुखी है। चाहत रखने वाला कभी सुखी हो ही नहीं सकता।

वास्तव में अपेक्षा ही दुःख का कारण है। अपेक्षाएं पूरी न होने पर हमें क़दम-क़दम पर कष्ट होता है, इसलिए किसी से कोई अपेक्षा न करते हुए अपने कर्तव्य का ईमानदारी से पालन करिए, आप हमेशा सुख और शान्ति का अनुभव करेंगे। वास्तव में जिनको कुछ नहीं चाहिए, वे ही शाहों के शाह होते हैं।

•

# 14

# संकटमोचक

'रामचरितमानस' में कहा गया है-

**धीरज, धरम, मित्र अरु नारी। आपातकाल परखिएहु चारी॥**

**( किष्किन्धाकाण्ड )**

(धीरज, धर्म, मित्र और पत्नी को आपत्ति काल में परखना चाहिए।)

आपत्ति काल में ही इनकी वास्तविकता पता लगती है और इनके प्रेम में सच्चाई न होने पर इनकी कलई खुलते देर नहीं लगती।

यद्यपि हनुमानजी; श्रीरामचन्द्रजी के अनन्य भक्त और सेवक हैं, लेकिन उनके इष्ट श्रीरामजी ने अन्य साधुपुरुषों सहित उनको अपना मित्र कहा है। अपने कुलगुरु वशिष्ठ जी को, अयोध्या वापस आने पर; वे सुग्रीव, अंगद, विभीषण जाम्बवान और हनुमानजी का परिचय देते हुए कहते हैं-

**ए सब सखा सुनहु मुनि मेरे। भए समर सागर कहँ बेरे॥**
**मम हित लागि जनम इन्ह हारे। भरतहु ते मोहिं अधिपिआरे॥**

**( उत्तरकाण्ड )**

(हे मुनि! सुनिए। ये सब मेरे सखा हैं। ये संग्राम रूपी समुद्र में मेरे लिए बड़े अर्थात जहाज के समान हुए। मेरे हित के लिए इन्होंने अपने जन्म तक हार दिये अर्थात् प्राणों तक को होम कर दिया। ये मुझे भरत से भी अधिक प्रिय हैं।) यदि आप राजा को अपना मित्र कहें, तो बात नहीं बनेगी। लोग विश्वास नहीं करेंगे। जब राजा स्वयं आपका परिचय अपने मित्र के रूप में दे, तब बात में वजन आएगा और आपका कद पहले से अधिक. ऊँचा हो जाएगा।

तो हनुमानजी उनके ऐसे भक्त और सखा हैं, जो क़दम-क़दम पर उन्हें संकट से उबारते हैं। वे केवल उन्हें ही नहीं उबारते, बल्कि अपने अन्य पहचान वालों को भी संकटों से मुक्ति दिलाते हैं। इनके सच्चे भक्तों का बाल-बांका नहीं होता। यदि उन पर संकट आते भी हैं; तो हनुमानजी उनकी सर्वविध रक्षा करते हैं। इसलिए उनको 'संकटमोचन' कहा गया है।

श्रीरामजी, सुग्रीव से भेंट होने पर उन्हें सच्चे मित्र की पहचान बताते हुए एक स्थल पर कहते हैं-

**जे न मित्र दुख होहिं दुखारी। तिन्हहि बिलोकत पातक भारी॥**

**(किष्किन्धाकाण्ड)**

(जो लोग मित्र के दुःख से दुःखी नहीं होते, उन्हें देखने से ही बड़ा पाप लगता है।)

हनुमानजी पर दूसरों का दुःख नहीं देखा जाता है। वे किसी के दुःखी होने पर उसके दुःख का निवारण करने हेतु तत्पर हो उठते हैं।

उनकी संकटमोचक भूमिका का वर्णन करने वाला एक बड़ा सुन्दर 'अष्टक' है, जिसे 'हनुमानाष्टक' कहा जाता है। उसके आठों छन्दों की आखिरी और महत्त्वपूर्ण पंक्ति है-

**को नहिं जानत है जग में कपि 'संकटमोचन' नाम तिहारो।**

अपने अतुलित बल और अमित तेज के कारण, वे बचपन में ही सूर्यनारायण को मधुर फल समझकर निगल लेते हैं। सम्पूर्ण जगत में दिन में ही गहन अन्धकार छा जाता है। तब देवताओं की प्रार्थना पर वे सूर्यदेव को मुक्ति दे देते हैं। दूसरी कथा के अनुसार, सूर्यदेव को मुक्ति प्रदान करने के लिए इन्द्र उनकी ठोड़ी पर वज्र का प्रहार करते हैं, जिससे उनकी ठोड़ी टेढ़ी हो जाती है, और सूर्यनारायण मुक्त होते हैं, इसके बाद उनका नाम 'हनुमान' पड़ जाता है-

**बाल समय रवि भक्षि लियो तब तीनहुँ लोक भयो अंधियारो।**
**ताहि सो त्रास भयो जग को यह संकट काहू सो जात न टारो।**
**देवन आनि करी बिनती तब छांडि दियो रवि कष्ट निवारो।**
**को नहिं जानत है जग में कपि 'संकटमोचन' नाम तिहारो॥**

तो बचपन में ही वे जगत पर अनायास आए हुए संकट को दूर करते हुए 'संकटमोचक' की भूमिका निभाते हैं।

सुग्रीव अपने बड़े भाई बालि के भय से पर्वत की कन्दराओं में छिपे हुए अपने दिन किसी तरह काट रहे हैं। उनके सचिव हनुमानजी पम्पा सरोवर की यात्रा पर निकले श्रीराम-लक्ष्मण से भेंटकर अपने परिचय को दृढ़ करते हैं, और सुग्रीव की उनसे मित्रता कराते हैं तथा श्रीराम उसको महाकष्ट देने वाले उनके बड़े भाई बालि का वध कर देते हैं-

**मारा बालि राम तब हृदय माझ सर तान॥**

**(किष्किन्धाकाण्ड)**

(तब श्रीरामजी ने तानकर बालि के हृदय में बाण मारा।)

यदि हनुमानजी, श्रीरामजी की मित्रता सुग्रीव से नहीं कराते, तो बालि नहीं मारा जाता, और सुग्रीव इसी प्रकार जीवन-भर संकट का सामना करते रहते। वे

किष्किन्धा के राजा भी कभी नहीं बन पाते। हनुमानजी ही उनके घोर संकट को दूर करते हैं–

**बालि की त्रास कपीस बसै गिरि जात महाप्रभु पंथ निहारो**

**( संकटमोचन हनुमानाष्टक )**

दूसरी बार वे सुग्रीव को लक्ष्मणजी के कोप से बचाते हैं। लक्ष्मणजी की सेवा करके उन्हें प्रसन्न कर देते हैं, और दंड देने हेतु तत्पर लक्ष्मणजी सुग्रीव को 'रामकाज' बिसारने के अक्षम्य अपराध को क्षमा कर उन्हें अपने गले से लगाते हैं–

**तब कपीस चरनन्हि सिरु नावा। गहि भुज लछिमन कंठ लगावा॥**

**( किष्किन्धाकाण्ड )**

श्रीराम की धर्मपत्नी सीताजी को लंका का राजा रावण अपहृत करके ले जाता है। उन पर महान संकट आया हुआ है। हनुमानजी उनके संकट को दूर करने में आंशिक रूप से तब सहायक होते हैं, जब वे उनकी मित्रता सुग्रीव से कराते हैं। सुग्रीव सीताजी की खोज करने का वचन देते हैं, और अपना वादा निभाते हैं।

हनुमानजी, सीताजी की खोज का पूरा उत्तरदायित्व अपने मज़बूत और विशाल कन्धों पर ले लेते हैं, क्योंकि ऋक्षराज जाम्बवान् उन्हें ऐसी सलाह देते हैं। श्रीराम उन पर पहले ही अपना अटूट विश्वास व्यक्त कर चुके हैं। वे सीताजी को देने के लिए उन्हें अपनी अंगूठी सौंपकर कहते हैं–

**बहु प्रकार सीतहि समुझाएहु। कहि बल विरह बेगि तुम्ह आएहु॥**

**( किंष्किन्धाकाण्ड )**

(श्रीराम ने उन पर विश्वास कर उन्हें अपने 'काज' लायक समझा, यह विचार कर हनुमानजी अपना जन्म सफल मानते हैं–

**हनुमत जनम सुफल करि माना।**

श्रीराम और श्री जाम्बवान् के विश्वास को वे सीताजी का पता लगाकर और अधिक पुष्ट कर देते हैं। इस प्रकार वे श्रीरामचन्द्रजी को संकट से मुक्ति दिलाते हैं।

वे लंका में पहुँचकर विंभीषण जी के भी संकट को दूर करते हैं। विभीषण श्रीराम के दर्शन करना चाहते हैं। वे उनके दर्शन-लाभ को श्रीराम की कृपा मानते हैं–

**अब मोहि भा भरोस हनुमंता। बिनु हरि कृपा मिलहिं नहि संता॥**

**( सुन्दरकाण्ड )**

तब हनुमानजी उनसे कहते हैं–

**सुनहु विभीषण प्रभु कै रीती। करहिं सदा सेवक पर प्रीती।**

**( सुन्दरकाण्ड )**

यही अर्द्धाली विभीषण का सम्बल बनती है और वे रावण से अपमानित होने के बाद बिना असमंजस के सीधे प्रभु श्रीराम की शरण में पहुँच जाते हैं। इस प्रकार वे विभीषण का संकट दूर करते हैं। बाद में विभीषण को लंका का राज्य प्राप्त होता है–

**तुम्हरो मंत्र विभीषनु माना।**
**लंकेस्वर भए सब जग जाना॥**

**( हनुमान चालीसा )**

सीताजी के पास पहुँचकर श्रीराम के द्वारा दी गई अंगूठी देकर और उनका संदेश सुनाकर वे सीताजी का संकट दूर करते हैं। वे विरह से आकुल सीताजी के निरन्तर छीजते प्राणों की रक्षा करते हैं। सीताजी कहती भी हैं-

**बूड़त बिरह जलधि हनुमाना। भयहु तात मो कहुँ जलजाना॥**

**( सुन्दरकाण्ड )**

( हे तात हनुमान! विरह सागर में डूबती हुई मुझ सीता के लिए आप जहाज के समान हैं।)

और वे उनकी बलिहारी जाती हैं-

**अब कहु कुसल जाउँ बलिहारी।**

**( सुन्दरकाण्ड )**

'संकटमोचन हनुमानाष्टक' में कहा गया है-

**चाहत सीय असोक सुआग सु दै प्रभु मुद्रिका सोक निबारो।**
**को नहिं जानत है जग में कपि 'संकटमोचन' नाम तिहारो।**

रावण की राजसभा में वे शनिदेव के संकट को दूर करते हैं। रावण ने उन्हें अपनी सभा में उलटा लटका रखा था। दूसरों के पापों का दंड देने वाले शनिदेव स्वयं कष्ट में थे। हनुमानजी उन्हें रावण की कैद से आज़ादी दिलाते हैं। वे उनके बन्धन खोल देते हैं। उस समय हनुमानजी का मुँह दक्षिण की ओर होता है, और शनिदेव का उत्तर की ओर!

तब शनिदेव उनसे कहते हैं कि जो भी आपके व्यक्ति संकटमोचन दक्षिणमुखी स्वरूप के दर्शन करेगा, उसको मैं कष्ट नहीं दूँगा। इसीलिए हनुमानजी की दक्षिणमुखी प्रतिमा सिद्ध मानी जाती है। कैसा भी भीषण संकट हो, उसके पूजन अर्चन से टल जाता है।

प्रसंगवश यहाँ उल्लेख आवश्यक है कि हनुमानजी की उपासना करने वाले व्यक्ति को दुष्ट ग्रह नहीं सताते। समुद्र के रास्ते लंका-यात्रा के मार्ग में हनुमानजी पक्षियों की परछाईं को पकड़कर उन्हें खा जाने वाली राक्षसी सिंहिका का वध कर देते हैं। सिंहिका राहू की माँ थी। इसीलिए हनुमतभक्त को राहू-केतू पीड़ा नहीं पहुँचाते।

लक्ष्मणजी को जब वीरघातिनी शक्ति लगती है, तब संजीवनी बूटी लाकर वे उनके प्राणों की रक्षा करते हैं, और श्रीराम का कष्ट दूर करते हैं-

बिहार के चम्पारन में गांधीजी का सत्याग्रह आन्दोलन चल रहा था। इस आन्दोलन में सभी प्रकार के सत्याग्रही भाग ले रहे थे। सभी में अपार आत्मिक बल था। उनमें एक ऐसा सत्याग्रही भी था, जिसे कुष्ठ रोग था, और वह अपने घावों पर कपड़ा बाँधकर चलता था।

एक दिन शाम को सभी सत्याग्रही अपनी छावनी में लौट रहे थे। उस दिन उस कुष्ठ रोगी को अपार कष्ट हो रहा था। उससे एक क़दम भी नहीं चला जा रहा था, क्योंकि घावों पर बँधे कपड़े कहीं गिर जाने के कारण वे रिस रहे थे और उनमें भयंकर दर्द हो रहा था। वह व्यक्ति एक जगह पड़ा रहा। लोग जल्दी में थे, गुजर गए और उनमें से किसी ने भी उस अभागे की ओर ध्यान नहीं दिया।

गांधीजी प्रतिदिन शाम को प्रार्थना करते थे। प्रार्थना के समय उन्होंने निगाह दौड़ाकर चारों ओर देखा, तो उन्हें वह व्यक्ति नज़र नहीं आया। पता करने पर मालूम हुआ कि वह तो बीच रास्ते में ही कहीं बिछुड़ गया था।

यह बात सुनते ही गांधीजी तुरन्त उठे, और लालटेन लेकर उस महारोगी की तलाश में निकल पड़े। उनके पीछे-पीछे दूसरे लोग भी निकल पड़े। रास्ते में उन्होंने एक व्यक्ति को पेड़ के नीचे बैठे हुए देखा। वे उसे पहचान पाते, इससे पहले वह बोल पड़ा- ''बापू!'

गांधीजी ने उसके पास जाकर कहा- ''भाई! जब तुमसे चला नहीं जा रहा था, तो मुझसे कहकर तो देखते। चुपचाप कष्ट सहन करते रहे।''

अचानक उनका ध्यान उसके खून से लथपथ पैरों की ओर गया। उन्होंने अपनी चादर फाड़कर उसके पैरों पर लपेटी, और सहारा देकर उसे आश्रम ले आए। उसगके पैर धोकर उन पर मरहम-पट्टी की, और उसे बड़े प्रेम से अपने पास बैठाया। इसके बाद उन्होंने प्रार्थना की।

हिन्दू व अन्य धर्म ग्रन्थों में हमने अनेक फरिश्तों के विषय में सुना-पढ़ा है। वे संकट में दूसरों की सहायता करने के लिए हमेशा तैयार रहते थे। हमारा ये परम सौभाग्य रहा कि भारतवर्ष की धरती पर दशकों तक गांधी जैसा एक देवदूत रहा, जिसने मानवता का उद्धार किया।

**आनि सजीवन हाथ दई तब लछिमन के तुम प्राण उबारो।**
**को नहिं जानत है जग में कपि 'संकटमोचन' नाम तिहारो॥**

**(संकटमोचन हनुमानाष्टक)**

रावण के द्वारा श्रीराम-लक्ष्मण को नागपाश में बाँधे जाने पर वे खगेश 'गरुजी' को देवलोक से बुलाकर लाते हैं, और उनके प्राणों पर आए संकट को दूर करते हैं-

**आनि खगेस तबै हनुमानजु बंधन काटि सुत्रास निबारो।**
**को नहिं जानत है जग में कपि 'संकटमोचन' नाम तिहारो॥**

**(वही)**

संकटकालीन परिस्थितियों में, भरतजी से अयोध्या में प्रथम भेंट होने पर, वे उन्हें श्रीराम-कथा सुनाकर उनके प्राणों की रक्षा करते हुए उन्हें श्रीराम-प्रेमानन्द का अमृत पिलाते हैं। दूसरी बार भेंट होने पर वे भरतजी को श्रीराम के अयोध्या आगमन का शुभ और आनन्ददायक समाचार देकर उनके दुःख के भारी बोझ को कम कर देते हैं। भरतजी उस समय हनुमानजी से कहते हैं-

**कपि तव दरस सकल दुख बीते। मिले आजु मोहि राम पिरीते॥**

**(उत्तरकाण्ड)**

(भरतजी ने कहा- हे हनुमान! तुम्हारे दर्शन से मेरे समस्त दुःखों का अन्त हो गया। तुम्हारे रूप में आज मुझे प्यारे रामजी ही मिल गये।)

श्रीराम को उनके अनुज लक्ष्मणजी सहित अहिरावण पाताल ले जाता है। वह उन दोनों की बलि अपनी कुलदेवी को देना चाहता है, तो हनुमानजी वहाँ पहुँचकर देवी का स्वरूप धारणकर उसका वध करते हैं-

**बंधु समेत जबै अहिरावण लै रघुनाथ पताल सिधारो।**
**देविहिं पूजि भली विधि सो बलि देउ सबै मिल मंत्रबिचारो॥**
**जाय सहाय भए तबही अहिरावण सैन्य समेत संहारो।**
**को नहिं जानत है जग में कपि 'संकटमोचन' नाम तिहारो॥**

**(वही)**

इस प्रकार वे अपना प्रसिद्ध नाम 'संकटमोचन' की सार्थकता सिद्ध करते हैं और आपदाग्रस्त व्यक्ति को मुक्ति प्रदान करते हैं।

•

# 15

# दूरदर्शी, नीतिज्ञ और कूटनीतिज्ञ

विद्वानों ने नीतियों के कई प्रकार बताए हैं, इनमें से अक्सर हमें राजनीति रणनीति और कूटनीति का नाम सुनने को मिलता है। अब अन्तरराष्ट्रीय परिप्रेक्ष्य में विदेशनीति का भी नाम प्रचलित है। जिन नीतिकारों ने राजा और साधारण जन को समझाने के लिए नीतिपरक बातें लिखीं हैं, उनमें 'विदुरनीति' और आधुनिक काल में 'चाणक्य नीति' की बहुत चर्चा होती है।

'नीति' वे सूक्त वाक्य होते हैं, जिनमें किसी कार्यविशेष के बारे में निर्देश दिए जाते हैं। उनमें समर्थन और निषेध की प्रमुखता होती है। ये नियमों में ढले हुए होते हैं। जो व्यक्ति नीतियों को अपने जीवन में प्रयोग करता है, उसे नीति निपुण कहते हैं। अपनी बुद्धि और विवेक का प्रयोग कर वह अपने ज्ञान को किसी कार्य विशेष में इस्तेमाल करता है और अपने उद्‌देश्य में प्रायः सफल होता है।

हनुमानजी हमारे समक्ष एक नीति निपुण महामानव के रूप में प्रस्तुत होते हैं। वे अवसरानुकूल नीतियों का प्रयोग करते हैं।

किसी के बारे में जानकारी लेने के लिए अपना वास्तविक स्वरूप छिपाना चाहिए और पर्याप्त जानकारी लेने के बाद अपना असली रूप प्रकट करना चाहिए; हनुमानजी इस नीति को अपनाते हैं। श्रीराम से प्रथम भेंट करने पर वे इसी नीति को अपनाते हैं और उनका पूरा परिचय जानने के बाद वे श्रीराम के चरणों में गिर पड़ते हैं और बाद में अपना असली रूप प्रकट करते हैं-

**बिप्र रूप धरि कपि तहँ गयऊ।**

और

**अस कहि परेउ चरन अकुलाई। निज तनु प्रकट प्रीति उर छाई।**

**( किष्किन्धाकाण्ड )**

हनुमानजी इतने नीति निपुण हैं कि वे जानते हैं कि व्यक्ति जब प्रसन्न होता है, तब ही उसके समक्ष अपनी बात रखनी चाहिए, इससे वह शीघ्र ही किसी कार्य को करने की हामी भर लेता है। जब वे श्रीराम को प्रसन्न देखते हैं, तभी अपने राजा सुग्रीव की बात छेड़कर उनसे मित्रता करने का प्रस्ताव रख देते हैं और उन्हें पहले ही श्रीराम का दास घोषित कर देते हैं, जबकि सुग्रीव और श्रीराम का दूर-दूर तक कोई सम्बन्ध नहीं था, ऐसा वे नीति के तहत करते हैं, जिससे प्रभु प्रसन्न हो जाएँ-

**देखि पवन सुत प्रभु अनुकूला**

और

**नाथ सैल पर कपि पति रहई। सो सुग्रीव दास तव अहई।**

**( किष्किन्धाकाण्ड )**

और अपने उद्‌देश्य में सफल होते हैं।

हनुमानजी साम, दान, दंड और भेद; चारों प्रकार की नीति के ज्ञाता हैं। सुग्रीव द्वारा 'रामकाज' बिसरा देने पर वे उनको समझाने के लिए इनका प्रयोग करते हैं -

**'चारिहु बिधि तेहि कहि समुझावा।।'**

**( वही )**

वे सुग्रीव द्वारा सभी वानरों को बुलाने का आदेश दिए जाने पर वानरों के दूत को बुलाते हैं, और पहले उनका सम्मान करके बाद में उन्हें नीति बताते हैं-

**सब कर करि सनमान बहूता।।**

और

**भय अरु प्रीति नीति देखराई।।**

**( किष्किन्धाकाण्ड )**

वे सबसे पहले उन्हें भय दिखलाते हैं। फिर यह सोचकर कि कहीं इनका मन कुंठित न हो जाये, उनके प्रति प्रेम प्रदर्शित करते हैं, और बाद में नीतिपरक बातें समझाते हैं। ये सब एक विशेष कूटनीति के तहत होता है। बाद में सभी वानर उनके चरणों में सिर नवाकर 'रामकाज' पर निकल पड़ते हैं।

आपने देखा होगा कि बॉस जब किसी कर्मचारी से नाराज़ होता है, तो उसके सामने खूब भड़ास निकालता है। बाद में कहता है- ''देखिए आप अपने हैं, इसलिए गुस्सा हो गया। गुस्सा अपनों पर ही हुआ जाता है।'' फिर तर्क द्वारा अपने गुस्से का औचित्य सिद्ध करेगा- ''दरअसल काम का इतना टेंशन रहता है कि थोड़ी-सी बात पर गुस्सा आ जाता है।'' फिर कहेगा- ''ओ. के. डियर.! अपना काम मुस्तैदी से करो और किसी 'हेल्प' की ज़रूरत हो, तो हिचकना नहीं" और

कर्मचारी की बॉस के प्रति नाराजगी एक झटके में खत्म! साँप भी मर गया, और लाठी भी नहीं टूटी।

लक्ष्मणजी सुग्रीव पर क्रोधित हैं। हनुमानजी नीति से उनका गुस्सा ठंडा कर देते हैं। वे चरण-वन्दन करते हैं; उनके चरण पखारते हैं और उनके सुन्दर यश की गाथा बखानते हैं। ऐसा वे नीति के तहत करते हैं।

यदि कोई व्यक्ति गुस्सा है, तो आप उसकी अनायास प्रशंसा करके उसको अति विनम्रता से बारम्बार प्रणाम करें, तो उसका गुस्सा ठंडा पड़ जाएगा और हो सकता है, उसके मुँह से हँसी छूट जाए, जब आप ये कहें- "आपका चेहरा प्रसन्न होने पर कितना सुन्दर लगता है।"

सुरसा के समक्ष भी वह अपना विस्तार और संकुचन इस नीति के तहत करते हैं, ताकि वह अपनी क्षुद्रता महसूस कर ले कि इस वानर से पार नहीं पाया जा सकता। इसमें वह अपनी बुद्धि और बल का पर्याप्त प्रयोग करते हैं। वह कहती भी है- **'बुधि बल मरमु तोर मैं पावा।'**

दरअसल हनुमानजी लचीले हैं। वे परिस्थितियों के अनुसार विशाल और लघु हो जाते हैं। बड़ी भयंकर आंधियों में झाड़ का पेड़ बचा रहता है; क्योंकि वह झुककर आंधी-तूफान को अपने सिर से गुजर जाने देता है, जबकि बड़ी गहरी जड़ों वाले विशालकाय वृक्ष धराशायी हो जाते हैं; क्योंकि वे झुकते नहीं हैं।

वास्तव में जीवन-प्रबन्धन के क्षेत्र में ऐसे ही व्यक्ति की आवश्यकता है, जो लचीला हो और परिस्थितियों के अनुसार निर्णय ले। वही व्यक्ति भली-भाँति 'सरवाइव' कर सकता है।

विभीषण से वे जान-बूझकर पहचान करते हैं, क्योंकि राक्षसों की बस्ती में उन्हें वही एक व्यक्ति साधु पुरुष दिखाई देता है। वह कूटनीति के तहत उससे मित्रता करते हैं, क्योंकि उन्हें भली-भाँति पता है कि ऐसा व्यक्ति हमारे उद्देश्य की पूर्ति में सहायक हो सकता है और जब विभीषण उनसे कहते हैं-

**सुनहु पवनसुत रहनि हमारी। जिमि दसनन्हि महुँ जीभ बिचारी॥**
**तात कबहुँ मोहि जान अनाथा। करिहहिं कृपा भानुकुल नाथा॥**

**(सुन्दरकाण्ड)**

(विभीषण ने कहा- हे पवनपुत्र! मेरी रहनी सुनो। मैं यहाँ वैसे ही रहता हूँ, जैसे दाँतों के बीच में बेचारी जीभ! हे तात! मुझे अनाथ जानकर, सूर्यकुल के नाथ श्रीरामचन्द्रजी क्या कभी मुझ पर कृपा करेंगे!)

सुबुद्धि और चतुरसुजान हनुमानजी विभीषण के कथन से तुरन्त अनुमान लगा लेते हैं कि यह आदमी हमारे काम का है, और इससे हमारा मतलब हल हो सकता है। विभीषण स्वयं को 'अनाथ' कहते हैं, जबकि वे सनाथ हैं। उनकी

पत्नी है, बच्चे हैं तथा रावण और कुम्भकर्ण जैसे महाबलशाली भाई हैं, मेघनाद जैसे बलवान भतीजे हैं। वे राजपरिवार के सदस्य हैं, फिर भी 'अनाथ' हैं। हनुमानजी समझ जाते हैं कि रावण और विभीषण में कहीं-न-कही विरोध अवश्य है। इसका दूसरा अर्थ यह हो सकता है कि विभीषण, श्रीराम के चरण-कमलों से बिछुड़े हुए हैं, इसलिए स्वयं को 'अनाथ' कह रहे हैं। वे श्रीरामजी की कृपा पाने के लिए व्याकुल हैं। हनुमानजी को दोनों ही प्रकार से विभीषण श्रीरामजी के प्रति अनुकूल व्यक्ति लगते हैं, हनुमानजी उन्हें हठकर गले लगाते हैं और भावी को दिशा देते हैं। वे विभीषण से ही सीताजी की जानकारी प्राप्त करते हैं।

हनुमानजी अष्टांग योग में निष्णात हैं। उनकी कुण्डलिनी जाग्रत है। वे भूख-प्यास के वेग को सहन कर सकते हैं। लेकिन सीताजी से मिलने के बाद उन्हें अनायास अतिशय भूख लग आती है। वे जानबूझकर भूखा होने की बात कहते हैं। ऐसा वे कूटनीति के तहत करते हैं। उनके मन में योजना है कि वे भूख के बहाने वाटिका में फल खाने के लिए प्रवेश करेंगे, और जानबूझकर विध्वंस करेंगे, जिससे उनके उपद्रव की शिकायत रावण तक पहुँचे, और उन्हें किसी तरह उससे भेंट करने का अवसर मिले। बाग के रखवारे उन्हें फल खाने पर नहीं टोकते-बरजते हैं। वे तो जब हनुमानजी फल खाकर वृक्षों को तोड़ने लगते हैं; तब आपत्ति करते हैं, और उनमें से हनुमानजी तथा कुछ को मार डालते हैं और कुछ को जान-बूझकर छोड़ देते हैं, ताकि उनकी शिकायत वे रावण से जाकर करें-

**चलेउ नाइ सिरु पैठेउ बागा। फल खाएसि तरू तोरैं लागा।**
**रहे तहाँ बहु भट रखवारे। कछु मारेसि कछु जाइ पुकारे।**

**(सुन्दरकाण्ड)**

(वे सीताजी को सिर नवाकर चले और बाग में घुस गये। फल खाये और वृक्षों को तोड़ने लगे। वहाँ बहुत-से योद्धा रखवाले थे। उनमें से कुछ को मार डाला और कुछ ने जाकर रावण से पुकार की।)

हनुमानजी राक्षसराज रावण को रास्ते पर लाने के लिए 'कूटनीति' का सहारा लेते हैं। वह उससे जानबूझकर टकराव मोल लेते हैं। 'चाणक्यनीति' में आचार्य चाणक्य ने दुष्टों का उपचार बताते हुए नीति कही है-

**खलानां कण्टकानां च द्विविधैव प्रतिक्रिया।**
**उपानां मुख भंगो वा दूरतैव विसर्जनम्।।**

(दुष्टों और कांटों का दो ही प्रकार का उपचार है। जूतों से कुचल देना या दूर से ही छोड़ देना।)

आशय यह है कि दुष्ट और कांटे दोनों समान होते हैं। इसलिए दो ही तरह से इनसे बचा जा सकता है। या तो इन्हें जूतों से कुचल दो या फिर इनके सामने से दूर से ही हट जाओ। या तो दुष्ट से किसी तरह का कोई मतलब नहीं रखना चाहिए, उससे सदा दूर ही रहना चाहिए या फिर उसे ऐसा सबक सिखाना चाहिए कि वह दुबारा आपका अहित करने की हिम्मत ही न कर सके। परिस्थिति के अनुसार जो भी उपाय ठीक लगे, उसी को अपनाना चाहिए।

एक अन्य नीतिश्लोक में आचार्य चाणक्य शठ के साथ शठता का व्यवहार करने की सलाह देते हैं।

**कृते प्रतिकृति कुर्यात हिंसेन प्रतिहिंसनम्।**
**तत्र दोषो न पतति दुष्टे दौष्ट्य समाचरेत्॥**

(आचार्य चाणक्य 'जैसे को तैसा' के व्यवहार की पक्षधरता रखते हुए कहते हैं कि उपकारी के साथ उपकार, हिंसक के साथ प्रतिहिंसा तथा दुष्ट के साथ दुष्टता का व्यवहार करना चाहिए। इसमें कोई दोष नहीं है।)

आशय यह है, जो व्यक्ति आपके साथ उपकार करे, उसके साथ आपको उपकार करना चाहिए। जो मार-पीट पर उतारू हो जाए, उसके साथ मार-पीट ही करनी चाहिए। उसके साथ ऐसा न करना, कायरता न भी हो, मूर्खता अवश्य है। दुष्ट के साथ दुष्टता का व्यवहार करना चाहिए। उसके साथ भलाई करना महामूर्खता है। उपकारी से उपकार, हिंसक से हिंसा तथा दुष्टता करना ही बुद्धिमानी है। ऐसा करने में कोई बुराई नहीं है।

रावण बहुत से योद्धा भेजता है, लेकिन वे सभी को मार डालते हैं, कुछ ज़ो अधमरे थे, चिल्लाते हुए भाग जाते हैं। हनुमानजी यदि चाहते, तो एक भी राक्षस जीवित नहीं बच सकता था, लेकिन वे जान-बूझकर कुछ को छोड़ देते हैं, ताकि उनकी कूटनीति सफल हो, और उनके अपार बल और अदम्य साहस की बात रावण के कानों तक पहुँचे।

तब रावण-पुत्र अक्षय कुमार आता है, और हनुमानजी वृक्ष को उखाड़कर उससे ही उसका संहार कर देते हैं।

यहाँ अक्षय कुमार के मारे जाने का एक प्रतीकार्थ है; रावण की तीनों लोकों में अक्षय कीर्ति थी। अक्षय कुमार को मारकर रावण की अक्षय कीर्ति को खण्डित करने की शुरुआत हनुमानजी करते हैं। अन्यथा रावण की लंका में किसी व्यक्ति की क्या मजाल कि वह उसके पुत्र का संहार कर सके। यहीं से रावण के पतन की शुरुआत हो जाती है। बाद में वे ब्रह्मास्त्र में भी कूटनीति के तहत बंधते हैं।

राजा श्रेणिक के बिलावजह शक की शिकार उनकी रानी की जान, राजा के मन्त्री की दूरदर्शिता के कारण किस प्रकार बची; आइए जानते हैं-

किसी समय श्रेणिक नाम का राजा था- बहुत ही नेक, ईमानदार और धर्मपरायण। उसकी पटरानी का नाम चेलना था।

एक बार तीर्थंकर महावीर स्वामी के दर्शन करके दोनों लोग वापस लौट रहे थे। अचानक रानी की निगाह एक ऐसे मुनि पर पड़ी, जो भयंकर शीत में नंगे बदन तपस्यारत था। रानी ने उस मुनि को मन-ही-मन बार-बार श्रद्धा से प्रणाम किया।

रात को सोते समय रानी का एक हाथ सर्दी से अकड़कर बिस्तर से नीचे लटक गया। आँख खुलने पर रानी ने महसूस किया कि उसकी एक बाँह में असहनीय दर्द है। उस हाथ की गर्म-गर्म सिंकाई की गई, तो उसे कुछ राहत महसूस हुई।

सिंकाई करते समय अचानक रानी का ध्यान उस मुनि की ओर चला गया। उसके मुँह से अचानक निकला- "हाय! उस बेचारे की उस शीत में कैसी हालत होगी?" रानी के पास ही राजा श्रेणिक बैठे हुए थे। उन्होंने सोचा कि हो-न-हो रानी किसी दूसरे व्यक्ति से प्यार करती है। वे क्रोध में पागल हो गए, और उन्होंने मन्त्री को रानी का अन्तःपुर जलाने का आदेश दे दिया।

एक बार पुनः राजा महावीर स्वामी के दर्शन करने गए, तो उन्होंने रानी से सम्बन्धित पूरी घटना महावीरजी को सुनाई, तो वे बोले- "राजन! चेलना पतिव्रता है, और पूर्णतः पवित्र है।"

अब तो श्रेणिक को काटो तो खून नहीं! राजमहल आकर उन्होंने मन्त्री से पूछा- "क्या तुमने अन्तःपुर जला दिया?"

"जी हाँ महाराज! आपकी आज्ञा का पालन करना अविलम्ब आवश्यक था।"

राजा यह बात सुनकर बहुत दुःखी हुआ, और बार-बार पश्चात्ताप करने लगा। तब मन्त्री बोला- "महाराज! मैंने सोचा कि यह आदेश आपने जल्दबाजी और क्रोध में दिया है, इसलिए मैंने हस्तिशाला को जला दिया, जबकि अन्तःपुर पूर्णतः सुरक्षित है।"

राजा बहुत प्रसन्न हुआ। उस दिन से उसने क्रोध में कभी कोई निर्णय नहीं लिया।

रावण की सभा में जाकर भी वे तनिक भी भयभीत नहीं हैं, वरन् नीति के तहत उसके पेट में घूंसा भी मारते जाते हैं और उसके चिल्लाने पर उसके मुँह में बड़ा-सा लड्डू भी ठूंसते जाते हैं। उसे अपने आराध्य और स्वयं अपनी शक्ति का एहसास कराते हैं। वे श्रीराम की अनन्त शक्तियों का गुणगान करते हैं और बातों-ही-बातों में उसे 'मूर्ख' कह देते हैं, फिर उसकी दुःखती रग पर चोट करते हैं। उसकी दुःखती रग सहस्रबाहु और बालि थे, जिन्होंने उसे युद्ध में परास्त किया था। उसे पर्याप्त परिमाण में अपमानित कर, फिर वे नीति के तहत उससे हाथ जोड़कर विनती भी करते हैं, और श्रीराम की शरण में जाने का निहोरा करते हैं। वह उनके ज्ञान पर गुस्से से भर जाता है, और विभीषण के कहने पर उनकी पूँछ में आग लगवा देता है।

विभीषण से पूर्व परिचय होना उनके उद्देश्य में सहायक सिद्ध होता है और वे लंका को जला डालते हैं।

श्रीराम से सुग्रीव की अग्निसाक्षी मित्रता कराना, विभीषण से अपनी ओर से मित्रता करना और रावण की अखण्ड सत्ता से अपनी ओर से कुहनी मारकर बैर मोल लेना- ये सभी घटनाएँ उनकी दूरदर्शिता की परिचायक हैं। वे अपने मन के आईने में घटनाओं को देखकर, उनका सम्यक् आकलन कर और उनके परिणामों-दुष्परिणामों को भलीभाँति विचारकर ही कोई निर्णय लेते हैं, और अपनी दूरदृष्टि के कारण ही कभी किसी कार्य में असफलता का मुँह नहीं देखते।

•

# 16

## परोपकारी और परदु:खकातर

महाभारत के रचयिता महर्षि वेदव्यास ने लिखा है-

**अष्टादश पुराणेषु व्यासस्य वचनद्वयम्।**
**परोपकार पुण्याय पापाय परपीडनम्॥**

(अट्ठारह पुराणों में भगवान व्यासजी के केवल दो ही वचन हैं- परोपकार पुण्य है, और दूसरों को पीड़ा पहुँचाना पाप है।)

जो व्यक्ति किसी अन्य मनुष्य को किसी भी प्रकार पीड़ा पहुँचाता है, वह पापा का भागी होता है और जो दूसरों के हित में अपने कष्टों को भी भूल जाता है, वह पुण्य का भागी होता है।

वास्तव में जो दूसरों के दु:ख को देखकर द्रवित हो उठता है, उसकी आँखों में दूसरों की पीड़ा-कष्टों को देखकर आँसू आ जाते हैं, तो वह परदु:खकातर है। वह दूसरों के कष्टों को दूर करने में अपना सर्वस्व होम कर देता है। वह देवतुल्य होता है। जबकि अधिकांश लोग ऐसे होते हैं, जो दूसरों के दु:खों को देखकर हँसते-मुसकराते हैं, सहायता करना तो दूर उनकी खिल्ली उड़ाते हैं। उनको इस कार्य में पैशाचिक तुष्टि होती है। वे राक्षसों के समान होते हैं, क्योंकि राक्षसों का कार्य ही दूसरों को किसी भी रूप में पीड़ा पहुँचाना होता है। हनुमानजी सन्त हृदय हैं। वे दूसरों के दु:खों को नहीं देख सकते। वे उनके कष्टों को देखकर बहुत जल्दी द्रवित हो जाते हैं, क्योंकि वे परदु:खकातर हैं, इसलिए वे दूसरों के कष्टों को यथासम्भव दूर करने का प्रयास करते हैं। वे कोमल हृदय हैं। कविवर बलवीर सिंह 'रंग' ने लिखा है-

**जो पराई पीर पर एक आह भर सकता नहीं**
**जो पराए प्यार पर विश्वास कर सकता नहीं**
**उस अभागे प्राण को पाषाण कहते हैं।**

हनुमानजी पाषाण हृदय नहीं हैं। वे अतिशीघ्र द्रवित होकर दूसरों का संकट दूर करने की दिशा में क्रियाशील हो जाते हैं।

सुग्रीव अपने अग्रज बालि के भय से पर्वत की कन्दराओं में छिपे हुए हैं और वहाँ अपने मन्त्रियों के साथ रह रहे हैं। हनुमानजी उनकी स्थिति से दुःखी हैं, लेकिन उन्हें उपाय नहीं सूझ रहा है, जिससे वे उनका दुःख दूर कर सकें। परिदृश्य में अचानक श्री राम-लक्ष्मण का पदार्पण होता है और हनुमानजी सुग्रीव की मित्रता सर्वशक्तिमान श्रीराम से करा देते हैं। इस तरह बालि का वध होता है और सुग्रीव को किष्किन्धा का राज्य मिलता है। हनुमानजी के कारण उनके सारे दुःख दूर हो जाते हैं।

हनुमानजी जानते हैं कि अति भोग-विलास में सुग्रीव 'रामकाज' भूल गए हैं, इसलिए वे उनको अपनी ओर से समझाने पहुँच जाते हैं। इसमें उनका दुःख दूर करने का मन्तव्य छिपा हुआ है। वे उन्हें भाँति-भाँति से समझाते हैं और तभी लक्ष्मण जी उनके धोखे का दंड देने वहाँ आ जाते हैं। उन्हें देखकर सुग्रीव भयभीत और दुःखी हो जाते हैं हनुमानजी बात को साधकर सुग्रीव का दुःख दूर करते हैं। वे परोपकारी हैं, इसलिए दूसरों के दुःख-दर्द करने के लिए हमेशा तत्पर और तैयार रहते हैं।

वे अतीन्द्रिय शक्ति सम्पन्न भी हैं। उधर श्रीराम सुग्रीव पर कुपित हैं और लक्ष्मण जी से कह रहे हैं-

**जेहि सायक मारा मैं बाली। तेहिं सर हतौं मूढ़ कहँ काली।**

**( किष्किन्धाकाण्ड )**

(जिस बाण से मैंने बालि को मारा था, उसी बाण से कल उस मूढ़ को मारूँ।)

इधर हनुमानजी को इस भावी दुर्घटना का आभास हो जाता है और वे सुग्रीव को समझाने के लिए पहुँच जाते हैं और उसी समय उनकी अतीन्द्रिय शक्ति के प्रमाणस्वरूप कुपित लक्ष्मणजी का आगमन होता है।

वास्तव में अतीन्द्रिय शक्ति से हम भावी को पहचानने की क्षमता प्राप्त कर लेते है, और फिर उसके घटित होने का इन्तजार करते हुए उससे बचने के उपाय भी करते हैं।

विभीषण से भेंट करने के प्रसंग में वे विषयों में आकण्ठ लिप्त पापी मनुष्यों के दुःखों और कष्टों से बहुत अधिक दुःखी हैं। कहते हैं-

**जानतहूँ अस स्वामि बिसारी। फिरहिं ते काहे न होंहि दुखारी।।**

**( सुन्दरकाण्ड )**

(जो जानते हुए भी ऐसे स्वामी श्री रघुनाथ जी को भुलाकर विषयों के पीछे भटकते फिरते हैं, वे दुःखी क्यों न हो?)

बहुत पहले की बात है- किसी गाँव में एक मेहनती और नेकनीयत किसान रहता था। उसकी मेहनत और भलाई का परिणाम ये था कि उसके घर साक्षात लक्ष्मी का वास था। अपने दोनों लड़कों को वह हमेशा सीख देता था कि खूब मेहनत करो और दूसरों की सहायता के लिए हमेशा तैयार रहो। उनसे अक्सर कहता था- "जो जैसा बोएगा, वो वैसा ही काटेगा।"

अब वह वृद्ध हो गया था। उसे सम्पत्ति का लोभ1 नहीं था, अतः उसने अपने लड़कों में सम्पत्ति का बँटवारा कर दिया। एक दिन वह मर गया।

किसान का बड़ा लड़का चतुर था। उसने अपने पिता के धन से बढ़िया बीज खरीदा, और अपने हिस्से वाली ज़मीन में बो दिया। उसकी खेती खूब फूलने-फलने और लहलहाने लगी। उधर दूसरे भाई ने अपने पिता की सीख का गलत अर्थ निकाला। उसने अपना सारा धन अपने हिस्से की ज़मीन में बो दिया। सोचा, इससे रुपयों की फसल उगेगी, और मैं मालामाल हो जाऊँगा।

लेकिन उसके खेत में कुछ भी नहीं उगा। इससे वह बहुत दुःखी रहने लगा और सूखकर कांटा हो गया।

एक दिन उसके बड़े भाई ने उसके कमज़ोर होने का कारण पूछा, तो उसने अपने मन की गाँठ खोल दी। उसकी बात सुनकर बड़ा भाई बोला- "पगले! पिताजी का मतलब था कि दूसरों के साथ हमेशा भलाई करो, बदले में तुम्हें भलाई ही मिलेगी अगर क़िसी के साथ गलत करोगे, तो एक दिन तुम्हारा भी निश्चित रूप से बुरा ही होगा अर्थात् जैसा बोओगे, वैसा ही काटोगे।" दोनों भाइयों ने खेत में ज़मीन खोदकर रुपए निकाले और उनसे अच्छे किस्म का बीज खरीदा। छोटे भाई ने उसको अपनी ज़मीन में बोया। फसल भी अच्छी हुई और ज़मीन में 'बोया' उसका धन खूब फला। उसके पिता की सीख वक्त पर काम आई।

ये बात उन्होंने अपने सन्दर्भ में कही है कि मैं ऐसा अधम हूँ, पर श्रीरामचन्द्रजी ने मुझ पर भी कृपा की है।

यहाँ हनुमानजी विषयी लोगों को श्रीराम की भक्ति करने के लिए कहते हैं।

वे लघुरूप अर्थात मच्छर जितना छोटा रूप धरकर अशोक वाटिका में पहुँचकर वृक्ष के पत्तों में छिप जाते हैं। वे वहीं से चुपचाप सीताजी के दर्शन कर मन-ही-मन प्रणाम करते हैं। सीताजी का शरीर दुबला हो गया है, सिर पर जटाओं की एक वेणी अर्थात् लट है, और वे हर समय रघुनाथजी के गुण समूहों का जाप करती रहती हैं। श्री जानकीजी की ये दशा देखकर वे बहुत दुःखी होते हैं-2

**निज पद नयन दिएँ मन राम पद कमल लीन।**
**परम दुखी भा पवनसुत देखि जानकी दीन॥**

**(सुन्दरकाण्ड)**

श्री जानकीजी नेत्रों को अपने चरणों में लगाए हुए हैं अर्थात् नीचे की ओर देख रही हैं और मन श्रीरामजी के चरणकमलों में लीन है।

जानकीजी को दीन अर्थात् दुःखी देखकर पवनपुत्र हनुमानजी बहुत ही दुःखी हुए।)

वे इतने दुःखी होते हैं कि बार-बार विचार करने लगते हैं कि इनके दुःख को दूर करने के लिए अब मैं क्या करूँ- **'करइ बिचार करौं का भाई।'**

उसी समय राक्षस राज रावण आकर उन्हें अपनी पटरानी बनने का प्रस्ताव रखता है, तो सीताजी उसे धिक्कारते हुए उसे श्री रघुवीर के बाणों की याद दिलाती है, और उसे श्रीराम रूपी सूर्य के समक्ष जुगनू कहती हैं, तो वह उन्हें मारने दौड़ता है और अपनी बात मान लेने के लिए एक महीने का समय देता है। सीताजी त्रिजटा से काठ की चिता बनाने के लिए कहती हैं, और अशोक वृक्ष से अपना 'अ-शोक' नाम सार्थक करने के लिए कहती हैं। उस समय हनुमानजी की स्थिति देखने योग्य है-

**देखि परम बिरहाकुल सीता। सो छन कपिहि कलप सम बीता॥**

**(सुन्दरकाण्ड)**

(सीता जी को विरह से परम व्याकुल देखकर हनुमानजी का वह क्षण कल्प के समान बीता।)

ठीक इसी समय सीताजी के दुःख को दूर करने के लिए वे अपने साथ लाई हुई श्रीराम की अँगूठी नीचे गिरा देते हैं-

**कपि करि हृदयँ बिचार दीन्हि मुद्रिका डारि तब।**
**जनु असोक अंगार दीन्ह हरषि उठि कर हेउ॥**

**(वही)**

(तब हनुमानजी ने हृदय में विचार कर सीताजी के सामने अँगूठी डाल दी, मानो अशोक ने अंगारा दे दिया, यह समझकर सीताजी ने हर्षित होकर उठकर उसे हाथों में लिया।)

सीताजी समझती हैं कि अशोक ने उनकी प्रार्थना पर चिता जलाने के लिए अंगारा भेंट कर दिया है।

वार्तालाप के दौरान जब दुःखी होकर वे उनसे पूछती हैं कि नाथ ने इतनी निष्ठुरता धारण की हुई है? क्या कभी वे मेरे नेत्र शीतल करने के लिए मुझे दर्शन देंगे, तो सीताजी को विरहाकुल देखकर वे उन्हें श्रीराम-लक्ष्मण की कुशलता का समाचार देते हैं-

कोई बादशाह एक बार एक भयंकर रोग से पीड़ित हो गया। बहुतेरे हकीमों ने उसे देखा, लेकिन कोई भी उस बीमारी का इलाज नहीं बता पाया। एक दिन सभी हकीम राय-मशवरे के लिए आपस में मिले। सभी ने सामूहिक रूप से निर्णय दिया कि एक व्यक्तिविशेष के पित्त को यदि बादशाह के शरीर में आरोपित कर दिया जाये, तो इस बीमारी से छुटकारा प्राप्त हो सकता है। बादशाह ने हकीमों को ऐसे व्यक्ति की तलाश करने का हु1क्म दिया। बहुत खोजने पर उनको एक किसान के लड़के में वे सभी गुण मिल गए जिनकी उन्हें तलाश थी। बादशाह ने किसान दम्पत्ति को बुलाया, और उन्हें अपने लड़के का पित्त देने के लिए राजी कर लिया। इसके बदले उसने उन्हें पर्याप्त धन देने की बात कही। सल्तनत के काजी ने भी यह फैसला सुनाया कि बादशाह की सेहत की सलामती के लिए रिआया का खून बहाने में कोई हर्ज़ नहीं है।

उस लड़के को लाया गया। बड़ी भारी भीड़ मैदान में इकट्ठी थी। जैसे ही जल्लाद उसे मारने को आगे बढ़ा, तभी वह लड़का आसमान की तरफ देखकर बेसाख्ता हँस पड़ा।

बादशाह ने उससे पूछा- मौत के दरवाज़े पर खड़े होकर भी तू हँस रहा है जल्दी बता, वो बात निश्चित रूप से कुछ खास होगी।"

लड़का बोला- "मेरी कुर्बानी में तीन लोग दोषी हैं- एक मेरे माता-पिता, दूसरे काजी और तीसरे खुद बादशाह। माता-पिता अपने बच्चों को अपनी जान से ज़्यादा प्रेम करते हैं, लेकिन मेरे माँ-बाप की नीयत चंद पैसों के लालच में डोल गई, और उन्होंने अपने बच्चे को मरवाने की रज़ामन्दी दे दी। क़ाजी ने मानवता को शर्मशार कर दिया, और मेरी कुर्बानी को जायज करार दे दिया और बादशाह अपनी सेहत के लिए मेरा कत्ल करवाने पर राजी हो गया। ऐसे संकट काल में मैं अपनी रक्षा के लिए किससे गुहार लगाऊँ, सिवा अल्लाहताला के। यही सोचकर मैंने आसमान की ओर देखा, और मुझे हँसी आ गई।

बादशाह बड़ा रहमदिल था, अतः लड़के की बात सुनकर बहुत दुःखी हुआ और आँखों में आँसू भरते हुए बोला- "किसी निर्दोष का खून बहे, इससे पहले मेरा मर जाना अच्छा .है।"

इसके बाद बादशाह ने लड़के को अपने पास बुलाया और उसका सिर और आँखें चूमीं और गले लगाकर ढेर सारा इनाम-इकराम दिया। उसे छोड़ने का हुक्म दे दिया।

इस घटना के बाद वह बिल्कुल भला-चंगा हो गया।

**देखि परम बिरहाकुल सीता। बोला कपि मृदु बचन बिनीता।।**

**(सुन्दरकाण्ड)**

वह मन्दबुद्धि और दुर्बुद्धि रावण को देखकर भी बड़े दुःखी हैं। चाहते हैं; किसी प्रकार इसका कल्याण हो। युद्ध न हो, तो ही अच्छा है। ये श्रीराम की शरण में जाकर सीताजी को वापस कर दें, इसीलिए वे उसके हाथ जोड़ने में भी संकोच नहीं करते हैं। कहते हैं कि प्रभु तुम्हारा अपराध भुलाकर तुम्हें अपनी शरण में अवश्य ले लेंगे।

**ज़ेरे पायत गर बिदानी हाले मोर।**
**हम चो हाले तस्त जेरे पाये पील।।**

**(तुम्हारे पैर के नीचे दबी चींटी का वही हाल होता है, जो हाथी के पांव के नीचे दबने से तुम्हारा होगा। दूसरे के दुःख को अपने दुःख से तुलना किए बिना हम उसके दुःख की अवस्था का अनुमान नहीं लगा सकते।)**

हनुमान जी की तरह हमें सभी प्राणियों को अपने समान समझना चाहिए। दूसरों को कष्ट पहुँचाते समय यह ख्याल रखना चाहिए कि यदि मुझे कोई व्यक्ति ऐसा ही कष्ट दे, तो क्या होगा? अपने भले के लिए किसी दूसरे का बुरा नहीं करना चाहिए।

•

# 17

# उचित अवसर पर प्रतिक्रिया देने और नाप-तौलकर बोलने वाले

उस व्यक्ति में प्रबन्धन क्षमता अपनी पूरी तीव्रता पर होती है, जो उचित अवसर देखकर मुँह से शब्द निकालता है और 'शुभघड़ी' देखकर अपना कार्य शुरू करता है। यदि हम बेमौके किसी के समक्ष अपनी बात रखते हैं, तो वह अर्थहीन हो जाती है, उसका असर नहीं पड़ता, और दूसरों की दृष्टि में हम नौसिखिए और मूर्ख साबित होते हैं। अंग्रेजी में एक कहावत है- 'Strike when the iron is hot (गर्म लोहे पर ही प्रहार करो।)गर्म लोहे पर प्रहार करने से उसे मनचाही आकृति दे सकते हैं। उचित समय पर अपना पक्ष प्रस्तुत करने पर हम दूसरे व्यक्ति से सकारात्मक परिणाम की अपेक्षा कर सकते हैं। इसी प्रकार गलत समय पर आप कोई कार्य शुरू करते हैं, तो उसके उत्साहजनक परिणाम नहीं मिलते।

प्रबन्धन की समझ रखने वाले व्यक्ति भलीभाँति जानते हैं कि अमुक व्यक्ति किस बात, व्यवहार, समय आदि पर हमारे पक्ष में निर्णय देगा, वे उसी के अनुसार अपनी योजना बनाते हैं और सफल होते हैं। साहब का 'मूड' ठीक नहीं, और आप अपनी 'लीव अप्लीकेशन' लेकर उनसे स्वीकृति लेने पहुँच गए, तो छुट्टी तो मिलेगी नहीं, उलटे आपको तरह-तरह के विशेषणों से युक्त 'भोग' सुनने को मिलेंगे। आप सोचेंगे कि आज किस मनहूस का मुँह देखकर उठा था, जो ऐसा हो गया। आपने समय-प्रबन्धन पर ध्यान नहीं दिया, और मात खाई।

आप बात-बात पर 'वाह-वाह! क्या बात है।' कहने के आदी हैं अर्थात् ये आपका तकिया कलाम है। किसी व्यक्ति के घुटे हुए सिर को देखकर आपने पूछ लिया कि आखिर हुआ क्या? उसने कहा कि मेरे पिताजी मर गये, आप

तुरन्त बोले- 'भई वाह-वाह क्या बात है!' अब आप उस दृश्य की कल्पना कीजिए कि उस व्यक्ति का तेवर और प्रतिक्रिया कैसी होगी!

जो अपना पक्ष प्रस्तुत करने और कार्य करने के लिए उचित समय और शब्दों का चयन करते हैं, वे ही जीवन-प्रबन्धन समुचित ढंग से कर पाते हैं।

हनुमानजी यह कला भली-भाँति जानते हैं। वे अनेक स्थलों पर अपनी इस अप्रतिम कला का प्रदर्शन करते हैं, और दूसरे पक्ष को प्रभावित करने और अपनी बात मनवाने में शत-प्रतिशत सफल रहते हैं ।

श्रीराम से पहली बार भेंट होने पर वे श्रीराम की कृपा प्राप्त करने में सफल होते हैं। वे अपने स्वामी का गुणगान करते हैं, और अपनी दीन-हीनता प्रदर्शित करते हैं। श्रीराम उनकी अनन्य भक्ति से प्रसन्न हो जाते हैं। जब हनुमानजी श्रीराम को प्रसन्न देखते हैं, तो तुरन्त अपने मन की बात उनके सामने प्रकट कर देते हैं-

**देख पवनसुत पति अनुकूला। हृदयँ हरष बीती सब सूला।**

**( किष्किन्धाकाण्ड )**

(स्वामी को अनुकूल अर्थात् प्रसन्न देखकर पवन कुमार हनुमानजी के हृदय में हर्ष छा गया और उनके सब दुःख जाते रहे। उन्होंने कहा- हे नाथ! इस पर्वत पर वानरराज सुग्रीव रहता है, वह आपका दास है।

**तेहि सन नाथ मयत्री कीजै। दीन जानि तेहि अभय करीजे॥**
**सो सीता कर खोज कराइहि। जहँ तहँ मरकट कोटि पठाइहि।**

**( किष्किन्धाकाण्ड )**

(हे नाथ! उससे मित्रता कीजिए और उसे दीन जानकर निर्भय कर दीजिए। वह सीताजी की खोज कराएगा और जहाँ-तहाँ करोड़ों वानरों को भेजेगा।)

वे भलीभाँति जानते हैं कि भगवान दीनता और मधुर शब्दों से प्रसन्न होते हैं, अतः वे ऐसा करते हैं, क्योंकि शब्द-शक्ति बहुत प्रभावकारी और अचूक होती है, अतः वे अपने शब्दों से उन्हें प्रसन्न कर लेते हैं। उनके मन में अपने स्वामी सुग्रीव की दीन-हीन दशा का चित्र तुरन्त उभरता है, और वे उनका उद्धार कराने का यह उचित अवसर मानते हैं; अतः वे अविलम्ब सुग्रीव को उनका दास बताते हुए उससे मित्रता करने का प्रस्ताव रखते हैं। साथ ही कहते हैं कि उससे मित्रता करके आप घाटे में नहीं रहेंगे। मित्रता के बदले में वह आपकी प्रिय पत्नी सीता की खोज कराएगा। इस प्रकार यहाँ अपनी वाक्पटुता से एक तीर से कई सन्धान करते हैं और श्रीराम से सुग्रीव की मित्रता अग्नि की साक्षी देकर करा देते हैं।

इस प्रकार हमें यहाँ उनकी चतुरता, वाक्पटुता और समय-प्रबन्धता के अद्भुत सामंजस्य के दर्शन होते हैं।

वे बात करते समय यथास्थितिवादी हैं, कोई अतिशयोक्ति, लाग-लपेट और बात को घुमा-फिराकर कहना अथवा पहेलियाँ बुझाना उन्हें पसन्द नहीं है। वे स्पष्टवादी है, इसीलिए सबके प्रिय है-

**तब हनुमंत उभय दिसि की सब कथा सुनाइ।**
**पावक साखी देइ करि जोरी प्रीति बढ़ाइ॥**

**( किष्किन्धाकाण्ड )**

(तब हनुमानजी ने दोनों ओर की सब कथा सुनाकर अग्नि को साक्षी देकर परस्पर दृढ़ करके प्रीति जोड़ दी।)

उनका मानना है कि मैंने दोनों पक्षों को वस्तु स्थिति से अवगत करा दिया, मित्रता की सिफारिश भी कर दी, अब आगे की आप लोग जानें!

वे सुग्रीव को भोग-विलास में आकंठ डूबा हुआ देखते हैं, इससे बहुत दिनों से उनके मन में कांटा गड़ा हुआ है, लेकिन वे उचित अवसर की तलाश में हैं। वे वर्षा ऋतु तक चुप्पी साधे रहते हैं; क्योंकि वर्षा ऋतु में सीता की खोज करना दुष्कर होती है।

लेकिन जैसे ही शरद ऋतु आती है, सुग्रीव को समझाने निकल पड़ते हैं और उनके चरणों में सिर नवाकर उन्हें साम, दान, दंड और भेद- चारों विधियों से समझते हैं, जिसका अनुकूल असर सुग्रीव पर पड़ता है। यदि वे वर्षा ऋतु में जाकर उन्हें समझाते, तो सुग्रीव ऋतु अनुकूल न होने की बात कहकर सीता खोज-प्रसंग को टाल जाते।

जब सुग्रीव उन्हें वानरों के यूथ को बुलाने की उन्हें आज्ञा देते हैं; तो वे उन्हें बुलाकर पहले तो उनका बहुत सम्मान करते हैं, पश्चात् सबको भय, प्रीति और नीति बताते हैं।

उधर लक्ष्मणजी श्रीराम की आज्ञा से सुग्रीव को सबक सिखाने आते हैं, कहते हैं- अभी नगर को जलाकर राख कर दूँगा? लक्ष्मणजी को क्रोध में भरे देखकर सुग्रीव काँप उठते हैं, वे हनुमानजी से बात सँभालने को कहते हैं।

हनुमानजी बालि की पत्नी तारा को लक्ष्मणजी के पास ले जाकर सबसे पहले तो उनकी चरण-वन्दना करते हैं और उनके गुणों तथा सुन्दर यश का बखान करते हैं। तारा को वे एक ढाल की तरह इस्तेमाल करते हैं, क्योंकि वे जानते हैं कि स्त्री को देखकर उनका क्रोध आधा रह जाएगा और वन्दना करने तथा यशगान करने से उनका क्रोध समाप्त हो जाएगा।

कोई व्यक्ति यदि बहुत अधिक क्रोध में है, तो आप उसके सामने आँखें मूंदकर हाथ जोड़े हुए जाइए, और उसके चरणों में गिरकर; उसको दयावान और

क्षमाशील कहिए, उसका क्रोध अवश्य शान्त हो जाएगा। हनुमानजी अवसर देखकर उनके सुयश का बखान करते हैं-

इसके बाद वे उनसे महल में पधारने की विनती करते हैं और उनके चरण पखारते हैं-

**करि बिनती मंदिर लै आए। चरन पखारि पलँग बैठाए॥**

**(किष्किन्धाकाण्ड)**

हनुमानजी वास्तव में यहाँ परमक्रोधी लक्ष्मणजी के समक्ष सुग्रीव के आने की प्रस्तावना बाँधते हैं। यहाँ सन्देश यह है कि आवश्यक नहीं कि शब्दों से अपनी बात का अर्थ स्पष्ट किया जाये, मौन रहकर भी अपने हाव-भाव और व्यवहार से बहुत-कुछ कहा जा सकता है। वे सुग्रीव को लक्ष्मणजी की सेवा कर 'अभय' दिलवा देते हैं। लक्ष्मणजी पलंग पर विराजमान हैं। वे हनुमानजी के व्यवहार और सेवा से परम प्रसन्न हैं कि तभी सुग्रीव का आगमन उनके कमरे में होता है-

**तब कपीस चरनन्हि सिरु नावा। गहि भुज लछिमन कंठ लगावा॥**

**(वही)**

(तब वानरराज सुग्रीव ने उनके चरणों में सिर नवाया और लक्ष्मणजी ने हाथ पकड़कर उनको गले लगा लिया।)

जब सभी वानर श्रीराम को प्रणाम कर रहे हैं, तो हनुमान जी चुपचाप खड़े हैं; लेकिन उनके मौन की भाषा इतनी मुखर है कि श्रीराम उन्हें सीता की खोज के लिए जाने पर अपनी अंगूठी देते हैं। वे उनके बल की मौन शक्ति से प्रभावित हैं।

जब समुद्र के किनारे खड़े हुए सभी वानर अपने-अपने बल का बखान कर रहे हैं, तब भी वे सिर नीचा किए मौन खड़े हैं, तब जाम्बवान् उनके बल का अनुमान करके कह उठते हैं-

**कवन सो काज कठिन जग मांही। जो नहिं होत तात तुम्ह पाहीं।**

**(वही)**

इसके बाद अर्थात् अपने बल की वास्तविकता दूसरे के मुँह से सुनने के बाद वे अवसर पाकर कह उठते हैं- मैं इस खारे समुद्र को खेल-खेल में ही लाँघ सकता हूँ, और सहायकों सहित रावण को मारकर त्रिकूट पर्वत को उखाड़कर यहाँ ला सकता हूँ।

**चोकारे बेफ़िज़ूले मन बर आयद।**
**मरा दखै सुख़न गुफ़्तन न शायद॥**

**(यदि बिना बोले ही काम हो जाए, तो व्यक्ति को व्यर्थ की बातें नहीं करनी चाहिए।)**

किसरा नामक बादशाह के दरबार में चन्द ज़हीन लोग किसी बात पर तर्क-वितर्क में मशगूल थे। उस समय बुजुर्ग चुपचाप बैठा था।

लोगों का उसका मौन बर्दाश्त नहीं हुआ, तो वे पूछने लगे- "इतना महत्त्वपूर्ण विषय है, वाद-विवाद हो रहा है, आप भी कुछ बोलिए।

वह बोला- "हकीम के पास बीमार ही जाता है। वे स्वस्थ व्यक्ति को दवा नहीं देते। वजीर भी हकीम की तरह होते हैं। मैं इतनी देर से आप लोगों की बात सुन रहा हूँ। मैंने समझ लिया, आपकी राय न्याययुक्त है, फिर मैं अपनी राय क्यों दूँ। ये बुद्धिमानी नहीं होगी। अगर कोई अन्धा कुएँ की तरफ चला जा रहा है, उस समय उसे रोकना मेरा फर्ज और बुद्धिमानी है। अगर मैं उसे नहीं रोकता हूँ, तो दोषी हूँ, लेकिन यहाँ मेरे दखल के बिना काम अच्छी तरह हो रहा है, तो मेरा कुछ कहना अनुचित है, और मैं बेवजह टाँग अड़ाने का दोषी करार दिया जाऊंगा।

वास्तव में ज़रूरत के समय बोलना अच्छा रहता है। बेमौके या बेज़रूरत बोलने से तो चुप रहना बेहतर है।

लंका की अनुपम शोभा और उसके भयंकर-भयंकर विभिन्न रूप वाले राक्षसों को पहरेदारी करते हुए देखकर वे उनसे लंका में प्रवेश करने के प्रारम्भ में नहीं भिड़ना चाहते, क्योंकि इससे वास्तविक उद्देश्य की हानि होती, इसलिए वे मन में खूब विचारकर छोटा रूप अर्थात् मच्छर के समान रूप रखते हैं और रात के समय लंका में प्रवेश करने का निर्णय लेते हैं; क्योंकि रात के समय कोलाहल कम होता है और मच्छर रात में ही निकलते हैं। वे सोचते हैं कि इस रूप में कोई भी राक्षस उन्हें पहचान नहीं पायेगा, लेकिन लंकिनी उन्हें पहचान लेती है। वास्तव में वे अच्छी तरह जानते हैं कि कब क्या करना है, जिससे उद्देश्य में निर्विघ्न सफलता प्राप्त हो।

लेकिन लंकिनी उन्हें पहचान लेती है और वे उसको घूंसा मारते हैं, जिससे वह खून की उलटी करके धरती पर गिर पड़ती है और ब्रह्माजी के वरदान के विषय में बताती है।

मच्छर के रूप में कोई उन्हें पहचान नहीं पाता और वे निर्विघ्न रूप से रावण के सारे महलों में रातभर घूम-घूमकर सीता की खोज करते हैं। वे रावण के महल तक में पहुँच जाते हैं, और उसे शयनरत देखते हैं।

अपने आराध्य भगवान श्रीराम के अस्त्र-शस्त्रों से अंकित और तुलसीजी से सुशोभित एक घर को देखकर वे मन में तर्क करने लगते हैं- **इहाँ कहाँ सज्जन करवासा?** उसी समय विभीषण जागकर 'राम-नाम' का उच्चारण करते हैं, तो

वे मन में कहते हैं कि इससे हठ करके अर्थात् स्वयं पहल करके जान-पहचान बढाऊँगा, क्योंकि सज्जनों से कार्य की हानि नहीं होती, अपितु लाभ ही होता है।

वे अपना मच्छर से भी लघु रूप छोड़कर ब्राह्मण वेश धारण कर उनसे पहचान करते हैं। वे वास्तविकता परखने के लिए वेष बदलते हैं-

इस प्रकार उस समय का हनुमान जी का निर्णय श्रीराम के कार्य में सहायक सिद्ध होता है, वे परोक्ष रूप से विभीषण को यह संदेश भी दे देते हैं कि श्रीराम के चरणों के अनुरागी होने पर कहाँ राक्षसों के बीच पड़े हुए हो? रावण के द्वारा तिरस्कृत किए जाने पर विभीषण हनुमानजी की पूर्व प्रेरणा से ही श्रीराम की शरण में जाने का निर्णय लेते हैं।

विभीषण जैसे सज्जन पुरुष से हठ करके पहचान करने का एक लाभ उन्हें यह भी होता है कि उन्हें सीताजी का निवास-स्थान पता चल जाता है।

वैसे तो हनुमानजी तुरत-फुरत निर्णय लेने के लिए ख्यात हैं, लेकिन अशोक वाटिका में छोटे रूप में वे एक वृक्ष के पत्तों में छिपकर सीताजी की स्थिति को देखते हैं; तो सहसा निर्णय नहीं ले पाते कि अब क्या करना चाहिए? उनके पास एकदम से प्रकट हो जाना चाहिए अथवा अवसर की प्रतीक्षा करनी चाहिए। उसी समय रावण आता है, और सीताजी को भयंकर त्रास देता है। हनुमानजी तब भी कोई प्रतिक्रिया व्यक्त नहीं करते; क्योंकि रावण से भिड़ने का यह उचित अवसर नहीं होता है, इससे सीताजी से भेंट करने, उन्हें श्रीराम की निशानी सौंपने तथा श्रीराम के बल का आभास कराने का वास्तविक उद्देश्य पूरा नहीं होता। वे प्रतीक्षा करते हैं और खून का घूंट पीकर रह जाते हैं।

जब सीताजी रावण के त्रास से मृत्यु का वरण करने के लिए उद्यत होती हैं, और बहुत अधिक व्याकुल होती हैं, रावण वाटिका से जब प्रस्थान कर गया होता है, तथा त्रिजटा नामक राक्षसी अन्य सभी राक्षसियों को अपने 'बुरे सपने' का भय दिखाकर उन्हें सीताजी के पक्ष में कर लेती हैं; तब हनुमानजी को परिस्थिति पूर्णतया अनुकूल लगती है, और वे अपना कार्य करते हैं-

**कपि करि हृदयँ बिचारि दीन्ह मुद्रिका डारि तब।**

**(सुन्दरकाण्ड)**

(तब हनुमानजी ने हृदय में विचारकर सीताजी के सामने अंगूठी डाल दी।)

वे वृक्ष में छिपे हुए ही श्रीराम के गुणों का वर्णन करते हैं, इस प्रकार सीताजी का दुःख कम जाता है। वे आदि से लेकर सारी कथा सीताजी को सुनाते हैं। जब सीताजी इस अदृश्य आत्मा से सामने आने की बात कहती हैं, तब वे प्रकट होते हैं और अपना परिचय देते हैं-

**तब हनुमंत निकट चलि गयऊ।**

**(सुन्दरकाण्ड)**

(तब हनुमान जी उनके पास चले गये।)

और वे आगे कहते हैं- **'रामदूत मैं मातु जानकी।'**

**( सुन्दरकाण्ड )**

ध्यान रहे, वे अपने-आप उनके पास नहीं जाते हैं। उनके कहने पर वे अपना रूप उनके समक्ष प्रकट करते हैं। जब सीताजी इसके बाद भी विरह से जलती हुई दिखाई देती हैं, तो वे श्रीराम-लक्ष्मण की कुशलता का समाचार देते हुए कहते हैं-

**जनि जननी मानहु जिय ऊना। तुम तें प्रेम राम के दूना॥**

**( सुन्दरकाण्ड )**

(हे माता! मन में ग्लानि मत मानिए अर्थात मन छोटा करके दुःख न कीजिए, श्रीरामचन्द्र जी के हृदय में आपसे दूना प्रेम है।)

यहाँ उल्लेखनीय है कि श्रीराम उनसे कभी नहीं कहते हैं कि मैं जानकी को उनसे दूना प्रेम करता हूँ। हनुमानजी सीताजी के विरह की अग्नि को शान्त करने के लिए उनसे ऐसा कहते हैं, ताकि वे प्रसन्न हो सकें।

वे उनके सामने छोटे रूप में ही वार्तालाप कर रहे हैं, लेकिन जब उन्हें सन्देह होता है, तो वे उनकी शंका का निवारण करने के लिए अपने 'सुमेरु रूप' को प्रकट करते हैं, और बाद में पुनः छोटे रूप में आ जाते हैं।

रावण की राजसभा में उनकी वाक्पुटता के दर्शन होते हैं। एक उदाहरण से इसे समझा जा सकता है। रावण जब उनसे पूछता है कि तूने राक्षसों को क्यों मारा, तो वे अपने मनोवैज्ञानिक पक्ष को प्रस्तुत करते हुए कहते हैं- मुझे भूख लगी थी, इसलिए फल खाये, और वानर स्वभाव के कारण वृक्ष तोड़े-

**खायउँ फल प्रभु लागी भूखा। कपि सुभाव तै तोरेउँ रूखा॥**

**( वही )**

वे आगे कहते हैं कि सबको अपना शरीर प्यारा होता है, लेकिन जब उन्होंने मुझे मारा, तब मैंने उन्हें मारा-

**जिन्ह मोहि मारा ते मैं मारे। तेहि पर बाँधेउँ तनयँ तुम्हारे।**

**( वही )**

वध करना मेरा स्वभाव नहीं है।

जब उन्होंने मुझे मारा, तभी मैंने उनको मारा।

वह अवसर के अनुकूल भाषा का प्रयोग कर उसे भक्ति, ज्ञान, वैराग्य और नीतिपरक बातें बताते हैं और सन्मार्ग पर लाने के लिए उसके हाथ तक जोड़ते हैं।

लंका से लौटकर श्रीराम के पास आने पर वे सीताजी के दुःख का विशद वर्णन करते हुए श्रीराम के दुःख को कम करने, और सीताजी के प्रति

उनके मन में और अधिक प्रेम उत्पन्न करने तथा उसे प्रगाढ़ करने के लिए कहते हैं-

**अनुज समेत गहेहु प्रभु चरना। दीनबंधु प्रनतारति हरना॥**
**मन क्रम बचन चरन अनुरागी। केहिं अपराध नाथ हौं त्यागी॥**

**( सुन्दरकाण्ड )**

(छोटे भाई समेत प्रभु के चरण पकड़ना और कहना कि आप दीनबन्धु हैं; शरणागत के दुःखों को हरने वाले हैं, और मैं मन, वचन, और कर्म से आपके चरणों की अनुरागिणी हूँ। फिर स्वामी आपने मुझे किस अपराध से त्याग दिया,)

एक बादशाह के बहुत-से बेटे थे। सभी अच्छी कद-काठी के खूबसूरत जवान थे, केवल एक राजकुमार थोड़ा-सा ठिगना और अन्य भाइयों से कुछ बदसूरत था। बादशाह को वह नापसन्द था, बल्कि दूसरे शब्दों में कहा जाये, तो वह उससे नफरत करता था। उसकी नफरत अक्सर उसकी आँखों से टपकने लगती थी, लेकिन उसके कद में छोटे बेटे की एक खासियत थी कि वह अपने अन्य सभी भाइयों से अधिक बुद्धिमान था। वह भलीभाँति जानता था कि उसके पिता उससे नफरत करते हैं, लेकिन वह चुप रहता था। जब एक दिन उससे न रहा गया, तो वह अपने पिता से बोला- "अब्बा हुज़ूर। बड़े डील डौल व्राले और खूबसूरत बेवकूफ आदमी से कभी-कभी छोटे कद वाला बदसूरत, लेकिन बुद्धिमान आदमी अच्छा होता है।"

उसने उदाहरण देते हुए कहा- "अब देखिए बड़े डीलडौल वाला हाथी नापाक समझा जाता है, जबकि छोटे कद वाली भेड़ पाक समझी जाती है। सिनाई नामक पहाड़ धरती के दूसरे सभी पहाड़ों से छोटा है, लेकिन खुदा की नज़र में उसका मान और पदवी बहुत बड़ी है।"

उसने दो आदमियों का उदाहरण अपनी बात की पुष्टि के लिए देते हुए कहा- "एक बार एक दुबले-पतले कमज़ोर से दिखने वाले एक बुद्धिमान आदमी ने; एक खूब मोटे-ताजे बेवकूफ आदमी से कहा 'एक अरबी घोड़ा, चाहे कितना भी कमज़ोर क्यों न हो, वह अस्तबल के सभी हट्टे-कट्टे गधों से बेहतर होता है।"

अपने उस लड़के की बात सुनकर बादशाह हँस पड़ा। सभी दरबारी लोग उसकी तारीफ करने लगे, जबकि बादशाह के दूसरे लड़के कुढ़ गए। वे उसे नीचा दिखाने की तरकीबें सोचने लगे।

एक बार एक शक्तिशाली बादशाह ने उस राजा पर चढ़ाई कर दी। उसकी सेना बहुत बड़ी थी और इसकी सेना छोटी-सी थी। राजा के हट्टे-कट्टे खूबसूरत लड़के दुम दबाकर महल में ही छिपे रहे, दूसरी ओर वही बदसूरत ठिगने कद का लड़का छोटी-सी फौज लेकर उस बादशाह से मुकाबला करने के लिए मैदान में आ डटा।

दूसरे बादशाह की बड़ी फौज देखकर, छोटी फौज के सिपाही जान बचाकर भागने लगे, तो उस लड़के ने उनका उत्साह बढ़ाते हुए कहा- "फौज के जांबाज सिपाहियो! मर्दों की तरह दुश्मन का मुकाबला करो, ताकि बाद में औरतों के कपड़े न पहनने पड़ें।" उसकी इस बात से उसके सैनिकों में अपार बल और जोश आ गया तथा वे वीरतापूर्वक लड़े। उन मुट्ठी-भर सैनिकों ने बड़ी फौज को लोहे के चने चबवा दिए। आखिर जीत 'छोटे उस्ताद' की ही हुई।

वह जंग जीतकर जब अपने पिता के पास आया, तो उसने जंग के दौरान हुई सारी घटनाएँ तफसील से सुनायीं। वह बोला-अब्बा हुज़ूर। एक पतली टाँगों वाली घोड़ी जितना काम करती है, उतना काम एक मोटा-ताजा बैल किसी भी तरह नहीं कर सकता। मैंने आपके आशीर्वाद से जंग जीत ली है। मैं बहुत बहादुरी, अक्लमंदी और ताकत से लड़ा। हालांकि आपकी नज़र में मैं बहुत बदसूरत और ठिगना हूँ, लेकिन जब तक आपकी दुआएँ मेरे साथ हैं तब तक मेरा बाल-बांका भी नहीं हो सकता।"

उस दिन से बादशाह उससे बेपनाह मोहब्बत करने लगा, उसकी नफरत प्यार में बदल गई, और उसने उसको ही अपने सिंहासन का वारिस घोषित कर दिया।

उसके सभी भाई उससे जलने लगे। एक बार उन्होंने आपस में मन्त्रणा करके उसके खाने में ज़हर मिला दिया। उसकी बहन अपने दूसरे भाइयों की करतूत देख रही थी। जिस समय वह खाने बैठा, उसने उसी समय दरवाज़ा खटखटाया। वह बुद्धिमान था, इसलिए बहन का इशारा तुरन्त समझ गया। उसने अपनी बहन से कहा- "अगर अक्लमन्द लोग इसी तरह मार डाले जाएँगे, तो बेवकूफ लोगों से इसकी भरपाई नहीं हो सकेगी।"

इस हादसे की खबर बादशाह तक पहुँच गई। उसने अपने सभी लड़के बुलाए, और उन्हें काफी भला-बुरा कहा। बाद में उसने अपनी सल्तनत के हिस्से कर सभी में बाँट दिए, जिससे भविष्य में किसी भी प्रकार का झगड़ा-फसाद न हो।

इस प्रकार वे अवसर देखकर व्यक्ति के हित की बात करते हैं, जो उसके मनोनुकूल हो और उसे ढाँढस बँधाए। श्रीराम और सीताजी को एक-दूसरे के हित की बात बताना; उनकी बुद्धि की प्रखरता और वाक्चातुर्य को सिद्ध करता है।

लम्बे शारीरिक, डील-डौल और खूबसूरती से ही कोई सम्माननीय नहीं हो जाता। गुणवान व्यक्ति का ही हमेशा सम्मान होता है, गुण पहले हैं, खूबसूरती और कद-काठी बाद में, जबकि संसार के लोग इसके विपरीत व्यवहार करता है।

यहाँ पर लोग कहते हैं कि हनुमानजी हाँ-हुजूरी करने वाले, मुँह देखी कहने वाले चापलूस व्यक्ति हैं। ऐसा नहीं है, वे अप्रिय सत्य नहीं कहते हैं। वास्तव में रोग देखकर उपचार करते हैं।

एक हकीम साहब के पास एक बार एक पंडित जी आये। वे अपना हर जगह इलाज करा चुके थे, लेकिन किसी भी डॉक्टर, वैद्य और हकीम को उनके रोग और इस अबूझ बीमारी का निदान समझ नहीं आ रहा था, वे सूखकर काँटा हो गये थे, और मृत्यु के कगार पर बैठे थे।

वे हकीम साहब के पास पहुँचे। हकीम जी नाड़ी विशेषज्ञ थे। उन्होंने नाड़ी देखकर कहा- "पंडितजी आप बिल्कुल ठीक हो जाएंगे, लेकिन एक शर्त है, हम जो भी आपको खाने को देंगे, उससे आप इन्कार नहीं करेंगे।" पंडितजी ने फौरन हामी भर ली।

हकीमजी ने अपने एक सहायक को एकान्त में ले जाकर एक मंझोले आकार के कुत्ते को मँगवाकर कटवाया, उसके छोटे-छोटे पतले टुकड़े करवाए उनको चाँदी के वर्कों में लिपटवाया, और एक तश्तरी में रखकर वे टुकड़े पंडित जी को दिए। अब वे पंडितजी से बोले कि इनको बिना चबाए केवल पानी से निगलना है। पंडितजी ने उनके निर्देश का पालन किया। जब उन्होंने सारे टुकड़े निगल लिए, तो हकीम साहब उनसे बोले- पंडितजी! पता है, आपने क्या खाया है? कुत्ते का मांस!'

पंडितजी को जब यह बात पता चली, तो वे वहीं पर उलटियाँ करने लगे और कुत्ते के मांस पर चिपककर किलनियाँ (कुत्ते की खाल पर चिपक कर उसका खून चूसने वाला एक छोटा-सा कीड़ा) बाहर आने लगीं। उलटी के माध्यम से उनके पेट की सारी किलनियाँ बाहर आ गईं। दरअसल वे किसी तरह कुत्ते की कलीली निगल गये थे, जिन्होंने उनके पेट में अपनी वंश-वृद्धि कर ली थी।

हनुमानजी पीड़ित व्यक्ति से हितकर बोलने वाले और आरोग्य- लाभ देने वाले हकीम हैं। जब वे दोनों पक्षों को विरह की अग्नि में जलते हुए देखते हैं, तो उसको बुझाने के लिए ऐसे अवसरानुकूल निर्णय लेते हैं, और वे अपने उद्देश्य में सफल रहते हैं।

जब वे भरत जी को श्रीराम के अयोध्या-आगमन का समाचार सुनाते अयोध्या जाते हैं, तो भरतजी को अत्यन्त व्याकुल और श्रीराम के चरणों में निरत देखकर उन्हें उचित अवसर जानकर ढाँढस बंधाते हुए कहते हैं-

**राम प्रानप्रिय नाथ तुम्ह सत्य बचन मम तात।**

**(उत्तरकाण्ड)**

(हनुमानजी ने कहा- हे नाथ! आप श्रीरामजी को प्राणों के समान प्रिय हैं।)

इस प्रकार वे श्रीराम के विरह की अग्नि में निरन्तर सूखते जा रहे भरतजी पर अपने शुभ संदेश की वर्षा करते हैं।

जब वे यह बात अच्छी तरह परख लेते हैं कि श्रीराम अयोध्या से वापस अपने-अपने घरों को जाने के लिए सबको प्रेरित कर रहे हैं, और उन्हें वस्त्र तथा आभूषण देकर सादर सप्रेम विदा कर रहे हैं, लेकिन मुझसे जाने के लिए नहीं कह रहे हैं, तो वे उचित अवसर जानकर अपने स्वामी सुग्रीव के चरणों में गिरकर उनसे थोड़े दिन अयोध्या में ठहरकर श्रीराम की सेवा करने के लिए कहते हैं-

**दिन दस कर रघुपति पद सेवा। पुनि तव चरन देखि हउँदेवा॥**

**( उत्तरकाण्ड )**

वे अपने स्वामी श्रीराम को अपनीं वाक्पटुता और बुद्धि कौशल से आलंकारिक भाषा का प्रयोग करते हुए प्रभावित करते हैं, और श्रीराम मुसकरा कर उनकी ओर देखकर उन्हें निहाल कर देते है। इससे उनका उत्साह द्विगुणित हो जाता है।

समुद्र के किनारे श्रीराम अपनी वानर सेना सहित खड़े हैं। प्रश्न है, उस पर सेतु कैसे बनाया जाये! जाम्बवान् जी उस अवसर पर कहते हैं- "प्रभु! हे नाथ! सबसे बड़ा सेतु तो आपका नाम ही है, जिस पर चढ़कर मनुष्य संसार रूपी समुद्र से पार हो जाते है।"

उनकी बात सुनकर श्री हनुमानजी अपने आराध्य श्रीराम से कहते हैं- "प्रभु का प्रताप भारी बड़वानल (समुद्र की आग) के समान है। इसने पहले समुद्र के जल को सोख लिया था।"

**प्रभु प्रताप बड़वानल भारी। सोषेउ प्रथम पयोनिधि बारी॥**

**( लंकाकाण्ड )**

फिर वे अपनी अलंकारपूर्ण उक्ति उनके समक्ष प्रस्तुत करते हुए कहते हैं-

**तव रिपु नारि रूदन जलधारा। लरेउ बहोरि भयउ तेहिं खारा॥**

**( लंकाकाण्ड )**

(परन्तु आपके शत्रुओं की स्त्रियों के आँसुओं की धारा से यह फिर भर गया, और उसी से खारा भी हो गया।)

हनुमानजी की यह अत्युक्ति सुनकर वानर श्रीरामजी की ओर देखकर हर्षित हो जाते हैं। उनकी इस बात से श्रीरामचन्द्रजी भी अति प्रसन्न होते हैं।

श्रीराम लंका के बाहर सुबेल पर्वत पर अपनी सेना सहित डेरा डाले हुए हैं। वे वानरराज सुग्रीव की गोद में सिर रखे हुए हैं। अंगद और हनुमान उनके चरण-कमलों की सेवा कर रहे हैं। लक्ष्मणजी वीरासन मुद्रा में धनुष-बाण कसे सतर्क बैठे हैं। आकाश में चन्द्रमा सुशोभित है। श्रीराम कहते हैं कि देखो! चन्द्रमा कैसा सिंह के समान निडर है। अचानक वे पूछ बैठते हैं-

"भाइयो! चन्द्रमा में जो कालापन है, वह क्या है? अपनी-अपनी बुद्धि के अनुसार कहो! उपस्थित प्रत्येक व्यक्ति अपने-अपने ढंग से कालेपन की व्याख्या करता है। श्रीराम चन्द्रमा को विष का प्यारा भाई बताते हैं।" अन्त में हनुमान जी कहते हैं-

**कह हनुमंत सुनहु प्रभु ससि तुम्हार प्रिय दास।**
**तब मूरति बिधु उर बसति सोइ स्यामता अभास॥**

**(लंकाकाण्ड)**

(हनुमानजी ने कहा- हे प्रभु! सुनिए, चन्द्रमा आपका प्रियदास है। आपकी सुन्दर श्याममूर्ति चन्द्रमा के हृदय में बसती है, वही श्यामता की झलक चन्द्रमा में है।)

इस प्रकार वे उस समय के गम्भीर वातावरण को अपनी आलंकारिक उक्ति से हल्का-फुल्का बना देते हैं। यह उनकी वाक्पटुता और अपने स्वामी को प्रसन्न करने का नायाब तरीका है।

उनकी बात सुनकर सुजान श्रीराम हँस पड़ते हैं, और हनुमानजी का स्थान उनकी दृष्टि में और ऊँचा हो जाता है।

इससे पूर्व जब लंका से लौटकर वे श्रीराम के पास आते हैं, तो सीताजी की खबर सुनाने के लिए उद्यत हैं। श्रीराम पूछते हैं कि सीता कैसी हैं और वहाँ अपने प्राणों की रक्षा किस प्रकार करती हैं? तो हनुमान जी पूरा वृत्तांत सुनाने से पहले आलंकारिक शैली में कहते हैं-

**नाम पाहरू दिवस निसि ध्यान तुम्हार कपाट।**
**लोचन निज पद जंत्रित जाहि प्राण केहि बाट॥**

**(सुन्दरकाण्ड)**

(हनुमानजी ने कहा- आपका नाम रात-दिन पहरा देने वाला है, आपका ध्यान ही किवाड़ है, नेत्रों को अपने चरणों में लगाए रहता है, यहीं ताला लगा है, फिर प्राण जायें, तो किस मार्ग से?

व्यक्ति को उचित अवसर पर समय देखकर कार्य करना चाहिए और उचित अवसर देखकर ही अपने मुँह से कोई बात निकालनी चाहिए। असमय वाणी का प्रयोग करने पर वह निष्प्रभावी हो जाती है। उचित समय पर किया गया कार्य पूर्ण फलदायी होता है।

# 18

# अंग-अंग प्रेम से पुलकित

संसार में सच्चा प्रेम दुर्लभ है। वह दीपक लेकर खोजने पर भी नहीं मिलता। सच्चे प्रेम में स्वार्थ नहीं होता है। वह अपना स्वार्थ सिद्ध करने के लिए दूसरे व्यक्ति को मोहरा नहीं बनाता, उसका पुल की तरह इस्तेमाल नहीं करता। सच्चे प्रेमी की दूसरे पक्ष से अपेक्षाएँ मिट जाती हैं। वह लेना नहीं जानता, केवल देना जानता है, और समय आने पर अपना बलिदान तक दे देता है। वरना संसार स्वार्थी लोगों से भरा पड़ा है। 'मानस' में भी कहा गया है- **'स्वारथ लागि करै सब प्रीती'** समूचा संसार स्वार्थ पर टिका हुआ है। यदि आप पर धन है, पद है, शोहरत है, तो हज़ार लोग आपके पीछे भागेंगे, लेकिन आपके पास शक्ति न होने पर कोई आपको महत्त्व नहीं देगा, चाहे आप कितने भी गुणी क्यों न हों! लोग अपने स्वार्थ को सिद्ध करने के लिए दूसरों को 'टूल' की तरह इस्तेमाल करते हैं, और मतलब निकल जाने पर उनको आम की गुठली की तरह निकालकर फेंक देते हैं। वे 'सच्चे प्रेम' का नाटक करते हैं, और मौका आने पर 'घड़ियाली आंसू' बहाते हैं।

सच्चे प्रेम में, दूसरे पक्ष का स्मरण करने अथवा नाममात्र लेने से शरीर पुलकित हो जाता है, और शरीर में स्फुरण हो आता है, रोम खड़े हो जाते हैं, साँसों में उतार-चढ़ाव आने लगता है और आँखों से आँसू झरने लगते हैं।

हनुमानजी अपने इष्ट के एक सच्चे भक्त और सच्चे दास हैं। वे उनसे हृदय से प्रेम करते हैं, इसीलिए उनका नाम आने पर उनका शरीर पुलकित हो जाता है, और उनकी आँखों से आँसू झरने लगते हैं। जब हनुमानजी अपने प्रभु श्रीराम को पहचान जाते हैं, तो उनकी दशा कैसी हो जाती है, देखिए-

**प्रभु पहिचानि परेउ गहि चरना। सो सुख उमा जाइ नहिं बरना।**
**पुलकित तन मुख आव न बचना। देखत रुचिर वेष कै रचना।।**

**(किष्किन्धाकाण्ड)**

(प्रभु को पहचानकर हनुमानजी उनके चरण पकड़कर पृथ्वी पर गिर पड़े। शिवजी कहते हैं- हे पार्वती! वह सुख वर्णन नहीं किया जा सकता। शरीर पुलकित है, मुख से वचन नहीं निकलता। वे प्रभु के सुन्दर वेष की रचना देख रहे हैं।)

वास्तव में प्रेमी से मिलने पर शरीर पुलक जाता है और जिह्वा पर ताला पड़ जाता है- ऐसी ही स्थिति हनुमानजी की है।

विभीषण जी से भेंट होने पर वे रामकथा कहते हैं और बाद में अपना नाम उन्हें बताते हैं। रामकथा कहने और सुनने पर दोनों ही के प्रेम का पारावार नहीं रहता-

**तब हनुमंत कही सब राम कथा निज नाम।**
**सुनत जुगल तन पुलक मन मगन सुमिरि गुन ग्राम।।**

**(सुन्दरकाण्ड)**

(तब हनुमानजी ने श्रीरामचन्द्रजी की सारी कथा कहकर अपना नाम बताया। सुनते ही दोनों के शरीर पुलकित हो गये और श्रीरामजी के गुण समूहों का स्मरण करके दोनों के मन प्रेम और आनन्द से मग्न हो गये।)

दोनों ही के इष्ट श्रीराम हैं, और दोनों ही प्रेम मग्न हैं।

प्रसंगवश यहाँ एक बात का उल्लेख करना चाहूँगा कि हनुमानजी राम-विमुख दुष्ट व्यक्तियों को अपना नाम न बताकर केवल 'रामदूत' या उनका दास बताते हैं; जबकि सज्जन पुरुषों को अपने परिचय में अपना नाम भी बताते हैं।

यहाँ विभीषण को तो वे अपना नाम बता देते हैं, लेकिन रावण के परिचय पूछने के उत्तर में वे श्रीराम के गुण समूहों का बखान करने के बाद केवल इतना कहते हैं-

**जाके बल लवलेस तें जितेहु चराचर झारि।**
**तासु दूत मैं जा करि हरि आनेहु प्रिय नारि।।**

**(सुन्दरकाण्ड)**

इसलिए रावण जब-जब उनका उल्लेख किसी व्यक्ति से करता है, तो केवल 'कपि', 'महाकपि' इत्यादि कहकर उनकी प्रशंसा करता है। पूरी रामचरितमानस में उनका कहीं नाम नहीं लेता।

**है कपि एक महाबल सीला।**
**आवा प्रथम नगरु जेहिं जारा।**

**(लंकाकाण्ड)**

दूसरी ओर साधु पुरुष भरतजी को वे अपना परिचय अपना नाम लेकर देते हैं-

एक आदमी अपने जीवन से पूरी तरह निराश हो गया था। उसे महसूस होता था कि वह दुनिया में बिल्कुल अकेला है, और उसे इस संसार में कोई प्रेम नहीं करता, इसलिए वह हर समय उदास रहता था।

ऋतुएँ निकल जाती थीं, लेकिन उनके प्रति उसके मन में कोई ललक नहीं दिखती थी। एक बार वसन्त का मौसम आया। प्रकृति अपने यौवन पर थी, लेकिन वह अभागा अपना कमरा बन्दकर आँखें मूँदे निश्चेष्ट पड़ा रहा।

एक दिन अचानक उसके कमरे का दरवाज़ा खुला और एक प्यारी-सी लड़की अंदर आई। लेकिन उस आदमी ने उसकी ओर नहीं देखा। उसकी इस हरकत पर वह सहमकर बोली- "क्या बात है? आप इतने गुमसुम क्यों हैं?"

आदमी ने पहले की तरह अपने मन की बात दोहरा दी- "मुझे कोई प्यार नहीं करता।"

लड़की ने पूछा- "आप किस-किस को प्यार करते हैं?"

आदमी चुप बैठा रहा।

तब लड़की बोली- " इस कमरे के दमघोंटू माहौल से ज़रा बाहर निकलकर देखिए। आपके दरवाज़े पर प्यार-ही-प्यार बिखरा पड़ा है। आप चाहें, तो अपनी झोलियाँ भर सकते हैं और दूसरों पर लुटा सकते हैं। आइए, ज़रा बाहर चलें।"

कहते-कहते लड़की उस आदमी का हाथ पकड़कर उसे बाहर ले गई और उसे फूलों के बीच खड़ा कर दिया। खिले हुए फूल ऐसे लग रहे थे, मानो हँस-बिहँस रहे हों।"

लड़की भी खिलखिलाकर हँसते हुए बोली- "देखिए! ये आपकी निराशा की दवा हैं। इनसे कुछ सीखिए। ये केवल प्रेम बाँटते हैं, और बदले में कुछ चाहते भी नहीं! अपने जीवन को इन जैसा बनाइए। संसार में प्यार-ही-प्यार बिखरा पड़ा है। आदमी का नया जन्म हो गया था।

**मारुत सुत मैं कपि हनुमाना। नामु मोर सुनु कृपानिधाना॥**

**(उत्तरकाण्ड)**

विभीषण को अपनी हीनता बताते हुए श्रीरामचन्द्रजी का स्मरण कर, हनुमानजी के नेत्रों में जल भर आता है-

**अस मैं अधम सखा सुनु मोह पर रघुबीर।**
**कीन्ही कृपा सुमिरि गुन भरे बिलोचन नीर॥**

**(सुन्दरकाण्ड)**

हनुमानजी वृक्ष के पत्तों में छिपे हुए ही सीताजी को श्रीराम कथा सुनाते हैं।

**रामचंद्र गुन बरनै लागा। सुनतहि सीता कर दुख भागा॥**
**लागी सुनै श्रवन मन लाई। आदिहु तें सब कथा सुनाई॥**

**(सुन्दरकाण्ड)**

(वे श्रीरामचन्द्रजी के गुणों का वर्णन करने लगे। जिनके सुनते ही सीताजी का दुःख भाग गया। वे कान और मन लगाकर उन्हें सुनने लगीं। हनुमानजी ने आदि से लेकर सारी कथा सुनाई।)

वास्तव में रामकथा के प्रथम गायक हनुमानजी हैं। श्रीसीताराम के सुपुत्र लव-कुश का नाम तो बाद में आता है।

जब सीताजी, अशोकवाटिका में उन्हें अनन्त आशीर्वाद देती हैं। कहती हैं- 'श्री रघुनाथ जी तुम पर बहुत कृपा करें', तो वे प्रेम में मग्न हो जाते हैं-

**करहुँ कृपा प्रभु अस सुनि काना। निर्भर प्रेम मगन हनुमाना॥**

**(सुन्दरकाण्ड)**

('प्रभु कृपा करें' ऐसा कानों से सुनते ही हनुमानजी प्रेम में मग्न हो गये।)

लंका से सीताजी का पता लगाकर लौटने के बाद हनुमानजी, श्रीराम के दर्शन करते हैं। श्रीराम उनसे कहते हैं- **'सुनु सुत तोहि उरिन मैं नाहीं'** और उनकी ओर अश्रुपूरित नेत्रों से देखते हैं। उनका सारा शरीर पुलकित है, तो हनुमानजी प्रेम-विकल हो जाते हैं-

**सुनि प्रभु बचन बिलोकि मुख गात हरषि हनुमंत।**
**चरन परेउ प्रेमाकुल त्राहि त्राहि भगवंत॥**

**(सुन्दरकाण्ड)**

(प्रभु के वचन सुनकर और उनके प्रसन्न मुख तथा पुलकित अंगों को देखकर हनुमानजी हर्षित हो गये और प्रेम में विकल होकर 'हे भगवान!' मेरी रक्षा करो, रक्षा करो? कहते हुए श्रीरामजी के चरणों में गिर पड़े।)

**बार बार प्रभु चहइ उठावा। प्रेम मगन तेहि उठव न भावा।**
**प्रभु कर पंकज कपि कें सीसा। सुमिरि सो दसा मगन गौरीसा॥**

**(सुन्दरकाण्ड)**

(प्रभु उनको बार-बार उठाना चाहते हैं, परन्तु प्रेम में डूबे हुए हनुमानजी को चरणों से उठना सुहाता नहीं, प्रभु का कर-कमल हनुमानजी के सिर पर है। उस स्थिति का स्मरण करके शिवजी प्रेम-मग्न हो गये।

हनुमान जी यहाँ पर 'हे भगवान! रक्षा करो, रक्षा करो' इसलिए कहते हैं कि प्रभु की प्रशंसा से मेरे मन में विकार उत्पन्न न हो जाये! विकारों से रक्षा केवल प्रभु-कृपा ही कर सकती है। प्रेम की चरम स्थिति है- प्रभु चरणों से बार-बार उठाना चाह रहे हैं, लेकिन प्रेम मग्न हनुमानजी उठ नहीं रहे हैं। वे अपने अश्रुओं से उनके चरण-कमलों को सींच रहे हैं।

यदि कोई दूसरा व्यक्ति भी श्रीराम के नाम का उच्चारण करता है, तो भी हनुमानजी प्रसन्न हो जाते हैं। कालनेमि नामक राक्षस को जब वे 'लंगूर लपेट' मारकर पछाड़ते हैं, तो वह मरते समय 'राम-राम' कहता है, तब हनुमानजी हर्षित हो जाते हैं-

**राम राम कहि छाड़ेसि प्राना। सुनि मन हरषि चलेउ हनुमाना॥**

**( लंकाकाण्ड )**

('कालनेमि' नामक राक्षस ने 'राम राम' कहते हुए अपने प्राण त्याग दिये, यह सुनकर हनुमानजी मन में हर्षित होकर चले)

भरतजी से अप्रत्याशित परिस्थितियों में प्रथम भेंट होने पर उनके पूछने पर हनुमानजी संक्षेप में राम कथा सुनाते हैं-

**कपि सब चरित समास बखाने।**

**( लंकाकाण्ड )**

हनुमानजी पर जब कोई विपत्ति आती है, तो उनके मुँह से 'राम-राम' ही निकलता है। भरत जी का बाण जब उनको लगता है, तो वह 'राम-राम' रघुपति कहते हैं-

**परेउ मुरुछि महि लागत सायक सुमिरत राम राम रघुनायक॥**

**( लंकाकाण्ड )**

(बाण लगते ही हनुमानजी 'राम-राम-रघुपति' का उच्चारण करते हुए मूर्च्छित होकर पृथ्वी पर गिर पड़े।)

वास्तव में वे अपने आराध्य, अपने इष्ट से तदाकार और तद्रूप हो गये हैं। उनके रोम-रोम में राम बसे हैं, इसलिए आनन्द के क्षणों में वे राम-नाम लेते हैं और विपत्ति के क्षणों में भी! लेते क्या हैं, मुँह से अनायास निकल जाता है।

जिस वस्तु का चिन्तन हम दिन-रात करते हैं, वही हमारी जिह्वा पर भी आ जाती है। ऐसा हम जान-बूझकर नहीं करते, अनायास हो जाता है। उनके हृदय में प्रतिक्षण 'राम-नाम' का अजपाजप चलता रहता है, तो उनके मुँह से रामनाम ही निकलेगा। ऐसे साधक के हृदय में सुप्तावस्था में भी जप चलता रहता है। वास्तव में ऐसा साधक सच्चा योगी होता है और योग-निद्रा में रहता है। साधारण प्राणियों के लिए जो रात होती है, उसमें भी योगी पुरुष जागता रहता है। 'श्रीगीताजी' में कहा गया है-

**या निशा सर्व भूतानां तस्याम् जागर्ति संयमी**

अजपाजप का एक प्रसंग आपको सुनाता हूँ। वृन्दावन के श्री लक्ष्मीनारायण मन्दिर के एक सेवायत थे- ब्रह्मलीन पं. गया प्रसाद जी महाराज, वे एक सच्चे सन्त थे। संन्यास धारण करने से पूर्व वे हाथरस में गृहस्थ जीवन बिताते हुए पांडित्य कर्म करते थे। वे परम सन्तोषी थे; यजमान ने जो दे दिया ठीक,

जितना दे दिया ठीक, और नहीं दियां तो भी ठीक! इस समय श्री गिरिराज महाराज की प्रथम परिक्रमा मार्ग में उनकी समाधि बनी हुई है। उनके समाधि स्थल की देखभाल और रखरखाव का उत्तरदायित्व उनके समय के ही परमशिष्य बाबा कृष्णदासजी करते हैं। पं. गयाप्रसाद जी को 'सचल गिरिराज' कहा जाता था। उनके हृदय में प्रतिक्षण भगवान श्रीकृष्ण जी का अजपाजप चलता रहता था। एक बार रात में तन्द्रा अर्थात योग-निद्रा की अवस्था में वे आत्मालाप कर रहे थे-

**"जे नाम मेरौ पीछौ नांय छोड़त, पहिलै मैंने जाकूं**
**पकरौ, अब जानै मोय पकरि लयो है।"**

**एक बार बाढ़ में एक रीछ और एक आदमी दोनों बहे जा रहे थे; दोनों ही संकटग्रस्त थे। अचानक आदमी को ठंड लगी। अंधेरा होने के कारण रीछ को आदमी ने 'कम्बल' समझकर जकड़ लिया। जब उसके शरीर में पर्याप्त गर्मी आ गई, तो उसने 'कम्बल' को अलग करना चाहा। पहले उसने कम्बल को पकड़ा था, अब कम्बल उसे नहीं छोड़ रहा था। अस्तु!**

तो सच्चे साधक की यही स्थिति होती है। हनुमानजी इस कोटि के ही साधक हैं।

शारीरिक आवश्यकताओं की पूर्ति के लिए हमें भौतिक वस्तुओं की ज़रूरत होती है, और आत्मा की भूख शान्त करने के लिए आध्यात्मिकता की आवश्यकता होती है, इसलिए अपना कर्म करते हुए हमें अपने इष्ट को प्रसन्न करने के लिए आध्यात्मिक मार्ग पर चलना आवश्यक है। सच्ची भक्ति का पाठ हनुमानजी से सीखना चाहिए। हनुमानजी के गुणों को आत्मसात् करिए, उनको प्रसन्न करिए, एक-न-एक दिन आप श्रीसीताराम जी तक अवश्य पहुँच जाएँगे।

हनुमानजी, श्रीराम के चरणों में भरतजी के प्रेम की सराहना करते हैं-

**भरत बाहुबल सील गुन प्रभु पद प्रीति अपार।**
**मन मँहु जात सराहत पुनि पुनि पवन कुमार॥**

मेघनाद मरते समय श्री राम-लक्ष्मण को याद करता है, तो हनुमानजी और अंगद प्रशंसा करते हुए कहते हैं-

**धन्य धन्य तव जननी कह अंगद हनुमान॥**

**(लंकाकाण्ड)**

मेघनाद, श्रीराम के परमभक्त राक्षस की सुपुत्री; मन्दोदरी का पुत्र था। इसलिए माँ के परोक्ष भक्ति संस्कार मरते समय उसमें प्रकट हो गए थे।

भरतजी से दूसरी बार भेंट होने पर हनुमानजी उन्हें एक बार पुनः राम गुण गाथा सुनाते हैं-

**तव हनुमंत नाइ पद माथा। कहे सकल रघुपति गुन गाथा।।**

**(उत्तरकाण्ड)**

श्रीराम भी उनसे अनन्य प्रेम करते हैं और उन्हें प्रतिपल अपने साथ रखते हैं। सिंहासन पर विराजमान होने के बाद जहाँ भी श्रीराम जाते हैं, हनुमानजी उनके साथ अवश्य होते हैं-

**भ्रातन्ह सहित रामु एक बारा।**
**संग परम प्रिय पवन कुमारा।।**

**(उत्तरकाण्ड)**

(एक बार भाइयों सहित श्रीरामचन्द्रजी परमप्रिय हनुमानजी को साथ लेकर सुन्दर उपवन देखने गये।)

श्रीरामचन्द्रजी जब नगर से बाहर जाते हैं, तो हनुमानजी को भी अपने साथ ले जाते हैं-

**हनुमान भरतादिक भ्राता। संग लिए सेवक सुखदाता।।**

**(उत्तरकाण्ड)**

(तदनन्तर सेवकों को सुख देने वाले, श्रीराम जीने हनुमानजी तथा भरतजी आदि भाइयों को साथ लिया।)

**पुनि कृपाल पुर बाहेर गए। गजरथ तुरत मंगवात भए।**

**(उत्तरकाण्ड)**

(और फिर कृपालु श्रीरामजी नगर के बाहर गये और वहाँ उन्होंने हाथी, रथ और घोड़े मंगवाये।)

फिर सभी लोग एक साथ आमों के एक बगीचे (अमराई) में जाते हैं। वहाँ भरतजी के वस्त्र पर श्रीराम बैठ जाते हैं। सभी भाई उनकी सेवा करते हैं, और हनुमानजी पंखा झलते हैं। प्रेम मग्न हनुमानजी की दशा देखिएगा-

**मारुतसुत तव मारुत करई। पुलक वपुष लोचन जल भरई।।**

**(उत्तरकाण्ड)**

(उस समय पवन पुत्र हनुमानजी मारुत अर्थात पंखा करने लगे। उनका शरीर पुलकित हो गया, और नेत्रों में प्रेमाश्रुओं का जल भर आया।)

इस अवसर पर हनुमानजी का श्रीराम के प्रति प्रेम का वर्णन करते हुए शिवजी; पार्वती से कहते हैं-

**हनुमान सम नहिं बड़भागी। नहिं कोउ राम चरन अनुरागी।।**
**गिरिजा जासु प्रीति सेवकाई। बार बार प्रभु निज मुख गाई।।**

**(वही)**

(हे गिरिजे! हनुमानजी के समान न तो कोई बड़भागी है, और न ही श्रीरामजी के चरणों का प्रेमी ही है, जिनके प्रेम और सेवा की स्वयं प्रभु ने अपने श्रीमुख से बार-बार बड़ाई की है।).

श्रीरामचन्द्रजी का अनन्य प्रेमी और दास जानकर उनके भरत और शत्रुघ्न जैसे अनुज श्री हनुमानजी से अपने अग्रज श्रीराम के गुणों के विषय में पूछते हैं और वे उन्हें प्रेमपूर्वक विस्तार से बताते हैं-

**भरत सत्रुहन दोनउ भाई। सहित पवनसुत उपबन जाई॥**

**(उत्तरकाण्ड)**

भरतजी और शत्रुघ्न जी दोनों भाई हनुमानजी सहित उपवनों में जाकर-

**बूझहिं बैठि रामगुन गाहा। कह हनुमान सुमति अवगाहा।**
**सुमत बिमल गुन अति सुख पावहिं। बहुरि बहुरि करि बिनयकहावहि॥**

**(उत्तरकाण्ड)**

(वहाँ बैठकर श्रीराम के गुणों की कथाएं पूछते हैं और हनुमानजी अपनी सुन्दर बुद्धि से उन गुणों में गोता लगाकर उनका वर्णन करते हैं। श्रीरामचन्द्र जी के निर्मल गुणों को सुनकर दोनों भाई अत्यन्त सुख पाते हैं और विनय करके बार-बार कहलवाते हैं।)

इस प्रकार यहाँ हनुमानजी राम कथा गायक के साथ ही हमारे समक्ष रामगुण विशेषज्ञ बनकर उभरते हैं। वास्तव में दूसरों लोगों की दृष्टि में श्रीराम में उनकी अनन्य गति है।

कहा गया है- 'सांचों प्रेम चिरैया को और झूठौ प्रेम बन्दरिया कौ।' सच्चा प्रेम चिड़िया का होता है, और झूठा प्रेम बन्दरिया का होता है। बन्दरिया खाने की चीज़ मिलने पर अपने बच्चे को दुत्कार कर भगा देती है, और सारी चीज़ं खुद खा जाती है, लेकिन दिखाने के लिए बच्चे को अपनी छाती और पीठ पर चढ़ाए घूमती फिरती है और मर जाने पर उसके सड़ जाने तक उसे अपनी छाती से चिपकाए फिरती रहती है। ऐसा प्रेम किस काम का!

चिड़िया खाने की चीज़ ला-लाकर अपने बच्चों को खिलाती है, और खुद भूखी रह जाती है।

हमें सच्चा प्रेम करना चाहिए। अपेक्षाओं को छोड़कर हर समय त्याग करने के लिए तत्पर रहना चाहिए। जहाँ हमारे मन में कोई स्वार्थ आता है, वहीं प्रेम का स्वच्छ शीशा दरक जाता है। अपेक्षाएं ही दुःख देती हैं। वास्तव में समूची सृष्टि ही प्रेम करने योग्य है। हम प्रकृति से प्रेम करना सीख सकते हैं। हनुमानजी से निःस्वार्थ प्रेम सीखकर अपने जीवन को आनन्द से भरना चाहिए, क्योंकि सच्चे प्रेम में ही वास्तविक आनन्द है।

•

# 19

# आध्यात्मिकता और आशीर्वाद की ऊर्जा से ओतप्रोत

आशीर्वाद और शाप में बड़ी शक्ति होती है। दोनों ही दिल से निकलते हैं। किसी के प्रति यदि आपने कोई उपकार कर दिया, तो उसका रोम-रोम प्रसन्न हो जाता है और वह बार-बार दिल से आशीर्वाद देते हुए आपके सुखद भविष्य और कुशलता की कामना करता है।

यदि अपने किसी कार्य विशेष से आपने किसी का दिल दुखा दिया, तो पहले वह कुण्ठित होता है, बाद में किसी दुष्कार्य की पुनरावृत्ति होने पर उसके दिल से ऐसी हूक उठती है कि बुरा करने वाले को उसकी आह के दुष्परिणाम का सामना अवश्य करना पड़ता है। इसे ही शाप कहते हैं। व्यक्ति अपने धन, पद, रूप, मद, अहंकार आदि के नशे में ऐसा चूर होता है कि वह किसी को कष्ट पहुँचाते समय आगा-पीछा नहीं सोचता है। बाद में कोई काम बिगड़ जाने पर वह भगवान से पूछता है- 'प्रभु! ये मुझे किस कार्य की सजा दे रहे हो?' मेरे साथ ही, आखिर ऐसा क्यों होता है?'' वह सब पूर्व में किए गए दुष्कार्यों का ही परिणाम होता है।

आजकल के वैज्ञानिक सोच वाले लोग मानें-या-न-मानें, यह शत-प्रतिशत सच है कि आशीर्वाद और शाप में असीमित शक्ति होती है। यह शक्ति व्यक्ति को सातवें आसमान पर पहुँचा सकती है और पाताल के नारकीय गर्त में भी डाल सकती है।

हनुमानजी को उनके सत्कार्यों के कारण अपने स्वामी और अन्य पात्रों से आशीर्वाद मिलता है, और समय-समय पर फलीभूत होता है।

ज़ब हनुमानजी सीताज़ी की खोज हेतु जाने से पहले श्रीरामजी से भेंट करने उनके पास आते हैं, तो वे उन्हें अपनी अंगूठी सीताजी को देने के लिए प्रस्तुत करते हैं। उस समय वे उनके सिर का स्पर्श करते हैं-

**परसा सीस सरोरुह पानी।**

(उन्होंने अपने कर-कमल से उनके सिर का स्पर्श किया।)

अपने हाथों से उनके सिर का स्पर्श करना इस बात का प्रतीक है कि वे उन्हें आशीर्वाद देते हैं। जब कोई हमारे चरण-स्पर्श करता है, तो हमारा हाथ आशीर्वाद स्वरूप उसके सिर पर पहुँच जाता है। कभी-कभी हाथ जोड़कर सिर नवाने पर भी हम ऐसा करते हैं। श्रीराम सीताजी के खोज-अभियान पर जाने से पहले उन्हें आशीर्वाद देकर कार्य सफल होने का संकेत दे देते हैं। जिसके सिर पर श्रीराम का वरदहस्त हो, उसकी सफलता असंदिग्ध है, और होता भी ऐसा ही है। वे उनके आशीर्वाद से अपने अभियान में पूर्णतया सफल होते हैं।

जब उन्हें आशीर्वाद मिलता है, तो वे बहुत प्रसन्न होते हैं, और अपना जन्म सफल मानते हैं-

**हनुमत जन्म सुफल करि माना।**

**( किष्किन्धाकाण्ड )**

(हनुमानजी ने अपना जन्म सफल समझा।)

जब हनुमानजी समुद्र पारकर सीताजी को खोजने के लिए प्रस्थान करते हैं तो सभी उपस्थित वानर-रीछों-भालुओं को सादर प्रणाम करते हैं; क्योंकि वे आशीर्वाद की शक्ति से भली-भाँति परिचित हैं-

**यह कहि नाइ सबन्हि कहुँ माथा। चलेउ हरषि हियँ धरि रघुनाथा।।**

आप जब किसी भी व्यक्ति को माथा नवाकर अर्थात् सिर झुकाकर प्रणाम करते हैं, तो यह निश्चित जानिए कि आपके प्रति उसके मुँह से आशीर्वाद के बोल न भी निकलें, लेकिन आपके प्रति उसके मन में सद्भावना निश्चित रूप से जाग जाएगी, जो आपकी क़दम-क़दम पर सहायक होगी।

पूर्व प्रसंग में और यहाँ- दोनों ही स्थानों पर हनुमानजी जब चलते हैं, तो हृदय में श्रीरघुनाथ को याद करते हैं।

किसी भी कार्य पर निकलने से पहले यदि आप भगवान का स्मरण करेंगे, तो आपका कार्य अवश्य पूरा होगा।

**यह बात स्वयंसिद्ध है। मथुरा की श्रीकृष्ण जन्मभूमि पर एक बार ब्रह्मलीन श्री रामचन्द्र केशव डोंगरेजी महाराज के परम शिष्य वृन्दावनवासी श्री विजय कौशलजी महाराज आज से कोई सात-साल पहले रामकथा कह रहे थे। कथा के दौरान उन्होंने एक सिद्ध बात की जानकारी दी। वे बोले; यदि आप घर से किसी कार्य हेतु जाते समय भगवान की आज्ञा लेकर निकलेंगे, तो आपको हज़ार विघ्न-बाधाओं से सुरक्षित रखते हुए भगवान आपको घर तक पहुँचा देंगे, आपका किसी भी दुर्घटना में बाल**

**भी बांका नहीं होगा। फिर चाहे घर में आपको कुछ भी हो जाये! एक कवि ने लिखा है-**

**सर्पों के वन से तोहम सुरक्षित वापस आ गये।**
**लेकिन घर में घुसते ही घर के कुत्ते ने काट लिया॥**

सन्त श्री विजय कौशल जी महाराज की बात शत-प्रतिशत सच है। तब से मैं घर से निकलते समय भगवान की आज्ञा लेता हूँ, और अनेक अवरोधों को पार करते हुए सुरक्षित घर वापस आ जाता हूँ। आप भी इस घटना को पढ़कर स्वयं आजमाइएगा।

जब सर्पों की माता सुरसा द्वारा ली गई परीक्षा में वे सफल घोषित होते हैं, तो वह उनको 'बल बुद्धि निधान' कहते हुए अपना आशीर्वाद देती है-

**रामकाजु सब करिहहु तुम्ह बल बुद्धि निधान।**
**आसिष देइ गई सो हरष चले हनुमान॥**

**( सुन्दरकाण्ड )**

(तुम श्रीरामचन्द्र जी का सब कार्य करोगे, क्योंकि तुम बल-बुद्धि के भण्डार हो। यह आशीर्वाद देकर वह चली गयी, तब हनुमानजी हर्षित होकर चले।) हनुमानजी को सुरसा से भी आशीर्वाद मिलता है। यद्यपि वह राक्षस कुल की है, लेकिन है शक्तिरूपा नारी! संसार की सब नारियाँ माँ भवानी का ही प्रतिरूप हैं; दूसरे, वह उम्र में बड़ी हैं; तीसरे, उसे देवताओं द्वारा भेजा गया है, इसीलिए उसके हृदय से निकला आशीर्वाद फलता है, और वे 'रामकाज' करने में सफल होते हैं।

यहाँ यह बात उल्लेखनीय है कि सुरसा हनुमानजी से कोई कपट नहीं करती है। हनुमानजी और सुरसा की शक्तियों के बीच सीधा-सीधा द्वन्द्व युद्ध होता है जबकि राहू की माता सिंहिका हनुमानजी के साथ छल करती है, इसलिए वे उसे मार देते हैं।

हनुमानजी रात में लंका में प्रवेश करने का विचार करते हैं। मच्छर का रूप धरकर वे चुपके से लंका में घुस रहे हैं, जिससे कोई उनकी गतिविधियों की भनक भी न पा सके। लेकिन लंका के द्वार पर तैनात 'लंकिनी' नाम की राक्षसी उनकी गुप्त गतिविधियों को पहचानकर उन्हें 'चोर' कहती है और उन्हें अपना आहार बनाना चाहती है, लेकिन वह कोई छल नहीं करती। हनुमानजी उसको सबक सिखाने के लिए उसके मुँह पर घूंसा मारते हैं, जिससे वह खून की उलटी करती हुई धरती पर गिर पड़ती है। वह कहती है कि ब्रह्माजी ने मुझे राक्षसों के विनाश की पहचान बता दी थी-

**विकल होसि तैं कपि के मारे। तब जानेसु निसिचर संघारे।**

**( सुन्दरकाण्ड )**

(जब तू बन्दर को मारने से व्याकुल हो जाये, तब तू राक्षसों का संहार हुआ जान लेना।)

वह आगे कहती है–

**तात मोर अति पुन्य बहूता। देखेउँ नयन राम कर दूता॥**

**(वही)**

(हे तात! मेरे बड़े पुण्य हैं, जो मैं श्रीरामचन्द्रजी के दूत अर्थात् आपको नेत्रों से देख पायी।)

वह उन्हें लंका में प्रवेश करने के लिए कहती है, और अपना आशीर्वाद देती है–

**प्रबिसि नगर कीजै सब काजा। हृदय राखि कोसलपुर राजा।**

**(वही)**

(अयोध्यापुरी के राजा श्री रघुनाथजी को हृदय में रखे हुए नगर में प्रवेश कीजिए।)

उसकी स्वतः स्फूर्त आज्ञा में उसका आशीर्वाद छिपा हुआ है। हनुमानजी 'राम-नाम' का स्मरण कर लंका में प्रवेश करते हैं– **'पैठा नगर सुमिर भगवाना'।**

आइए, थोड़ा-सा पीछे चलें। सुरसा-प्रसंग में सुरसा से आशीर्वाद लेकर 'हरषि चले हनुमान' वाक्यांश आया है।

दरअसल किसी भी कार्य को करते समय, यदि आपके मन में हर्ष की संजीवनी है, तो काम निश्चित रूप से सफल होगा। यह मनोविज्ञान है यदि आप विषादपूर्वक कोई काम आधे-अधूरे मन से करते हैं, तो उस कार्य के पूर्ण होने में सन्देह पैदा हो जाता है।

हनुमानजी, सीताजी के पास पहुँच जाते हैं, और उन्हें श्रीराम के दूत के रूप में सन्देह होने पर अपनी शक्ति का परिचय देते हैं–

**'कनक भूधराकार सरीरा। समर भयंकर अति बलबीरा॥'**

सीताजी के मन में विश्वास उत्पन्न हो जाता है। फिर वे उन पर अपने आशीर्वाद की वर्षा करने लगती हैं–

**आसिष दीन्ह रामप्रिय जाना। होहु तात बल सील निधाना॥**

**(वही)**

(उन्होंने श्रीराम के प्रिय जानकर हनुमानजी को आशीर्वाद दिया कि हे तात, तुम बल और शील के निधान होओ।) वे आगे कहती हैं–

**अजर अमर गुननिधि सुत होहू। करहुँ बहुत रघुनायक छोहू।**

**(सुन्दरकाण्ड)**

(हे पुत्र! तुम अजर अर्थात् बुढ़ापे से रहित अमर और गुणों के खजाने हो। रघुनाथजी तुम पर बहुत कृपा करें।)

वास्तव में माता सीताजी के आशीर्वाद से हनुमानजी अजर और अमर हैं। श्री तुलसीदास जी द्वारा रचित सिद्ध स्तोत्र 'हनुमान चालीसा' में कहा गया है- 'चारों जुग परताप तुम्हारा' (चारों युगों में आपका प्रताप है) अर्थात् हनुमानजी अजर-अमर हैं, क्योंकि सतयुग, त्रेता, द्वापर युग और कलियुग में उनकी यश-गाथा सर्वविदित है। सात चिरजीवी महापुरुषों के विषय में जानकारी देने वाला एक अति प्रसिद्ध श्लोक है-

**अश्वत्थामा बलिर्व्यासो हनुमाश्चं विभीषणः।**
**कृपः परशुरामश्च सप्तैते चिरजीविनाः॥**
**सप्तैतान् संस्मरेन्नित्यं मार्कण्डेयमथाऽष्टमम्।**
**जीवेद्! वर्ष शतं सोऽपि सर्वव्याधि विवर्जितः॥**

(द्रोणाचार्य के सुपुत्र अश्वत्थामा, दैत्यों के राजा बलि, महर्षि वेदव्यास, हनुमानजी, विभीषण, कृपाचार्य और परशुराम- ये सात महापुरुष चिरजीवी हैं।, आठवें चिरजीवी महापुरुष 'श्रीदुर्गा सप्तशती' के रचयिता मार्कण्डेय ऋषि हैं। जो इन महापुरुषों का नित्यनाम लेगा, वह सभी व्याधिओं से बचकर सौ वर्ष जीवित रहेगा।)

'हनुमान चालीसा' में ही उल्लेख है कि सीताजी ने हुनमानजी को अष्टसिद्धि और नौ निधियाँ प्रदान कीं।

सिद्धियां आठ प्रकार की होती हैं- अणिमा (सूक्ष्म), महिमा (बड़ी), गरिमा (भारी), लघिमा (छोटी) प्राप्ति (मनचाहे पदार्थ), प्राकाम्य (धरती के समान/आकाश में उड़ना), ईशत्व (परमशान्ति) और वशित्व (वश में करना)।

कुबेर की नौ निधियाँ भी आपके पास हैं। ये नौ निधियां हैं- पद्म, महापद्म, शंख, मकर, कच्छप, मुकुन्द (विष्णु), कुन्द (कमल), नील और खर्व। यदि इन नौ निधियों को आध्यात्मिकता के स्तर पर देखें, तो ये निधियाँ श्रवण, कीर्तन, स्मरण, पादसेवन, अर्चन (विग्रह पूजन) वन्दन, हास्य, सख्य और आत्मनिवेदन (पूर्ण शरणागति) के रूप में हमारे समक्ष प्रस्तुत हैं।

वास्तव में जब 'सूक्ष्म रूप धरि सियहिं देखाव, विकट रूप धरि लंक ज रावा' में उनका गुणगान किया जाता है, तो उनकी अणिमा (सूक्ष्म) और महिमा (बड़ी) शक्तियों का ही इसमें उल्लेख होता है। जब वे आकाश-मार्ग से समुद्र पारकर लंका को प्रस्थान करते हैं, तो उनकी 'प्राकाम्य' नामक शक्ति का प्रदर्शन होता है। प्रकाम्य अर्थात् धरती के समान/आकाश में उड़ना। ईशत्व (परमशान्ति) तो उनके पास है ही!

यदि गहराई से विश्लेषण किया जाये; तो अणिमा, महिमा, गरिमा, लघिमा, प्राकाम्य, ईशत्व और वशित्व (वश में करना) आदि सिद्धियाँ तो सीताजी के आशीर्वाद से पहले उनके पास थीं। 'वशित्व' इसलिए क्योंकि अपनी सेवा से

उन्होंने श्री रामचन्द्रजी को अपने वश में कर लिया था। नौ निधियां एक सच्चे भक्त होने के नाते उनके पास हैं ही!

इस प्रकार हनुमानजी की असंख्य शक्तियों के पीछे माता सीताजी का आशीर्वाद कार्य कर रहा है, और उसी के बल पर वे निर्द्वन्द्व घूमते रहते हैं।

जब हनुमानजी सीताजी की खोज करने के बाद श्रीराम से मिलते हैं, तो वे उन्हें अपने हृदय से लगाकर आशीर्वाद देते हैं-

**पुनि हनुमान हरषि हियँ लाए॥**

**( सुन्दरकाण्ड )**

(उन्होंने हर्षित होकर हनुमानजी को फिर हृदय से लगा लिया।) आशीर्वाद हृदय से लगाकर भी दिया जाता है।

हनुमानजी जब श्रीराम को प्रसन्न देखते हैं, तो उनके चरणों में गिर पड़ते हैं। बार-बार प्रभु उठाना चाहते हैं, लेकिन प्रेम में मग्न हनुमानजी उठना ही नहीं चाहते हैं। एक शब्द चित्र देखिएगा-

**बार बार प्रभु चहइ उठावा। प्रेम मगन नति उठब न भावा॥**

और आगे-

**प्रभु कर पंकज कपि के सीसा।**

(प्रभु का कर-कमल हनुमानजी के सिर पर है।) अर्थात् वे बार-बार उन्हें आशीर्वाद दे रहे हैं। वे उन्हें फिर से अपने हृदय से लगा लेते हैं।

वे हनुमानजी के माँगने पर उन्हें अपनी निश्चल भक्ति प्रदान करते हैं।

संजीवनी बूटी-लाने के प्रसंग में हनुमानजी को श्रीराम का सेवक जानकर भरतजी उन्हें गले लगाकर आशीर्वाद देते हैं-

**लीन्ह कपिहि उर लाइ पुलकित तनु लोचन सजल॥**

**( लंकाकाण्ड )**

(भरतजी ने वानर अर्थात् हनुमानजी को हृदय से लगा लिया, उनका शरीर पुलकित हो गया और नेत्रों में आनन्द तथा प्रेम के आँसुओं का जल भर आया।)

जब हनुमानजी श्रीराम के आदेश पर सीताजी को रावण-वध और श्रीराम के लक्ष्मणजी सहित कुशल होने का समाचार सुनाने लंका में जाते हैं, तो सीताजी कहती हैं कि हे पुत्र! मैं तुझे क्या दूँ?

वे पूर्व की तरह फिर से हनुमानजी को अपना आशीर्वाद देती हैं-

**सुनु सुत सदगुण सकल तव हृदयं बसहुँ हनुमंत।**
**सानुकूल कोसलपति रहहुँ समेत अनंत॥**

**( लंकाकाण्ड )**

(जानकी जी ने कहा- हे पुत्र! सुन, समस्त सद्‌गुण तेरे हृदय में बसें और हे हनुमान! शेष अर्थात लक्ष्मण जी सहित कोसलपति प्रभु सदा तुझ पर प्रसन्न रहें।)

श्रीराम के अयोध्या-आगमन का समाचार जब हनुमानजी, भरतजी को सुनाते हैं, तो वे स्वयं को हनुमानजी का कृतज्ञ कहते हैं और उन्हें आशीर्वादस्वरूप बार-बार गले लगाते हैं-

**पुनि पुनि मिलत भरत सुनि हरषन हृदयँ समात॥**

**(उत्तरकाण्ड)**

आशीर्वाद देने का एक अन्य प्रसंग 'उत्तरकाण्ड' में आता है। श्रीराम अयोध्या में अपने कुल गुरु वशिष्ठजी का परिचय अपने सभी मित्रों से कराते हैं। वहीं पर कौशल्या माई भी खड़ी हैं। वशिष्ठजी के चरण-स्पर्श के बाद सभी लोग कौशल्या जी के चरणों में मस्तक नवाते हैं और आशीर्वाद पाते हैं-

**कौसल्या के चरनन्हि पुनि तिन्ह नायउ माथ।**
**आसिष दीन्हे हरषि तुम प्रिय मम जिम रघुनाथ॥**

(फिर उन लोगों ने कौसल्याजी के चरणों में मस्तक नवाये। कौसल्याजी ने हर्षित होकर आशीष दिया और कहा- तुम मुझे रघुनाथ के समान प्यारे हो।)

यदि हम दूसरों की सहायता और सेवा करने के लिए तैयार रहेंगे, तो हम पर शुभकामनाओं और आशीर्वादों की श्री वर्षा होगी। हमें प्रयास करना चाहिए कि हमारे किसी कृत्य से दूसरों का दिल न दुःखे, हमारे सामने दूसरे स्वयं को हीन, तुच्छ और बौने न महसूस करें। हमें सेवा का पाठ हनुमानजी से पढ़ना चाहिए, तभी हमारे जीवन की सार्थकता होगी।

•

# 20

# हनुमानजी के विषय में अन्य लोगों के विचार

'मानस' में अनेक स्थलों पर सभी प्रमुख पात्रों ने पवनसुत हनुमानजी के गुण और चरित्र की प्रशंसा की है। पक्ष और विपक्ष दोनों के ही व्यक्ति उनसे प्रभावित हैं। वे उनकी मुक्त कंठ से प्रशंसा करते हुए तनिक भी नहीं अघाते हैं। कुछ उनके सामने प्रशंसा करते हैं, और कुछ पीठ-पीछे! वास्तव में आपके चरित्र का वैशिष्ट्य तब उभरकर सबके समक्ष आता है, जब लोग आपके कार्यों को खुले मन से सराहते हैं। आपके गुणों को सही मायनों में पहचान तब मिलती है, जब आपके शत्रु भी आपकी बुद्धि, बल, विवेक आदि सद्‌गुणों का लोहा मानें।

हनुमानजी ऐसे पात्र हैं, जिनकी मित्र-शत्रु दोनों ने समान रूप से प्रशंसा की है। ऋष्यमूक पर्वत पर श्रीरामचन्द्रजी से प्रथम भेंट होने पर वे अपने वानर होने की दुहाई देते हुए स्वयं को मन्द बुद्धि, कुटिल और अज्ञानी तक कह जाते हैं। वे कहते हैं कि मैं तो आपका सेवक हूँ, जो पुत्र के समान माता (आपके) के आश्रय में है। तब भगवान श्रीराम उनके सेवकत्व की प्रशंसा करते हुए उन्हें अपने अनुज लक्ष्मण से भी प्रिय बताते हैं-

**सुनु कपि जियँ मानसि जनि ऊना। तैं मम प्रिय लछिमन तें दूना।**
**समदरसी मोहि कह सब कोऊ। सेवक प्रिय अनन्य गति सोऊ॥**

**( किष्किन्धाकाण्ड )**

(हे कपि! सुनो, मन में ग्लानि मत मानना अर्थात् मन छोटा मत करना। तुम मुझे लक्ष्मण से भी अधिक प्रिय हो। सब कोई मुझे समदर्शी कहते हैं अर्थात् मेरे लिए न कोई प्रिय है, न अप्रिय है पर मुझे सेवक प्रिय है, क्योंकि वह- अनन्य गति होता है अर्थात् मुझको छोड़कर उसका कोई दूसरा सहारा नहीं होता।)

श्रीहनुमानजी किष्किन्धा के राजा सुग्रीव के सचिव हैं। जब सीताजी की खोज करने के लिए वानर दल को भेजने का प्रसंग आता है, तो सुग्रीव अंगद, नल, नील, हनुमानजी जैसे अपने प्रधान योद्धाओं को बुलाते हैं, और उन्हें दक्षिण दिशा में जाकर खोज करने का आदेश देते हैं। उस समय अन्य योद्धाओं के साथ वे हनुमानजी को धीर, बुद्धि, चतुर और श्रेष्ठ योद्धा कहते हुए उनकी प्रशंसा करते हैं-

**सुनहु नील अंगद हनुमाना। जामवंत मति धीर सुजाना।।**
**सकल सुभट मिलि दच्छिन जाहू। सीता सुधि पूँछेहु सब काहू।।**

**(किष्किन्धाकाण्ड)**

(हे धीर बुद्धि और चतुर नील, अंगद, जाम्बवान् और हनुमान! तुम सब श्रेष्ठ योद्धा मिलकर दक्षिण दिशा को जाओ, और सब किसी से सीता का पता पूछना।)

हनुमानजी उनके लिए अति विशिष्ट हैं, उनके सचिव हैं, इसलिए वे उनका नाम सबसे बाद में लेते हैं।

समुद्र के किनारे खड़े हुए सभी वानर निराश बैठे हैं। उन्हें कोई युक्ति नहीं सूझती कि सम्पाती द्वारा बताए गए स्थान- 'राक्षसराज रावण की अशोक वाटिका' में चार सौ कोस विशाल समुद्र को लाँघकर कैसे पहुँचा जाये! सभी वानर अपना-अपना बल बखान रहे हैं, साथ ही अपने बल की सीमा भी बता रहे हैं। उसी समय ऋक्षराज जाम्बवान् हनुमानजी को चुप देखकर उनके बल की प्रशंसा करते हुए उन्हें बुद्धिमान, विवेकी और विज्ञानी बताते हैं-

**कहइ रीछपति सुनु हनुमाना। का चुप साधि रहा बलवाना।।**
**पवन तनय बल पवन समाना। बुधि बिबेक बिग्यान निधाना।।**

(ऋक्षराज जाम्बवान् ने श्री हनुमानजी से कहा- हे हनुमान! हे बलवान! सुनो, तुमने यह क्या चुप्पी साध रखी है? तुम पवन के पुत्र हो और बल में पवन के समान हो। तुम बुद्धि, विवेक और विज्ञान की खान हो।)

**कवन सो काज कठिन जग माहीं। जोनहिं होइ तात तुम्ह पाहीं।।**
**राम काज लगि तव अवतारा। सुनतहिं भयउ पर्वताकारा।।**

(जगत में कौन-सा ऐसा कठिन काम है, जो हे तात! तुमसे न हो सके! श्रीरामजी के कार्य के लिए ही तो तुम्हारा अवतार हुआ है। सुनते ही हनुमानजी पर्वत के आकार के अर्थात् अत्यन्त विशाल आकार के हो गये।)

इससे पूर्व जटायु का भाई सम्पाती परोक्ष रूप से हनुमानजी के विषय में सीताजी की खोज कर पाने में सक्षम होने की भविष्यवाणी कर देता है कि जो सौ योजन अर्थात् चार सौ कोस समुद्र लांघ सकेगा, और बुद्धिनिधान होगा, वही 'रामकाज' कर पाने में सक्षम होगा।

सन्त प्रवर श्री तुलसीदासजी श्री हनुमानजी का गुणगान 'सुन्दरकाण्ड' के आरम्भ में करके कृतकृत्य हो उठते हैं। वे लिखते हैं-

**अतुलित बलधामं हेमशैलाभदेहं**
**दनुजवनकृशानुं ज्ञानिनामग्रगण्यम्।**
**सकलगुणनिधानं वानराणामधीशं**
**रघुपतिप्रियभक्तं वातजातंनमामि।।**

(अतुलित बल के धाम, सोने के पर्वत अर्थात् सुमेरू के समान कान्तियुक्त शरीर वाले, दैत्य रूपी वन को ध्वंस करने के लिए अग्निरूप, ज्ञानियों में अग्रगण्य, सम्पूर्ण गुणों के निधान वानरों के स्वामी, श्री रघुनाथजी के प्रिय भक्त पवनपुत्र हनुमानजी को मैं प्रणाम करता हूँ।) लंका जाते समय जब हनुमानजी समुद्र के ऊपर उड़ रहे हैं, तब सर्पों की माता सुरसा उनको खाने की बात कहती है। हनुमानजी पहले तो विशाल आकार के होते हैं, फिर उसके चार सौ कोस लम्बे-चौड़े मुख में से अपनी बुद्धि से छोटा आकार धारण कर निकल आते हैं। वह उनसे प्रसन्न होती है, और कहती है-

**मोहि सुरन्ह जेहि लागि पठावा। बुधि बल मरमु तोर मैं पावा।**
**रामकाजु सब करिहहु तुम बलबुद्धि निधान।।**

**(सुन्दरकाण्ड)**

(मैंने तुम्हारे बुद्धिबल का भेद पा लिया, जिसके लिए देवताओं ने मुझे भेजा था। तुम श्री रामचन्द्रजी का सब कार्य करोगे, क्योंकि तुम बल-बुद्धि के भण्डार हो।)

जब हनुमानजी लंका में प्रवेश करते समय लंका की रक्षक लंकिनी को घूंसा मारते हैं, तो वह व्याकुल होकर उनसे राक्षसों के अन्त होने की कथा सुनाती हैं और कहती हैं-

**तात मोर अति पुन्य बहूता। देखेउँ नयन रामकर दूता।।**

**(वही)**

(हे तात! मेरे बड़े पुण्य हैं, जो मैं श्रीरामचन्द्र जी के दूत अर्थात् आपको नेत्रों से देख पायी।)

अशोक वाटिका में जब हनुमानजी सीताजी के सामने प्रकट होते हैं, तो वे सीताजी को नर (श्रीराम) और वानर (हनुमानजी) के अद्भुत और अभूतपूर्व मिलन की सारी कथा सुनाते हैं। उनकी बातों पर विश्वास करके सीताजी हनुमानजी को स्वयं के लिए जलयान के समान बताती हैं-

**बूड़त बिरह जलधि हनुमाना। भयहुँ तात मो कहुँ जलजाना।**

(हे तात हनुमान! विरह सागर में डूबती हुई मुझ सीता के लिए आप जहाज के समान हैं।)

जब हनुमानजी अशोक वाटिका में अपना पराक्रम दिखाते हैं, तो वाटिका के रखवाले राक्षसगण रावण से जाकर शिकायत करते हैं-

**नाथ एक आवा कपि भारी। तेहि असोक बाटिका उजारी॥**
**खाएसि फल अरू बिटप उपारे। रच्छक मदि मर्दि महि डारी॥**

**( सुन्दरकाण्ड )**

(हे नाथ! एक बड़ा भारी बन्दर आया है। उसने अशोक वाटिका उजाड़ डाली। फल खाए, वृक्षों को उखाड़ डाला और रखवालों को मसल-मसलकर जमीन पर डाल दिया।)

सीताजी अशोकवाटिका के फल खाने की आज्ञा हनुमानजी को तभी देती हैं, जब वे अपना विशालकाय रूप उन्हें दिखा देते हैं। ये उनकी मानसिक और शारीरिक शक्ति का परिचायक है-

**देखि बुद्धि बल निपुन कपि कहेउ जानकी जाहु**

**( वही )**

(हनुमान जी को बुद्धि और बल में निपुण देखकर जानकीजी ने कहा- जाओ।)

जब हनुमान जी सीताजी की खोज करके प्रभु श्रीराम के पास आते हैं, और लंका के सारे समाचार उन्हें सुनाते हैं, तो भगवान श्रीराम उन्हें 'सुत' कहकर पुकारते हैं और कहते हैं कि मैं तुझसे उऋण नहीं हो सकता-

**सुनु कपि तोहि समान उपकारी। नहि कोउ सुर नर मुनि तनुधारी।**
**प्रति उपकार करौं का तोरा। सन्मुख होइ न सकत मन मोरा॥**

(हे हनुमान! सुन, तेरे समान मेरा उपकारी-देवता, मनुष्य अथवा मुनि कोई भी शरीरधारी नहीं है। मैं तेरा प्रत्युत्कार अर्थात बदले में उपकार क्या करूं, मेरा मन भी तेरे सामने नहीं हो सकता।)

श्रीरामचन्द्रजी उनके इतने कृतज्ञ हैं कि वे हनुमानजी के सामने पड़ने में भी संकोच करते हैं।

इससे पूर्व जब हनुमानजी 'रामकाज' करके समुद्र तट पर वापस लौटते हैं, तो सभी वानर उन्हें देखकर हर्षित होते हैं, और सुग्रीव के पूछने पर सभी वानर एक स्वर से हनुमानजी की बड़ाई करते हैं-

**नाथ काजु कीन्हेउ हनुमाना। राखे सकल कपिन्ह के प्राना।**

**( वही )**

(हे नाथ! हनुमान ने ही सब कार्य किया और सब वानरों के प्राण बचा लिए।)

सभी लोग बाद में श्रीरामचन्द्रजी को शुभ-संदेश सुनाने के लिए उनके पांस जाते हैं। ऋक्षराज जाम्बवान् तब हनुमानजी की 'करनी' का वर्णन करते हुए प्रभु श्रीराम से कहते हैं-

**नाथ पवनसुत कीन्हि जो करनी। सहसहुँ मुख न जाइ सो बरनी॥**
**पवन तनय के चरित सुहाए। जामवंत रघुपतिहि सुनाए॥**

**( वही )**

(हे नाथ! पवनसुत हनुमान ने जो किया, उसका हज़ार मुखों से भी वर्णन नहीं किया जा सकता। तब जाम्बवान ने हनुमानजी के सुन्दर चरित्र अर्थात् कार्य श्री रघुनाथजी को सुनाए।)

दूसरी ओर राक्षसगण लंका में हनुमानजी के द्वारा किए गए कृत्य को याद करके भयभीत हैं। वे आपस में उनके गुणों की प्रशंसा करते हैं, और उनके व्याज से उनके स्वामी श्रीराम की शक्ति को अनुमान लगाते हैं-

**जासु दूत बल बरनि न जाई। तेहि आएँ पुर कवन भलाई॥**

**(सुन्दरकाण्ड)**

(जिसके दूत अर्थात् हनुमानजी के बल का वर्णन नहीं किया जा सकता, उसके स्वयं नगर में आने पर भला कौन भलाई है अर्थात् हम लोगों की बड़ी बुरी दशा होगी।)

उधर रावण की पटरानी मन्दोदरी भी हनुमानजी की शक्ति से भयभीत है। वह रावण को भाँति-भाँति से समझाते हुए कहती हैं।

**समुझत जासु दूत कइ करनी। स्रवहिं गर्भ रजनीचर धरनी॥**

(जिनके दूत की करनी का विचार करते ही अर्थात् उसका स्मरण आते ही राक्षसों की स्त्रियों के गर्भ गिर जाते हैं।)

वह रावण के समक्ष हनुमानजी की शक्ति का भयावह दृश्य उपस्थित करे, उससे किसी मन्त्री के साथ सीताजी को श्रीराम के पास भेजने की सलाह देती हैं।

जब रावण का अनुज विभीषण उसे छोड़कर भगवान श्रीराम की शरण में जाता है, तो रावण उसके पीछे-पीछे अपने शुक आदि गुप्तचर भेजता है। वे वापस आकर श्रीराम के बल का वर्णन करते हुए कहते हैं-

**जेहि पुर दहेउ हतेउ सुत तोरा। सकल कपिन्ह महँ तेहि बल थोरा॥**

**(सुन्दरकाण्ड)**

(जिसने नगर को जलाया, और आपके पुत्र अक्षय कुमार को मारा, उसका बल तो सब वानरों में थोड़ा है।)

जब रावण अपने मन्त्रियों की गलत मन्त्रणाओं के जाल में फँसकर श्रीराम से कोई समझौता न करने की मन में ठान लेता है, तब उसका पुत्र प्रहस्त उससे मन्त्रियों की गलत सलाह न मानने का निवेदन करता है। वह मन्त्रियों को स्वल्पबुद्धि तक कहता है। उसके बाद वह हाथ जोड़कर 'रामदूत' हनुमानजी की उस अवसर पर प्रशंसा करते हुए कहता है-

**बारिधि नाघि एक कपि आवा। तासु चरित मन महँ सबु गावा॥**

**(लंकाकाण्ड)**

(एक ही बन्दर समुद्र लाँघकर आया था। उसका चरित्र सब लोग अब भी मन-ही-मन गाया करते हैं अर्थात् स्मरण किया करते हैं।)

मेघनाद से युद्ध करते समय हनुमानजी किले पर अकेले ही चले जाते हैं। समाचार मिलने पर बालिपुत्र अंगद भी उनके पीछे-पीछे किले में घुस जाते हैं। श्रीरामचन्द्रजी दोनों के युद्ध कौशल की प्रशंसा करते हुए कहते हैं-

**लंका द्वौ कपि सोहहिं कैसे। मथहिं सिंधु दुइ मंदर जैसे॥**

**(लंकाकाण्ड)**

(दोनों वानर लंका में विध्वंस करते हुए ऐसे शोभा देते हैं, जैसे दो मन्दराचल समुद्र को मथ रहे हों।)

संजीवनी बूटी को लेने के लिए जब हनुमानजी पर्वत की ओर प्रस्थान करते हैं, तो रावण की आज्ञा पर कालनेमि उनका मार्ग अवरुद्ध करने का षडयन्त्र रचता है। वह मुनि का कपट वेश धारणकर मार्ग में मिल जाता है। वह हनुमानजी को अपनी 'अतीन्द्रिय शक्ति' से प्रभावित कर उन्हें दीक्षा देने की बात कहता है। हनुमानजी जब स्नान करने के लिए तालाब में प्रवेश करते हैं, तो उनका पैर एक मगरी पकड़ लेती है। हनुमानजी उसे मार देते हैं। वह दिव्य रूप धारणकर आकाश को चली जाती है। जाते-जाते वह हनुमानजी कोकपट मुनि से सावध ान रहने को कहती है। वह उनके दर्शन पाकर कृतार्थ हो जाती है-

**कपि तव दरस भयउँ निष्पापा। मिटा तात मुनिवर का सापा॥**

**(वही)**

(उसने कहा- हे वानर! मैं तुम्हारे दर्शन से पापरहित हो गयी। हे तात! श्रेष्ठ मुनि का शाप मिट गया।)

जब रावण कालनेमि के पास जाकर उससे रामदूत हनुमानजी के साथ कपट करने के लिए कहता है, तो वह पहले तो मना करता है, लेकिन बाद में वह सोचता है कि इसके हाथों मरने से तो अच्छा है कि मैं रामदूत के हाथों मरूँ। उसे हनुमान जी के बल का भलीभाँति अनुमान है-

**रामदूत कर मरौं बरू यह खल रत मल भार॥**

**(वही)**

(श्रीराम के दूत के हाथ से ही मरूँ, तो अच्छा है, क्योंकि यह दुष्ट अर्थात् रावण तो पाप समूह में रत है।)

जब रावण निराश होकर अपने भाई कुम्भकर्ण के पास जाता है, तो वह उसे धिक्कारता है कि तू साक्षात् जगदम्बा को हर लाया, और अब अपना कल्याण चाह रहा है। वह श्रीराम को जगदीश्वर मानकर उसे सचेत करता है, और हनुमानजी की प्रशंसा करता है-

**हैं दससीस मनुज रघुनायक। जाके हनुमान से पायक॥**

**( लंकाकाण्ड )**

(हे रावण! जिनके हनुमान-सरीखे सेवक हैं, वे श्री रघुनाथजी क्या मनुष्य हैं?)

वह हनुमानजी के बल और बुद्धि की यहाँ प्रशंसा करता है।

युद्ध में लक्ष्मणजी रावण को अपना पराक्रम दिखाते हुए उसके समस्त अस्त्र-शस्त्रों के प्रहार को निष्फल कर देते हैं। तब वह उन पर ब्रह्माजी की शक्ति का प्रहार करता है, जिससे वे मूर्च्छित हो जाते हैं। मूर्च्छित होने पर वह उन्हें उठाने का प्रयास करता है, लेकिन शेषावतार होने से वे उठते नहीं हैं। यह दृश्य देखकर हनुमानजी उसकी ओर दौड़ते हैं। वह उनको घूंसा मारता है, हनुमानजी भी पलटवार करते हुए उसे घूंसा मारते हैं, जिससे वह मूर्च्छित हो जाता है। मूर्च्छा टूटने पर वह उनके बल को सराहने लगता है-

**मुरुछा गैबहोरि सो जागा। कपि बल बिपुल सराहन लागा॥**

**( लंकाकाण्ड )**

(मूर्च्छा भंग होने पर फिर वह जगा और हनुमानजी के बड़े भारी बल को सराहने लगा।)

भगवान श्रीराम हनुमानजी की पात्रता को देखकर ही उन्हें रावण-वध के पश्चात जानकी जी को शुभ समाचार सुनाने लंका भेजते हैं। वापस आकर वे श्रीराम को उनकी कुशलक्षेम सुनाते हैं। बाद में अंगद और विभीषण के साथ हनुमानजी को ही सीताजी को लंका से वापस लाने के लिए भेजते हैं।

इससे पूर्व रावण-वध के पश्चात् विभीषण का राजतिलक करने के लिए वे हनुमानजी सहित सुग्रीव, नल, नील, जाम्बवान्, सुग्रीव आदि वीरों को लक्ष्मणजी के साथ लंका भेजते हैं। उस समय वे हनुमानजी सहित सभी वानरवीरों को नीतिनिपुण कहते हैं-

**तुम्ह कपीस अंगद नल नीला। जामवंत मारुति नय सीला॥**
**सब मिलि जाहु बिभीषन साथा। सारेहु तिलक कहेउ रघुनाथा॥**

**( वही )**

(श्रीरामजी ने कहा कि तुम वानरराज सुग्रीव, अंगद, नल, नील जाम्बवान और मारुति अर्थात् हनुमानजी- सभी नीतिनिपुण लोग मिलकर विभीषण के साथ जाओ और उनका राजतिलक कर दो।)

अयोध्या वापस जाते समय श्रीराम सीताजी को रणभूमि दिखाते हुए हनुमान जी की प्रशंसा करते हैं-

**हनुमान अंगद के मारे। रन महि परे निसाचर मारे॥**

**( लंकाकाण्ड )**

(हनुमान और अंगद के मारे ये भारीनिशाचर रणभूमि में पड़े हैं)

अयोध्या पहुँचने से पहले श्रीराम हनुमानजी को भरतजी के पास कुशल-समाचार सुनाने भेजते हैं, वे उनके पास जाकर रावण के मारे जाने और सीताजी की मुक्ति का समाचार सुनाते हैं। भरतजी उन्हें देखकर बड़े प्रेम से गले लगाते हैं और कहते हैं-

**कपि तव दरस सकल दुख बीते। मिले आजु मोहि राम पिरीते॥**

**(उत्तरकाण्ड)**

(हे हनुमान! तुम्हारे दर्शन से मेरे समस्त दुःख समाप्त हो गए। तुम्हारे रूप में आज मुझे प्यारे रामजी ही मिल गये।)

वे आगे कहते हैं कि मैं तुम्हारा ऋणी हूँ। तुम्हारे ऋण से मैं आजीवन मुक्ति नहीं पा सकता-

**ऐहि संदेस सरिस जग माहीं। करि बिचारि देखेउँ कछु नाहीं।**
**नाहिन तात उरिन मैं तोही। अब प्रभु चरित सुनावहु मोही॥**

**(उत्तरकाण्ड)**

(इस संदेश के समान और इसके बदले में देने लायक पदार्थ जगत में कुछ भी नहीं है, मैंने यह विचार कर देख लिया है। इसलिए हे तात! मैं तुमसे किसी प्रकार उऋण नहीं हो सकता। अब मुझे प्रभु का चरित्र अर्थात् सब हाल-चाल सुनाओ।)

रावण का वध करके अयोध्या वापस आकर श्रीरामचन्द्रजी राजसिंहासन पर आसीन होते हैं, वे अपने साथ आये हुए अपने विभीषण, अंगद, ऋक्षराज, जाम्बवान्, नील, निषादराज आदि को ससम्मान विदा करते हैं, लेकिन हनुमानजी को विदा नहीं करते। हनुमानजी भी श्रीराम के चरण-कमलों को छोड़कर सुग्रीव के साथ वापस किष्किन्धा नहीं जाना चाहते। सुग्रीव के सचिव होने के नाते वे उनसे श्रीराम की 'कुछ दिन और' रहकर सेवा करने की आज्ञा चाहते हैं। इसलिए वे उनके चरण पकड़कर विनती करते हैं। सुग्रीव उन्हें श्रीराम की सेवा करने की आज्ञा देते हुए कहते हैं-

**पुन्यपुंज तुम्ह पवन कुमारा। सेवहु जाहु कृपा आगारा॥**

**(उत्तरकाण्ड)**

(हे पवन कुमार! तुम पुण्य की राशि हो, जो भगवान ने तुमको अपनी सेवा में रख लिया। जाकर कृपाधाम श्रीराम की सेवा करो।)

वास्तव में हनुमानजी के पूर्वजन्मों के पुण्य उदय हुए हैं जो वे श्रीराम की सेवा में अहर्निश लगे हुए हैं। इसीलिए सुग्रीव उन्हें 'पुण्य-पुंज' कहकर सम्मानित करते हैं।

एक बार श्रीरामचन्द्रजी अपने अनुजों और अनन्य सेवक हनुमानजी को लेकर नगर के बाहर भ्रमण करने के लिए जाते हैं। वहाँ एक अमराई में वे भरतजी द्वारा

बिछाए गए वस्त्र पर बैठ जाते हैं। सारे भाई उनकी सेवारत होते हैं और हनुमानजी पंखा झलने लगते हैं। ऐसा दृश्य देखकर आशुतोष भगवान शंकर हनुमानजी के भाग्य के सराहते हुए पार्वतीजी से कहते हैं-

**हनुमान सम नहिं बड़भागी। नहि कोउ रामचरन अनुरागी।**
**गिरिजा जासु प्रीति सेवकाई। बार बार प्रभु निज मुख गाई।।**

**(उत्तरकाण्ड)**

(शिवजी कहने लगे- हे गिरिजे! हनुमानजी के समान न तो कोई बड़भागी हैं, और न कोई श्रीराम के चरणों का प्रेमी ही है, जिनके प्रेम और सेवा की प्रभु श्रीराम ने स्वयं अपने श्रीमुख से बार-बार बड़ाई की है।)

एक अन्य प्रसंग में शिवजी का कथन उल्लेखनीय है। जब हनुमानजी सिंहिका का वध करके लंका के समीप पहुँच जाते हैं और सामने एक बगीचा देखते हैं, फिर उसके सामने वाले पर्वत पर भयहीन होकर चढ़ जाते हैं, तो उस अवसर पर शंकरजी, पार्वतीजी से कहते हैं-

**उमा न कछु कपि कै अधिकाई। प्रभु प्रताप जो कालहि खाई।।**

**(सुन्दरकाण्ड)**

(शिवजी कहते हैं- हे उमा! इसमें वानर हनुमानजी की कुछ बड़ाई नहीं है। यह तो प्रभु का प्रताप है, जो काल को भी खा जाता है।)

विभीषण जी, हनुमानजी को सन्त कहते हैं-

**अब मोहि भा भरोस हनुमंता। बिनु हरि कृपा मिलहि नहि संता।।**

**(वही)**

(हे हनुमानजी! अब मुझे विश्वास हो गया कि श्रीराम की मुझ पर कृपा है, क्योंकि हरि की कृपा के बिना सन्त नहीं मिलते।)

लंकिनी भी उन्हें सन्त कहती है-

**तात स्वर्ग अपबर्ग सुख धरिअ तुला एक अंग।**
**तूल न ताहि सकल मिलि जो सुख लव सत्संग।।**

**(वही)**

(हे तात! स्वर्ग और मोक्ष के सब सुखों को तराजू के एक पलड़े में रखा जाये, तो भी वे सब मिलकर दूसरे पलड़े में रखे हुए उस सुख के बराबर नहीं हो सकते, जो लव अर्थात् क्षणमात्र के सत्संग से होता है।)

वह उन्हें देखकर बड़ा पुण्य मानती है, और उनसे वार्तालाप करने को सत्संग कहती है।

एक अन्य स्थल पर लंका के राक्षस उन्हें साधु और देवता कहते हैं। जब हनुमानजी लंका जलाते हैं, तो नगर अनाथ की तरह जलने लगता है। तब लोग बेहाल हो जाते हैं और कहते हैं-

**हम जो कहा यह कपि नहिं कोई। बानर रूप धरे सुर कोई।।**

**(सुन्दरकाण्ड)**

(हमने तो पहले ही कहा था कि यह वानर नहीं है। वानर का रूप धरे कोई देवता है।)

वे परोक्ष रूप से रावण को उलाहना देते हुए हनुमानजी को 'सन्त' कहते हैं-

**साधु अवग्या कर फलु ऐसा। जरइ नगर अनाथ कर जैसा।**

**(वही)**

(साधु के अपमान का फल है कि नगर अनाथ के नगर की तरह जल रहा है।)

रावण-अंगद संवाद में रावण श्रीराम के पक्ष में सुग्रीव, अंगद, जाम्बवान् और नल-नील जैसे वीरों को कमज़ोर कहता है, लेकिन हनुमानजी की प्रशंसा करता है-

**सिल्पि कर्म जानहिं नल नीला। है कपि एक महाबल सीला।।**
**आवा प्रथम नगर जेहिं जारा। सुनत बचन कह बालिकुमारा।।**

**(वही)**

(नल-नील तो शिल्प-कर्म जानते हैं, अर्थात् वे लड़ना क्या जानें। हाँ, एक वानर जरूर महान बलवान है, जो पहले आया था और जिसने लंका जलाई थी। यह सुनते ही बालिपुत्र अंगद ने कहा।)

वीर घातिनी शक्ति लगने पर लक्ष्मणजी के लिए संजीवनी बूटी लेकर जब हनुमानजी नहीं लौटते हैं, तो श्रीरामचन्द्रजी विलाप करने लगते हैं। वानर व्याकुल हो जाते हैं उसी समय हनुमानजी आ जाते हैं, तो तुलसीदास जी उनके विषयं में कहते हैं-

**आइ गयउ हनुमान जिमि करुना महँ बीर रस।।**

**(लंकाकाण्ड)**

(इतने में ही हनुमानजी आ गए, जैसे करुण रस के प्रसंग में वीर रस का प्रसंग आ गया हो।)

अपने सद्कार्यों से हम दूसरों की दृष्टि में इतने ऊपर उठें कि उनकी प्रशंसा के पात्र बन जाएँ, तभी हमारी मनुष्यता का सही मूल्यांकन होगा। कोई आपकी लाख बुराई करे, आपमें हजार कमियाँ निकालें, लेकिन यदि आप अपने मूल्यांकन के अनुसार सही दिशा में कार्यरत हैं, तो आपकी प्रशंसा करने को एक दिन आपके घोर निन्दक को भी बाध्य होना पड़ेगा। सत्कार्यों का कालान्तर में सही मूल्यांकन अवश्य होता है, और लोगों को अपनी प्रचलित मान्यताएं बदलनी पड़ती हैं।

•